Original illisible
NF Z 43-120-10

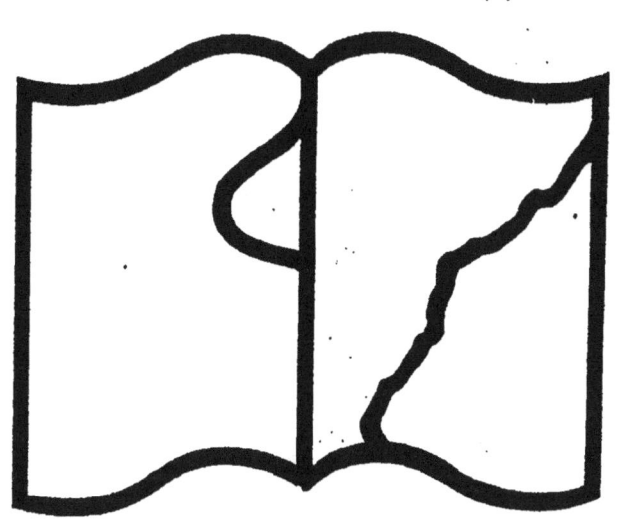

Texte détérioré — reliure défectueuse
NF Z 43-120-11

"VALABLE POUR TOUT OU PARTIE
DU DOCUMENT REPRODUIT".

LES CÔTES DE LA FRANCE

DE

CHERBOURG A SAINT-NAZAIRE

PAR LA PLAGE

Grand in-4°

VUE GÉNÉRALE DU PORT DE BREST

LES CÔTES DE LA FRANCE

Par Madame DE LALAING

DE

CHERBOURG A SAINT-NAZAIRE

PAR LA PLAGE

Volume orné de 70 gravures.

J. LEFORT, ÉDITEUR

LILLE   PARIS

RUE CHARLES DE MUYSSART, 24   RUE DES SAINTS-PÈRES, 30

Propriété et droit de traduction réservés.

DE CHERBOURG A SAINT-NAZAIRE

PAR LA PLAGE

CHAPITRE PREMIER

DE CHERBOURG A JOBOURG

Départ de Cherbourg. — Le phare et l'église de Querqueville. — Le château de Nacqueville. — Urville-Hague. — Gréville. — La roche du Castel. — Omonville-la-Rogue. — Le cap de la Hague. — Le raz Blanchard. — Le Gros-du-Raz. — Excursion au phare. — Arrivée à Jobourg. — Visite aux falaises.

Les projets que nous avions formés au mois de septembre 1884 en quittant Cherbourg, et auxquels, il m'en souvient, j'avais initié le lecteur, ne devaient pas avoir le sort si souvent réservé aux projets des hommes, dont les événements semblent, la plupart du temps, se jouer à plaisir, comme pour prouver à ceux-ci sous quelle dépendance supérieure est placée leur volonté.

Cette fois, nous fîmes ce que nous avions décidé, quand et comme nous avions décidé de le faire.

Le 2 août 1885, arrivé de Paris par l'express du matin, je fus rejoins à Cherbourg, dans l'après-midi, par Charles Duval, et, le soir, nous dînions ensemble à l'hôtel que nous avions habité l'année précédente, mais où nous ne devions, cette fois, coucher qu'une seule nuit, notre intention étant de partir le lendemain à la première heure, afin de profiter de la fraîcheur relative de la matinée pour commencer un voyage pédestre, qui, vu la chaleur torride dont on jouissait depuis quelques jours, ne pouvait manquer d'être fatigant, mais qui, d'un autre côté, promettait à notre curiosité de si grandes jouissances que nous n'eussions consenti à y renoncer sous aucun prétexte.

Nous nous couchâmes de bonne heure, et, à cinq heures du matin, frais et dispos, nous endossions nos habits de voyage (nos malles devaient nous attendre à Granville), et, notre léger bagage sur l'épaule, notre canne à la main, joyeux comme des écoliers au premier jour des vacances, nous descendions de nos chambres. Nous avions réglé notre compte la veille au soir ; nous prîmes, en passant, congé de notre hôtesse, qui, déjà debout, surveillait son personnel, et bientôt nous fûmes dehors, respirant à pleins poumons la fraîcheur du matin et les douces émanations qui, à cette heure, s'exhalent de la terre et remplissent l'air d'indéfinissables parfums.

Nous prîmes une route qui, longeant l'anse Sainte-Anne, conduit au fort de Querqueville. Nous mîmes une heure pour nous y rendre.

Ce fort, qui forme, avec une des extrémités de la digue, l'une des entrées de la rade de Cherbourg et fait partie des fortifications de cette place, se dresse sur un petit cap désigné sous le nom de pointe de Querqueville, cap qu'éclaire un phare de quatrième ordre, à feux fixes, d'une portée de dix milles. De cette pointe on domine la baie de Nacqueville.

Le village de Querqueville possède une église qu'un de mes amis m'avait dit fort curieuse, et qui l'est, en effet. On y remarque des croisillons arrondis et appareillés en arêtes de poisson. Plusieurs parties de cette église sont antérieures au xe siècle. On prétend qu'elle fut construite sur l'emplacement d'un temple romain.

En sortant de l'église de Querqueville, nous continuâmes notre route sur Urville-Hague.

Après avoir traversé le ruisseau des Castalets, dont l'embouchure est près de la pointe de Querqueville, nous prîmes à gauche, et nous nous dirigeâmes vers le château de Nacqueville.

Heureusement ce château était inhabité, et le concierge ne demanda pas mieux que de nous le faire visiter. Il date du XVIe siècle. Son entrée principale, qui est fort curieuse, est formée d'une poterne du moyen âge, ouverte dans un corps de bâtiment, et flanquée, des deux côtés, de tours cylindriques avec toits pointus supportés par une corniche en encorbellement.

Le château de Nacqueville a été restauré et agrandi par M. de Tocqueville. Il est entouré d'un fort joli parc d'où l'on jouit de points de vue admirables.

En sortant de ce château, nous reprîmes notre route vers Urville-Hague, village situé sur le bord de la mer, en aval du fort de Nacqueville. Ce village n'ayant rien de remarquable, nous ne nous y arrêtâmes pas. Nous suivîmes la grève jusqu'à Gréville, autre village auquel de hautes falaises donnent un aspect très pittoresque. La plus curieuse de ces falaises est celle désignée sous le nom de Roche-du-Castel, sous laquelle s'ouvre une grotte profonde que nous visitâmes avec intérêt, celle de Sainte-Colombe.

Nous traversâmes ensuite l'insignifiant village d'Éculleville; puis gravissant une petite colline qui porte le nom de mont Pallé, nous arrivâmes à Omonville-la-Rogue, notre première étape.

C'est là que nous devions déjeuner. Or nous avions une faim formidable. Nous commençâmes donc par chercher une auberge; nous ne pouvions espérer plus dans ce petit village, où notre guide n'indiquait pas le plus modeste hôtel. Mais bientôt nous nous aperçûmes que nous étions encore trop ambitieux, car nous fûmes obligés de rabattre de nos prétentions; l'établissement dans lequel nous mangeâmes une omelette excellente, je dois l'avouer, et un morceau de fromage depuis longtemps en réserve, ne mérite pas le nom d'auberge.

Quand nous eûmes achevé ce frugal repas, arrosé de quelques verres de cidre exécrable, nous nous rendîmes aussitôt sur le bord de la mer, où se voient encore les restes d'un fort et d'un phare du XVe siècle; ce qui donne à penser qu'Omonville eut autrefois une certaine importance. Aujourd'hui ce n'est plus qu'un petit port de refuge, profond et sûr mais trop resserré.

En quittant Omonville, nous longeâmes d'abord l'anse Saint-Martin ; puis nous prîmes des chemins de traverse qui, en peu de temps, nous conduisirent à Auderville.

La commune d'Auderville, située à l'extrémité occidentale du département de la Manche, comprend le cap de la Hague.

Le cap de la Hague est un promontoire syénitique qui termine, au nord-ouest, la presqu'île du Cotentin et domine l'entrée du golfe des îles normandes, ce golfe si redouté des navigateurs à cause de ses courants et de ses écueils. Un détroit de 16 kilomètres de large, le raz Blanchard, sépare le cap de la Hague de l'île anglaise d'Aurigny. Dans ce terrible détroit, le flot de marée et le jusant, resserrés entre des chaînes d'écueils et de bas-fonds, coulent avec une vitesse de 16 kilomètres à l'heure.

Près du cap de la Hague, à un kilomètre de la côte, sur un écueil appelé le Gros-du-Raz, se dresse un phare haut de 47 mètres, ayant 9 mètres de diamètre à la base et 7 mètres au sommet. Ce rocher, battu de tous côtés par une mer houleuse, est d'un abord difficile et même dangereux. Désirant cependant le visiter, nous nous procurâmes un canot et nous y fîmes conduire ; mais ce ne fut pas sans peine que nous y abordâmes. Heureusement le temps était parfaitement clair ce jour-là, et le magnifique panorama, qui du rocher frappa nos regards, celui des îles anglaises et françaises, émergeant du sein des eaux tourmentées de la baie, nous fit facilement oublier les difficultés que nous avions éprouvées pour arriver jusque-là.

De retour à Auderville, nous nous dirigeâmes, en suivant autant que possible la côte, vers le village de Jobourg.

A partir du cap de la Hague, la côte court au sud-sud-est. Nous longeâmes la baie d'Escalgrin et arrivâmes à Jobourg en fort peu de temps. Nous avions l'intention d'y passer le reste de la journée ; nous voulions visiter ses belles falaises que nous avions entendu vanter souvent comme une des principales curiosités naturelles du département de la Manche. En conséquence, nous nous rendîmes de suite chez un brave homme, qui est à la fois aubergiste et guide ; nous lui demandâmes une chambre, où nous déposâmes nos bagages, et le priâmes de nous faire accompagner aux falaises.

— Je vous y conduirai moi-même, nous dit-il, mais ne perdons pas de temps; nous pouvons encore visiter les falaises avant le flot. Si vous étiez arrivés une heure plus tard, nous aurions dû remettre l'excursion à demain.

Nous partîmes aussitôt.

Les falaises de Jobourg, qui ont, au moins, 125 mètres de hauteur, sont hérissées de rochers abrupts et entrecoupées de précipices immenses; elles renferment de belles grottes naturelles, et des cavernes profondes d'un effet tout à fait fantastique, dont les plus remarquables sont celles du Lion-au-Sorcier et de la Grande-Église. Nous eussions bien voulu connaître les légendes, sans doute curieuses, dont ces cavernes tirent leurs noms, mais nous ne pûmes obtenir de notre guide qu'il nous en dît quelqu'une. Était-ce ignorance ou mauvaise volonté? c'est ce que nous ne savons pas.

Toutefois, nous fûmes enchantés de notre promenade que nous eussions volontiers prolongée, si notre guide, ayant regardé sa montre, ne nous eût recommandé de ne pas perdre de temps, si nous voulions achever notre exploration avant l'heure où la prudence nous forcerait d'y mettre un terme. J'étais émerveillé de cette nature pittoresque et sauvage.

Après avoir visité le bas des falaises, nous montâmes sur leur sommet, dont l'ensemble forme le cap connu sous le nom de Nez-de-Jobourg. Là nouveau ravissement. C'est un coup d'œil indescriptible que celui qu'offrent de cet endroit la mer et les îles anglaises, et ce ne fut pas sans regret que nous dûmes nous arracher à ce magnifique spectacle.

En dehors de ses falaises, Jobourg n'a rien de curieux. Dans les environs, nous dit-on, sont les restes d'un camp romain. Nous en avions tant vu déjà de camps romains, que nous ne jugeâmes pas utile de nous déranger de notre route pour en voir un de plus; nous préférâmes rentrer dîner et nous coucher de bonne heure, car notre première journée de voyage avait été très fatigante.

CHAPITRE II

DE JOBOURG A FLAMANVILLE

Beaumont-Hague. — Le retranchement de Hague-Dick. — L'anse de Vauville. — Diélette. — Le château et l'église de Flamanville. — Le dolmen de la Pierre-au-Roi.

Le lendemain matin, nous quittions Jobourg. Nous traversâmes d'abord la lande de Jobourg, puis le bois de Beaumont, et arrivâmes à Beaumont-Hague.

Tout près de Beaumont, nous pûmes admirer les restes d'un curieux retranchement en terre appelé Hague-Dick, que l'on fait remonter aux premières invasions normandes. Il a près de quatre kilomètres de long et six à sept mètres d'élévation. Depuis le Nez-de-Jobourg, nous longions, de plus ou moins près, l'anse de Vauville.

L'anse de Vauville est une baie qui a dix-huit kilomètres d'ouverture entre le Nez-de-Jobourg et le cap de Flamanville, baie dont le fond est occupé par une plage sablonneuse, derrière laquelle les falaises font place aux hautes dunes du pont des Sablons.

Nous traversâmes le village de Vauville. Ce qu'il y a de plus curieux à voir à Vauville, c'est une allée couverte, longue de quinze à vingt mètres, et dite des pierres pouquelées, à cause des antiquités druidiques que l'on y rencontre.

Nous continuâmes à suivre les dunes.

Enfin les falaises commencèrent à se retirer, et des rochers nous annoncèrent que nous approchions de Diélette.

Diélette est le seul bon port de refuge que trouvent les bateaux entre Cherbourg et Granville. Il est situé à l'embouchure de la rivière du même nom, et fut creusé en 1788; il est éclairé par deux phares : l'un à feu rouge et d'une portée de cinq milles, sur le musoir de la jetée; l'autre, également à feu fixe rouge, mais de neuf milles de portée, au fond du port.

On embarque à Diélette une grande quantité de granit provenant des carrières voisines, des produits agricoles, des bestiaux, du minerai de fer. Les habitants de Diélette se livrent principalement à la pêche aux huîtres.

Nous ne fîmes que passer à Diélette; nous avions hâte d'arriver à Flamanville dont nous n'étions plus qu'à trois kilomètres, et qui devait être ce jour-là notre principale station.

Ayant quitté Diélette, nous hâtâmes le pas; bientôt nous aperçûmes les belles falaises de Flamanville. Une demi-heure plus tard, on nous servait à déjeuner à l'hôtel de ce bourg.

Après le déjeuner, nous montâmes dans les chambres où nous avions, en arrivant, fait déposer nos bagages. Nous n'avions pas même pris le temps, avant de nous mettre à table, de brosser nos habits, blanchis par la poussière de la route. Nous fîmes donc notre toilette, et redescendîmes, dans l'intention d'aller visiter le château et l'église. C'était tout ce que nous avions à faire, car la chaleur était trop grande pour que nous songions à monter sur les falaises en ce moment; d'ailleurs, nous venions de décider que nous coucherions à Flamanville, que nous les visiterions le lendemain matin, et que, cette visite devant nous conduire assez loin du village, nous continuerions immédiatement notre chemin vers le sud.

Le château de Flamanville, bâti sur les ruines d'un vieux manoir, est situé dans un joli et frais vallon entièrement occupé par son parc. Il s'élève au milieu de bois séculaires, et est entouré de vastes étangs et de prairies verdoyantes. Construit en granit, il n'a qu'un seul étage, mais il offre les grandioses proportions des monuments de son époque (1654 à 1660). Deux superbes escaliers conduisent aux appartements. Sa façade principale donne accès sur une magnifique cour d'honneur qu'encadrent deux beaux pavillons, faisant corps avec le bâtiment principal; l'un contient l'orangerie, l'autre la chapelle.

Malheureusement le château était habité ; nous ne pûmes pénétrer dans l'intérieur. Mais les propriétaires étant absents pour la journée, le concierge nous fit visiter le parc, à l'extrémité duquel se trouve un joli pavillon en forme de tour, de la plate-forme duquel on jouit d'une vue magnifique.

— Ce pavillon, nous dit le concierge du château, fut élevé en 1778 par le marquis de Flamanville, pour son ami Jean-Jacques Rousseau.

— Alors Rousseau demeura dans ce pavillon ? demanda Charles.

— Non, Monsieur, car il ne voulut jamais l'habiter.

— Pourquoi cela ?

— Je ne sais ; on m'a dit qu'il préférait Ermenonville.

En sortant du parc, nous nous trouvâmes devant l'église de Flamanville, située en face du pavillon de Jean-Jacques Rousseau. Elle fut bâtie de 1666 à 1671, et n'a rien de remarquable. On y montre une belle châsse contenant les reliques de sainte Réparate, découvertes à Rome il y a une cinquantaine d'années.

Avant de rentrer, nous allâmes voir un monument historique, dont notre hôte nous avait parlé le matin, et qui ne nous parut pas sans intérêt, c'est le dolmen de la Pierre-au-Roy, pierre druidique sur laquelle on a établi un mât à signaux.

A cinq heures, nous étions de retour à l'hôtel. Nous nous reposâmes jusqu'au dîner. Nous n'avions plus rien à voir à Flamanville, à part les splendides falaises dont nous avions remis la visite au lendemain matin.

Voulant, comme toujours, partir de très bonne heure, aussitôt après le dîner nous nous informâmes, près de notre hôte, s'il pourrait nous procurer un guide pour nous conduire dans les falaises et nous en indiquer les parties les plus curieuses.

— Nos falaises, nous dit cet homme, bien plus belles que celles de Jobourg, ne sont pas aussi dangereuses ; mais vous avez raison de vouloir emmener avec vous un homme du pays, vous perdrez ainsi moins de temps et verrez davantage.

Il alla sur le pas de la porte, et appela :

— Joseph !

Un grand et solide garçon, d'une vingtaine d'années, sortit de la maison qui fait face à l'hôtel :

CHAPITRE II

— Que me voulez-vous, père Hugaut? dit-il.
— Tu es libre demain matin?
— Oui.
— Eh bien, ces messieurs veulent aller visiter les falaises, tu les accompagneras.
— Avec plaisir. A quelle heure partent ces messieurs?
— A six heures.
— C'est bien. A six heures, je vous attendrai dans la cuisine du père Hugaut.
— C'est entendu.

Nous restâmes encore quelque temps dans la salle à manger à causer avec l'hôte; puis nous réglâmes notre compte avec lui, et remontâmes dans nos chambres.

CHAPITRE III

FLAMANVILLE

Les falaises. — Le Trou-Baligan. — Le passage de la Déroute.

Le lendemain à l'heure indiquée, nous quittions l'hôtel. Notre guide avait été exact au rendez-vous. Il nous fallut peu de temps pour gagner les falaises.

Les falaises de Flamanville, si elles ne sont pas les plus élevées, sont les plus belles du département de la Manche. Elles sont comprises entre le port de Diélette et la plage de Sciotot ; nous en avions donc déjà aperçu une partie la veille. Les rochers qui les soutiennent, noirs à leur base, rougeâtres au-dessus, sont, au sommet, d'un blanc grisâtre. Les rochers supérieurs, groupés et accidentés d'une façon merveilleuse, offrent les aspects les plus pittoresques ; le point culminant, connu sous le nom de Gros-Nez de Flamanville, présente de magnifiques masses granitiques. Comme ces falaises sont exploitées, on a tracé à mi-côte des chemins destinés à transporter les blocs de granit que l'on tire des carrières ; de ces chemins, faciles à suivre pour les promeneurs, on jouit de fort beaux points de vue.

Les falaises de Flamanville n'ont pas plus de soixante-dix à cent mètres d'élévation, mais elles s'étendent sur une longueur de seize à vingt kilomètres, en suivant toutes les sinuosités du sol.

Dans ces belles falaises s'ouvrent plusieurs cavernes fort curieuses ; la plus remarquable est celle désignée sous le nom de *Trou-Baligan*.

Notre hôte nous l'avait beaucoup vantée; après l'avoir visitée, nous ne pûmes accuser cet homme d'exagération.

« Cette grotte, dit Magonde dans son Mémoire sur les antiquités celtiques de l'arrondissement de Cherbourg, a été évidemment formée par les dégradations successives d'une partie de terre sablonneuse qui se trouvait entre deux couches de roches granitiques de la falaise. Elle s'avance par-dessous la terre jusqu'à près de cent mètres. L'entrée, d'abord étroite, s'élargit et parvient à près de deux mètres de largeur; mais elle finit bientôt par n'être plus qu'une fissure trop étroite pour y pénétrer. La hauteur de la caverne est de dix-sept ou vingt-neuf mètres. Quand on pénètre dans cette grotte, on éprouve un certain sentiment d'effroi; d'abord en voyant au-dessus de sa tête, collés dans le sable de la voûte, d'énormes blocs de granit semblables à ceux qui parent le fond de la grotte; ensuite par un singulier effet d'optique, en voyant les flots de la mer qui s'avancent en lames furieuses, comme pour vous engloutir dans cette caverne. A trente ou trente-trois mètres de profondeur, des blocs tombés d'en haut ont encombré le passage, de telle sorte qu'il est difficile de les franchir sans une corde. »

Les impressions ressenties par l'auteur de cette citation sont bien celles que j'éprouvai pendant notre visite au Trou-Baligan.

En en sortant, Charles poussa un long soupir de soulagement.

— Enfin, dit-il, nous voilà dehors. Il me semblait toujours que j'allais recevoir un bloc de granit sur la tête.

— Les accidents sont rares ici, dit le guide; les éboulements ont ordinairement lieu la nuit.

— C'est possible, mais ils peuvent se produire le jour.

— Toujours brave! dis-je à Charles en riant.

— Dame! nous sommes venus ici pour nous distraire.

— Et tu trouverais peu distrayant d'être enseveli dans une carrière; tu as raison, Charles.

Nous employâmes toute notre matinée à explorer les falaises, et nous ne regrettâmes certes pas notre temps. Tout en suivant leurs sinuosités, souvent nous nous arrêtions tout à coup pour admirer quelque tableau, plus merveilleux encore que celui qui, quelques pas auparavant, avait captivé nos regards. Le temps était magnifique, la mer montait ; de belles vagues aux nuances irisées venaient parfois se briser à nos pieds ; la mer, toujours forte en cet endroit, grondait, tumultueuse, dans cette partie de l'Océan connue sous le nom de passage de la Déroute. A quarante ou cinquante mètres au large, apparaissait l'île anglaise de Guernesey, oasis de verdure au milieu de l'immense désert qui s'appelle l'Océan.

Le passage de la Déroute, voilà un vilain nom qui éveille de tristes idées, sinon, comme on le pourrait croire, de sombres souvenirs ! Il ne rappelle aucune défaite, mais fait seulement allusion aux périls qu'y rencontraient autrefois les navires, ballottés entre le courant qui suit la côte, celui qui vient de la haute mer par le détroit ouvert entre Aurigny et Guernesey, et celui qui passe entre Guernesey et Jersey. Ce passage, excessivement dangereux pour les bateaux à voiles, est fort praticable pour les steamers ; car, le long des rochers dont il est parsemé, ils rencontrent toujours une grande profondeur, et parfois même un abri commode contre l'obstination des brises contraires.

L'île de Guernesey, comme celle de Jersey, appartient à l'Angleterre ; comme cette dernière, elle est aujourd'hui port franc, vivant de la pêche et surtout de la contrebande qu'elle entretient avec les côtes.

— Quel est donc ce joli cutter que j'aperçois au large ? dit tout à coup Charles, s'adressant à notre guide.

— C'est un smogleur, Monsieur, répondit Joseph.

— Il y en a souvent dans ces parages ?

— Oh ! oui, Monsieur, la contrebande se pratique beaucoup entre les côtes de France et celles d'Angleterre.

— La douane anglaise ne veille-t-elle pas ?

— Si fait, Monsieur, mais les contrebandiers sont si habiles.

— Cette goélette qu'on aperçoit un peu plus loin et qui paraît si svelte et si coquette, appartiendrait-elle également aux smogleurs ?

— Certainement ; elle rentre à Guernesey. Sans nul doute, elle vient de déposer sur notre rivage des marchandises prohibées.

Tout en parlant, nous continuions à suivre la crête de la falaise, nous arrêtant à chaque instant pour admirer le grandiose spectacle de l'Océan, toujours changeant, quoique toujours le même. Enfin nous arrivâmes au petit port de Sciotot, là où finissent les

GROTTE ET FALAISES

falaises ; c'était là que, selon nos conventions, notre guide devait nous quitter. Nous lui remîmes le prix convenu, et il reprit le chemin de Flamanville, pendant que nous poursuivions notre route.

CHAPITRE IV

DE FLAMANVILLE A CARTERET

Le Rozel. — Surtainville. — La Haye d'Ectot.
Le cap et le village de Carteret.

Moins d'une heure après, nous étions au Rozel. C'est là que nous voulions déjeuner. La chose ne fut pas facile. La première personne à laquelle je demandai, non un hôtel, mais simplement une auberge, me regarda d'un air étonné.

— Une auberge, Monsieur, mais il n'y en a pas, me dit une paysanne qui accompagnait l'homme auquel je m'étais adressé.

Charles me jeta un coup d'œil désolé.

— Alors il n'y a pas moyen de déjeuner ici? repris-je. Et quel est le village le plus rapproché où il soit possible de manger?

— Ah! dame, s'il ne s'agit que de manger....

— Mais nous ne demandons pas autre chose pour l'instant, dit Charles; nous marchons depuis six heures du matin, et la faim commence à nous tourmenter joliment.

— Si vous vouliez vous contenter d'une omelette et d'un poulet sauté?

— Une omelette et un poulet sauté! vous pourriez nous procurer cela?

— Dame! si vous voulez venir chez moi, Messieurs, je ferai ce que je pourrai pour vous contenter. Ce serait vraiment dommage que vous mouriez de faim dans notre pays.

— Soyez tranquille, dit à son tour l'homme que j'avais interrogé; si Brigitte vous fait la cuisine, vous déjeunerez bien, c'est moi qui vous le dis; c'est une fière cuisinière que Brigitte! il n'y en a pas deux comme elle ici. Aussi, c'est qu'elle est allée à la ville et a servi le président du tribunal.

La figure de Charles commençait à se rasséréner.

— Je vous remercie, dis-je à Brigitte; c'est avec grand plaisir que nous acceptons votre offre.

— Alors, venez avec moi.

Elle nous conduisit dans une espèce de ferme, située non loin de l'endroit où nous l'avions rencontrée, et nous fit entrer dans une pièce pauvrement meublée, mais où régnait la plus scrupuleuse propreté. La table placée au milieu de la chambre, et la grande *mée* adossée au mur avaient été cirées avec tant de soin qu'on s'y fût aisément miré; quelques chaises de paille complétaient le mobilier; au fond de la pièce, on apercevait une porte qui devait ouvrir sur une alcôve.

— Asseyez-vous, Messieurs, nous dit la bonne Brigitte en approchant des chaises de la table; reposez-vous et prenez patience.

— Soyez tranquille, Madame, dit Charles; maintenant que nous sommes sûrs de déjeuner, nous saurons bien imposer silence à nos estomacs impatients.

La brave femme ne l'écoutait pas, elle était sortie dans la cour. Quelques instants plus tard, les cris de la victime qu'elle immolait à notre appétit arrivaient jusqu'à nous.

— Entends-tu? me dit Charles.

— Oui, lui répondis-je avec humeur, et j'aimerais mieux ne pas entendre.

— Sensiblerie pure! Pour moi je ne fais pas de sentiment; j'ai faim, ces cris m'annoncent que bientôt mon estomac sera satisfait, je m'en réjouis sans honte.

— Tu n'es qu'un barbare, Charles.

— Alors, tu me laisseras le poulet tout entier.

— Je n'irai pas jusque-là. Quel profit y aurait-il pour la pauvre bête à ce que toi seul profites de sa mort?

— Plume ce poulet, Louise, dit Brigitte à une grosse fille rougeaude qui savonnait dans la cour.

— Oui, ma tante.

— Pendant ce temps je vais faire une omelette à ces messieurs, cela les fera patienter.

Quelques minutes plus tard, la vieille Brigitte nous apportait, en effet, une belle omelette, bien jaune et cuite à point, dont la qualité répondait à la mine, une omelette au lard comme je n'en avais, pour mon compte, jamais mangé. Nous la dévorâmes tout entière, ce qui ne nous empêcha pas de faire honneur au poulet sauté qui la remplaça sur la table et qui était également délicieux.

Brigitte était vraiment une excellente cuisinière.

Lorsque, ayant fini de déjeuner, nous demandâmes à la bonne femme ce que nous lui devions :

— Je n'en sais rien, nous dit-elle, je n'ai pas l'habitude de recevoir des étrangers.

Je lui glissai une petite pièce d'or dans la main.

Elle parut confuse :

— C'est beaucoup trop, dit-elle.

— Ce n'est pas assez, au contraire, pour payer le service que vous nous avez rendu, repris-je ; nous mourions de faim, vous nous avez sauvé la vie.

— Et de plus, vous nous avez fait faire un excellent déjeuner, ajouta Charles.

— Pour cela, c'est certain.

— Vous êtes contents, tant mieux. Il paraît que la vieille Brigitte n'a pas encore tout à fait oublié son métier.

— Loin de là.

Nous fîmes nos adieux à la brave femme, et nous nous remîmes en route.

Nous entrâmes dans l'église qui n'a rien de remarquable, et allâmes voir le château, un assez joli monument des XIIIe et XIVe siècles, dont malheureusement, n'étant pas connus du propriétaire, nous n'osâmes pas demander à visiter la précieuse collection de miniatures et de tableaux. Puis nous continuâmes notre route, et, après avoir traversé Surtainville et La Haye d'Ectot, nous arrivâmes au cap de Carteret et au village du même nom, petit port de cabotage situé à l'embouchure de la Gerfleur.

Nous entrions à l'hôtel, juste au moment où l'on sonnait le dîner.

Notre journée avait été très fatigante; le soir, n'en pouvant plus, nous nous traînâmes jusqu'à la plage. Là nous nous assîmes. Elle est très belle la plage de Carteret, et les hautes falaises qui la bordent sont vraiment magnifiques. Le temps, très chaud dans la journée, avait fraîchi, et nous passâmes une délicieuse soirée sur cette petite plage tranquille et charmante, où ne règne certainement pas l'animation des plages à la mode, mais où cependant nous eûmes la distraction de voir passer un certain nombre de baigneurs, gens paisibles attirés dans le pays par le charme du site et la douceur du climat.

Carteret est un joli et bon pays. Son petit havre, qui se couvre entièrement à marée haute, est entouré de jardins verdoyants dont la végétation est admirable; c'est qu'une montagne escarpée, en protégeant le village des vents d'ouest, lui procure un climat d'une douceur exceptionnelle, qui, à l'arrière-saison surtout, doit faire rechercher sa plage aux personnes frileuses et délicates.

Le lendemain, nous nous levâmes plus tard que d'habitude. Nous avions beaucoup marché depuis quelques jours, et avions décidé de nous reposer un peu. En conséquence, nous ne comptions quitter Carteret que dans l'après-midi.

Dans la matinée, nous allâmes cependant visiter l'église dont nous avions remarqué la veille le clocher roman, d'un fort bon effet au milieu des bouquets de verdure qui l'entourent. A l'intérieur, nous admirâmes de belles stalles anciennes et un curieux lutrin, voilà tout. De l'église, nous nous rendîmes sur la jetée, afin de respirer quelques instants, à pleins poumons, cette bonne brise de mer que nous aimons tant et qui pour ma part me fait un bien extrême. Nous voulions ensuite aller voir les ruines des anciens forts; nous nous contentâmes de les apercevoir de loin, ainsi que le phare, un phare à feux tournants de trente en trente minutes, que nous avions vu allumé la veille au soir. L'heure du déjeuner nous rappelait à l'hôtel.

CHAPITRE V

DE CARTERET A GRANVILLE

Portbail. — La Haye-du-Puits. — Coutances. — Arrivée à Granville.

Nous quittâmes Carteret vers une heure; nous n'avions que huit kilomètres à faire pour nous rendre à Portbail, autre petit port de cabotage, situé à l'embouchure de la rivière d'Olonde, qui y forme un havre. Portbail fait le commerce de cabotage avec Jersey. Nous ne nous y arrêtâmes que pour visiter l'église située sur le bord de la mer; cette église, d'un style assez curieux, tenant du roman et de l'ogival, est surmontée d'une tour carrée, très haute et à mâchicoulis.

Nous continuâmes aussitôt notre chemin jusqu'à la Haye-du-Puits, où nous ne devions avoir que le temps de dîner, voulant, pour nous avancer, prendre le soir même la voiture publique de Coutances.

Nous avions d'abord eu la pensée de continuer à suivre la côte; mais, à la réflexion, le voyage pédestre sur des grèves inhospitalières, où l'on ne rencontre que de petits havres rendus inaccessibles par des barrières de récifs, ne nous parut pas offrir assez d'intérêt pour que nous y consacrions un temps que nous pouvions assurément mieux employer.

A sept heures, nous étions à la Haye-du-Puits; à neuf heures, nous en partions par la voiture de Coutances; nous y avions dîné et n'avions rien autre chose à faire dans un pays qui n'offre d'autre curiosité que les débris d'un château du xie siècle, lesquels, situés sur un tertre élevé, ne peuvent manquer d'attirer les regards du voyageur.

Nous avions trente-quatre kilomètres à parcourir, et la voiture

ÉGLISE DE COUTANCES

n'allait pas bien vite. Il faisait petit jour quand nous arrivâmes à Coutances.

Nous prîmes une chambre à l'hôtel où descendait la voiture, et nous nous couchâmes. Nous avions les membres brisés ; ceux qui ont voyagé dans des voitures semblables à celle dont nous sortions ne s'en étonneront pas. Quelques heures de repos et de tranquille sommeil nous remirent dans notre état habituel.

Le train de Granville partait à deux heures. A midi, après avoir convenablement déjeuné, nous sortîmes. Nous ne pouvions quitter Coutances sans avoir au moins visité la cathédrale, un des plus beaux monuments religieux que possède la France.

Nous nous rendîmes dans la partie la plus élevée de Coutances, où se trouve la célèbre cathédrale, qui de là domine non seulement la ville, mais les environs, et sert de point de repère aux navigateurs.

Cette église, bâtie au XIIIe siècle, pour remplacer une église romane du XIe siècle dont quelques débris subsistent encore, est du style ogival le plus pur; sa façade est flanquée de deux tours romanes rhabillées au XIIIe siècle. Les chapelles placées au nord de la nef furent faites de 1251 à 1274. Le portail, orné de sculptures très délicates, est surmonté de deux tours en pierre, de forme pyramidale et hautes de soixante-dix-sept à soixante-dix-huit mètres. Deux portails latéraux s'ouvrent sous les tours. Le portail sud, nous dit-on, ne s'ouvre jamais, si ce n'est dans deux circonstances : le jour où un évêque de Coutances prend possession de son siège épiscopal, et le jour de l'enterrement d'un évêque. Au-dessus de la croisée se dresse une énorme tour octogonale, flanquée de tourelles sur les quatre faces diagonales. Cette tour, appelée le Plomb, est haute de cinquante-sept mètres quarante-cinq centimètres; elle forme à l'intérieur une magnifique lanterne. Aux deux extrémités des croisillons sont adossées au sud une chapelle, au nord une grande sacristie. En avant des chapelles rayonnantes, deux tourelles carrées séparent l'abside du chœur.

A l'intérieur, l'église Notre-Dame de Coutances se compose d'une nef, de bas-côtés avec chapelles, d'un transept élevé sur les fondations romanes, d'un chœur qui date de la fin du règne de Philippe-Auguste et qui est entouré d'un collatéral et de chapelles.

Nous remarquâmes tout particulièrement les arcades du chœur, les colonnettes qui portent la retombée des voûtes des chapelles absidiales, la belle chapelle de la Vierge, des vitraux anciens parfaitement conservés, des autels d'une grande antiquité ; dans la chapelle qui précède le transept, à droite, une série de petits bas-reliefs anciens et mutilés, et au fond d'une piscine un bas-relief du xve siècle représentant le baiser de Judas, qui me parut excessivement curieux ; enfin la fresque de la chapelle Saint-Joseph, qui date de 1384.

La visite de cette magnifique cathédrale, non moins remarquable, on le voit, par les détails que par l'ensemble, nous avait retenus longtemps. En en sortant, je regardai ma montre.

— Quel temps nous reste-t-il ? demanda Charles.

— Juste celui d'aller boucler nos valises, et encore faut-il nous hâter, il est une heure et demie.

Quand nous arrivâmes à l'hôtel, l'omnibus était déjà tout attelé dans la cour. Un quart d'heure plus tard, nous étions en route. Nous n'arrivâmes au chemin de fer que juste assez tôt pour prendre nos billets. En deux heures environ, nous fûmes à Granville ; à quatre heures et demie, nous descendions d'omnibus devant le grand *Hôtel du Nord*, où nous attendaient les bagages que nous nous étions fait expédier, moi de Paris, Charles de Dunkerque.

Nous nous installâmes dans nos chambres et fîmes un bout de toilette ; puis, comme il n'était pas encore l'heure du dîner, nous descendîmes, afin de faire une première reconnaissance dans la ville.

CHAPITRE VI

GRANVILLE

Sa situation, son port.

Granville, située sur la Manche à l'embouchure du Bosq, se compose, on peut dire, de deux villes : la ville haute et la ville basse. C'est dans cette dernière que nous habitions. Nous suivîmes la rue Lecampion, où se trouvait notre hôtel, et aboutîmes à la place Pléville et au port.

Le port de Granville, le plus important de la côte entre Cherbourg et Saint-Malo, est le septième port de commerce de France, et le second du monde pour le degré d'élévation des marées. Il comprend un bassin d'échouage, deux bassins à flot, un beau môle de granit bleu portant un phare, et deux belles jetées neuves.

Ce port doit son origine à quelques pêcheurs qui, pour abriter leurs barques contre la fureur des flots, construisirent la vieille jetée. En 1748, on reconnut la nécessité de former un nouveau port en cet endroit, et il fut commencé l'année suivante. En 1750 fut posée la première pierre d'un brise-lames, destiné à couvrir ce port. Les travaux furent, à différentes fois, interrompus et repris. En 1823, ce brise-lames fut joint à la terre et forma un môle qui, par les dimensions et le fini du travail, excite l'admiration de tous les voyageurs. Ce môle est placé à gauche de l'entrée du port.

Au moment où nous y arrivâmes, il y avait beaucoup de monde sur le port, les jetées étaient couvertes de baigneurs. On était à marée haute; plusieurs navires, chargés de marchandises françaises, bestiaux, huîtres, œufs et légumes, se dirigeaient vers l'Angleterre, pendant que sur le quai on achevait de décharger un gros navire de bois du Nord arrivé dans la journée, en même temps que de moins grands bateaux remplis de fer, d'ardoise, de houille et d'acier.

Tous les yeux étaient tournés vers la mer, sillonnée de bateaux de pêche de différentes dimensions, dont une légère brise de sud-est gonflait les blanches voiles.

— Ils ne vont pas loin? demandai-je à une femme qui, debout sur la jetée, en suivait un des yeux.

— Oh! non, Monsieur; c'est demain dimanche, il faut qu'ils rentrent de bonne heure.

Nous restâmes sur le port jusqu'à six heures. Un marin auquel nous avions demandé par hasard un renseignement, nous entreprit et nous en dit si long sur le pays et sur ses habitants, qu'en le quittant nous connaissions Granville comme si nous y étions nés, et les Granvillais comme des compatriotes. Il est vrai que, jugeant impossible de nous débarrasser de ce bavard, nous avions pris le parti de l'interroger. Nous apprîmes ainsi que le port de Granville possède soixante-cinq navires équipés pour la pêche locale ou pour celle de la morue sur les bancs de Terre-Neuve, et deux mille marins ou ouvriers, plus soixante-dix bateaux spéciaux pour la pêche aux huîtres, pêche qui est faite principalement par la population indigente de Granville et seulement du 1er septembre au 30 avril; que l'industrie de ce port consiste surtout dans la construction des navires, la salaison des poissons et la fabrication de l'huile de foie de morue. Nous ne quittâmes le marin que pour aller dîner.

Le soir, un orage étant survenu, nous fûmes forcés de rester à l'hôtel. J'avais, dans la journée, acheté une *Histoire de Granville*; je la parcourus en attendant l'heure de pouvoir décemment me mettre au lit.

Je puisai dans ce livre une partie des renseignements que le lecteur trouvera dans le chapitre suivant, renseignements que j'ai complétés, autant que possible, à l'aide des différents ouvrages écrits sur le même sujet que j'ai pu me procurer depuis.

CHAPITRE VII

GRANVILLE (*suite*)

Origine de Granville. — Son industrie. — Fondation de son église. — Légende. — Notions historiques sur Granville.

Granville est située sur le cap Lehou — roche schisteuse mêlée de quartz, qui a mille trois cent quarante-cinq mètres de longueur sur cent trente-cinq de largeur, — s'élève à environ trente mètres de la grève qui l'environne, et ne tient au continent que par un isthme de trente-quatre mètres de largeur. Le cap Lehou ou promontoire de Granville se projette sur la pointe de Bretagne, et forme, avec elle, l'entrée de la baie de Saint-Michel ; découpé en cercle, il forme un croissant terminé par les pointes du Rocher-Fourchu et du Corps-de-Garde. Autrefois la baie n'existait pas, le mont Saint-Michel était en pleine terre, et la forêt de Scissy couvrait la place aujourd'hui envahie par la mer, ainsi que le territoire actuel de Granville. Cette forêt, qui s'étendait jusqu'à la chaîne des rochers de Chausey, fut en partie renversée au vi^e siècle et détruite entièrement par les flots, lors de la grande marée de 709, cette marée célèbre qui fit une île du mont Saint-Michel. Dès lors, la mer s'avança de plus en plus dans les basses terres qui s'étendent au nord-ouest de la montagne sur laquelle Granville est construite, ce qui donna toute facilité pour y créer un port.

Longtemps le cap de Granville ne fut qu'un roc stérile, au pied méridional duquel quelques pêcheurs avaient bâti leurs cases. Durant plusieurs siècles, ces huttes formèrent un hameau dépendant de Saint-Pair.

Cependant, vers 1050, le hameau était en pleine prospérité; il possédait un havre vaste et sûr; ses bateaux sillonnaient les eaux de la baie de Saint-Michel, ainsi que celles qui baignent au nord les îlots de Chausey, et alimentaient du produit de leur pêche les abbayes et les monastères des environs.

Cette industrie enrichit ceux qui s'y livrèrent et, par suite, le pays tout entier; des maisons plus élégantes s'élevèrent sur le versant méridional du rocher. C'est alors que le pauvre village, devenu bourgade florissante et constitué en seigneurie, dont l'investiture anoblit un de ses négociants, prit le nom de Granville.

L'histoire de cette ville reste obscure jusqu'en 1202. On doit cependant croire que de 1050 à cette date elle ne cessa de prospérer, car c'est à une époque antérieure à 1202 que s'éleva, sur la crête du rocher, une église qui fut placée sous l'invocation de Notre-Dame, église dont la partie orientale existe encore. Voici, d'après la légende locale, dans quelles circonstances fut élevée cette église :

Des pêcheurs de Lihon étaient sur mer, en avant du roc, quand ils aperçurent un objet ballotté par la vague; ils en approchèrent : c'était une image de la Vierge Marie. Regardant cette découverte comme une grande faveur du Ciel et une marque évidente de la protection de Marie, ils abordèrent joyeux au rivage et en firent part aux autres pêcheurs du pays. S'étant réunis, ils décidèrent, à l'unanimité, qu'ils éleveraient un autel à la Reine des anges, afin d'y rendre hommage à leur divine protectrice. Et, sur la côte méridionale de la montagne, ils érigèrent une église, très simple, en rapport, du reste, avec les ressources de ceux qui l'avaient construite. C'était en 1113. Cette modeste église fut bientôt en grande vénération dans les environs; les habitants des côtes voisines y vinrent en pèlerinage; elle fut surtout l'objet d'une dévotion particulière de la part des marins qui, avant d'affronter les dangers de la mer, y vinrent implorer la protection de Marie.

Bientôt Notre-Dame de Lihon fut un des pèlerinages les plus fréquentés du Cotentin. Le commerce de Granville en profita. L'affluence des pèlerins devint pour la ville une source de prospérité.

Dans les premières années du XIIIe siècle, Granville perdit son indépendance individuelle pour tomber dans le vasselage du seigneur de Gratot, Raoul d'Argouges, auquel Jeannette de Granville l'apporta en apanage.

Granville fit partie du domaine des seigneurs de Gratot jusqu'en 1539, époque où Jean d'Argouges l'en détacha comme fief et la céda à sire Thomas d'Escales, capitaine général des basses Marches et sénéchal de Normandie, au nom et par l'autorité du roi d'Angleterre. Le prix de cette transmission fut « un chapel de roses vermeilles, » payable chaque année à la saint Jean-Baptiste.

Il ne faudrait pas juger de l'importance de Granville à cette époque sur celle d'une pareille redevance. Elle n'était que le signe du patronage que se réservaient les seigneurs de Gratot sur la propriété dont ils faisaient l'inféodation, à charge de foi et hommage. Une clause de l'acte leur réservait quatre perches de terrain, là où il leur plairait de les choisir.

La position de Granville, l'élévation de son roc battu de trois côtés par la mer, l'importance que devait nécessairement prendre son port, étaient de trop grands avantages pour que le gouverneur anglais ne cherchât pas à se les assurer. Le seigneur de Gratot, dans l'impossibilité de subvenir aux frais qu'entraînait pour lui la possession de Granville, céda au gouverneur anglais ce roc stérile dont quelques rentes en poissons frais ou salés étaient l'unique revenu, revenu que devaient amplement compenser les constructions que le gouverneur anglais ferait dans la ville dont ledit seigneur conservait la suzeraineté ; c'est ce qui explique la modicité des charges de la vente.

Le sire d'Escales força les habitants du bourg à détruire leurs habitations et à les transporter sur la hauteur, leur désignant la place où ils devaient construire ; il appela aussi des paysans des environs dans la nouvelle ville, qu'il entoura de murailles et où il fit construire une forteresse spacieuse. Mais les travaux qu'il menait avec activité n'étaient pas achevés quand d'Estouteville, avec la garnison du mont Saint-Michel, s'empara par surprise de Granville.

Pendant les dix années qu'ils restèrent encore maîtres de la Normandie, les Anglais ne purent déloger les Français de Granville.

GRANVILLE

CHAPITRE VII

Après leur expulsion, en 1445, Charles VII, qui comprenait l'importance de ce point militaire, acheva les fortifications de la ville et fit tout pour y attirer les étrangers ; il accorda d'importants privilèges à ceux qui s'y établiraient. Il autorisa dans la ville deux foires par an et un marché toutes les semaines.

Louis XI, pour indemniser le sire d'Estouteville et les religieux du mont Saint-Michel des dépenses supportées par eux pour réduire à l'obéissance du roi de France la place de Granville, ainsi que des pertes qu'ils avaient subies, abandonna au couvent, par lettres patentes du 29 novembre 1463 (acte d'indemnité signé à Abbeville en Ponthieu), « tout ce que son domaine pouvait avoir au roi en la place de Granville, et au seigneur d'Estouteville, pour lui et ses successeurs, les droits du marché qui avait lieu à Saint-Pair et fut transféré à Granville avec coutume, justice et juridiction qu'il avait et pouvait avoir. »

Les avantages et privilèges accordés aux bourgeois de Granville par Charles VII et Louis XI furent confirmés et augmentés par lettres patentes de Charles VIII (1463), Louis XI (1498), François Ier (1514), Henri II, Charles IX et Henri III, Henri IV (1592), Louis XIII (1618) et Louis XIV (1674).

Pendant les guerres de religion, Granville resta toujours attachée à la cause catholique, à la religion romaine et au roi. En 1562, Matignon mit garnison à Granville, dont il fit réparer les remparts, et la défendit contre Montgomery. Après la mort de Henri III, Granville ne voulut pas reconnaître un roi huguenot, et ne se rendit à Henri IV qu'en 1599, après son abdication.

On s'explique difficilement pourquoi Louis XIV fit détruire les fortifications de Granville, dont le port très sûr était bien défendu. Les Anglais ne manquèrent pas de profiter de cette imprudence ; quatre ans après, ils envoyèrent une flotte nombreuse devant cette ville, et, n'ayant pu y débarquer, la bombardèrent. Les Granvillais résistèrent si bien qu'ils les forcèrent à se retirer avec perte. En récompense de cette belle défense, Louis XIV accorda des lettres de noblesse au sieur de Fraslin, le premier officier granvillais.

Louis XV releva les fortifications de Granville et en fit une place de guerre de deuxième ordre. Cette ville jouissait alors d'une excessive prospérité. Son commerce s'était porté vers les grandes pêches. Granville expédiait plus de cent navires à Terre-Neuve pour la pêche de la morue, et elle y avait plus de six mille matelots classés quand éclata la Révolution.

Les principaux habitants de Granville appuyèrent les idées émises par le tiers-état dans l'Assemblée constituante, ce qui sans doute contribua plus tard à préserver leur ville contre les terribles mesures de la Convention.

Les guerres de 1755 et 1763 furent très funestes à Granville. Les Anglais s'emparèrent de ses corsaires, beaucoup de ses marins périrent ou furent faits prisonniers; à plusieurs fois l'ennemi apparut dans sa rade, mais la valeur granvillaise sut toujours les en chasser.

Pendant la guerre de 1778, Granville fut le seul port du Cotentin qui arma pour la course contre les Anglais. Dès la première année de la guerre, elle mit à la mer trois corsaires, dont l'un, *Monsieur Frégate*, portait quarante pièces de canon.

Quand, après la mort de Louis XVI, les nations européennes liguèrent leurs escadres contre les vaisseaux français, Granville prit une part glorieuse à la défense nationale.

Lorsque les Vendéens, alors sous les ordres de La Rochejaquelein, chassés de leur pays par les armées républicaines et voulant s'assurer d'un port par lequel ils pussent recevoir des secours de l'Angleterre, attaquèrent Granville, ses habitants se défendirent comme toujours avec une rare intrépidité.

Le conventionnel Lecarpentier, commandant alors à Granville, averti que les Vendéens se dirigeaient vers cette ville, la déclara en état de siège. Les représentants de la nation, réunis en conseil à la commune, jurèrent de vivre ou de mourir libres. Les ennemis étant en force, les représentants firent replier l'armée, qui rentra dans la ville; les ponts-levis furent levés, les barrières fermées et tous les points susceptibles d'être attaqués garnis de forces. La garnison ne se composait que de six cents hommes; mais les secours venus d'Évreux, de Valognes et autres pays voisins, qui se joignirent aux Granvillais, formèrent un effectif de quatre mille hommes.

Cependant, lorsqu'arrivèrent les Vendéens, la porte de l'isthme se

CHAPITRE VII

trouvait ouverte; les habitants y précipitèrent des tonneaux, des pierres, etc., et placèrent en face deux pièces de canon. L'ennemi s'empara des faubourgs. Il comptait faire entrer sa cavalerie, par surprise, à la suite de l'armée républicaine, mais ce coup de main manqua. Alors les Vendéens, dont l'artillerie occupait les hauteurs voisines, commencèrent à bombarder. La place était en danger; les autorités civiles et militaires, sur la demande de Lecarpentier, ordonnèrent l'incendie des faubourgs. Les habitants n'élevèrent aucune réclamation. La prise de Granville eût amené un rapprochement fatal entre les Vendéens et les Anglais; les Granvillais le comprirent et sacrifièrent leurs intérêts à la sûreté publique.

Le bombardement continua; mais les assiégeants, ayant eu plusieurs pièces démontées et ne pouvant plus soutenir le feu des batteries, abandonnèrent précipitamment le faubourg. Craignant que cette retraite ne fût qu'une feinte, les Granvillais ne firent pas de sortie durant la nuit; au jour seulement, ils eurent la certitude de leur victoire. La conduite des Granvillaises pendant l'action avait été admirable.

> Les femmes, malgré leur faiblesse,
> Aux hommes disputaient l'honneur,
> Préférant alors Mars vainqueur
> Au faible dieu de la tendresse.
>
> *(Chanson du temps.)*

Le siège avait duré dix-huit heures; il coûta mille cinq cents à mille huit cents hommes aux assiégeants.

Un beau tableau de Hue, commandé par la Convention pour rappeler ce siège glorieux, fut vu par le duc d'Aumont à son passage à Granville.

« Les Granvillais, dit-il, sont également braves sous tous les drapeaux. »

Sous l'empire, après la rupture du traité d'Amiens, Granville fut la première ville de la plage bretonne que ravagèrent les Anglais; ils vinrent jeter l'ancre dans les eaux qui la baignent au sud, à l'ouverture de la base de granit qui protège le port (1803). Inutilement les Granvillais employèrent contre eux leur grosse artillerie; à la distance où ils se tenaient, les boulets ne pouvaient les atteindre.

Depuis ce temps, les Granvillais remportèrent encore de nombreux avantages sur les Anglais. En 1805, deux corvettes anglaises étant venues mouiller près des îles Chausey, un combat s'engagea entre la flotte de Granville et les Anglais. Il commença à deux heures et demie du matin; à sept heures, le pavillon britannique s'abaissait devant le pavillon français.

CHAPITRE VIII

GRANVILLE (suite)

La ville haute. — L'église. — Les autres monuments. — Promenade de Vaufleury. — Panorama. — Une grand'messe. — La tranchée des Anglais. — La plage.

Nous étions, je l'ai dit, je crois, arrivés à Granville un samedi soir; le dimanche matin, nous sortîmes de bonne heure, afin d'assister à la rentrée des bateaux de pêche, spectacle toujours intéressant pour les habitants des terres.

Nous nous dirigeâmes ensuite vers la ville haute, la partie de Granville la plus curieuse au point de vue pittoresque. Partis de la place Pléville, nous prîmes la rue du Pont, puis la rue des Juifs, qui relie entre elles les deux villes si différentes dont se compose Granville : la ville basse, celle que nous venions de quitter, ville d'affaires et de commerce ; la ville haute, quartier calme et tranquille habité par la haute bourgeoisie, entourée de vieilles murailles et défendue par un fort, antique cité dont l'importance va toujours s'amoindrissant.

L'église de Granville, située dans la ville haute, occupe le point culminant du rocher, d'où elle domine le pays tout entier. De quelque point qu'il se place, le Granvillais aperçoit la maison de Dieu; il est ainsi rappelé sans cesse aux grandes pensées philosophiques et chrétiennes.

L'église Notre-Dame de Granville n'a pas l'élégance et la hardiesse de la plupart de nos anciennes basiliques; son aspect est lourd et triste. Elle conserve quelques vestiges des constructions romanes; mais dans l'ensemble, c'est un bâtiment du style gothique flamboyant. Une partie de la tour et les bas-côtés sont du xvi° siècle; le chœur, la nef, les transepts et la sacristie, du xviii° siècle.

Cette église a été trois fois rebâtie, toujours sur l'emplacement de la chapelle primitive. Sa forme est celle d'une croix grecque; elle est assez vaste, et a presque l'aspect d'une petite cathédrale. Il était encore de bonne heure quand nous y arrivâmes, et, quoique nous dussions assister à la grand'messe, nous voulûmes en visiter l'intérieur avant qu'elle ne fût envahie par la foule des fidèles. Nous y entrâmes.

Ce qui nous frappa tout d'abord, et une grande singularité de cette église, c'est que le chœur n'est pas sur le même axe que la nef, mais est plus large qu'elle. Les deux colonnes d'une seule pièce qui soutiennent le buffet d'orgues, et les nombreuses pierres tombales qui recouvrent le sol, attirèrent aussi notre attention. Mais ce qu'il y a de plus remarquable à voir dans cette église, c'est l'aigle qui sert de lutrin et surtout le piédestal sur lequel il repose, et une chaire à prêcher, également d'un fort beau travail.

En sortant de l'église, nous examinâmes les casernes, placées tout auprès; elles sont fort belles. Sous l'une d'elles se trouve une magnifique citerne. Le champ de manœuvres est très vaste et très commode. Non loin des casernes sont les magasins à poudre et l'arsenal.

Tous les monuments publics de Granville, l'hôtel de ville, le tribunal, les halles, l'hôpital, sont dans la ville haute; nous jetâmes seulement un coup d'œil sur ces édifices qui n'ont rien de bien remarquable, et nous nous rendîmes sur la promenade de Vaufleury, promenade qui nous avait été recommandée pour sa vue magnifique et où nous comptions attendre l'heure de la messe.

A nos pieds la ville, avec son port et sa plage, Granville dessinant sur un ciel pur le saillant de son promontoire; au nord, une plage sablonneuse; au couchant, des rochers; la baie de Saint-Malo, à perte de vue; pour perspective, les terres de Bretagne et la pointe de Carolles, dont la sauvage nudité offre un frappant contraste avec l'aspect riant et animé du cap de Granville : tel est le tableau qu'embrassèrent nos regards et qui les captiva longtemps.

Enfin nous commençâmes à apercevoir les familles granvillaises qui se dirigeaient vers l'église. Bientôt les routes furent couvertes de monde ; hommes, femmes, enfants, tous en habits de fête gravissant la côte, les pères du pas lent et mesuré habituel à l'âge mûr, leurs fils du pas vif et léger naturel à l'impatiente jeunesse, offraient un coup d'œil des plus pittoresques. Le costume granvillais, celui des femmes surtout, est fort joli. Un soleil splendide éclairait ce charmant tableau, dont, en quelques coups de crayon, je fixai le souvenir sur une feuille de mon album.

Cependant dix heures sonnaient, nous entrâmes dans l'église. Restés au bas de la nef, nous pûmes bientôt jouir d'un spectacle vraiment édifiant. La population de Granville, composée particulièrement de marins et de pêcheurs, a conservé, en grande partie du moins, la foi des anciens jours. La tenue grave et recueillie des Granvillais dans l'église nous frappa, et, je l'avoue, nous fit rougir, nous qui, chrétiens et bien élevés (nous en avons du moins la prétention), avons souvent dans la maison du Seigneur un maintien si peu modeste et respectueux.

Après la messe, suivant la foule, nous redescendîmes la côte et rentrâmes à l'hôtel.

Après le déjeuner, comme il faisait très chaud, nous hésitâmes à entreprendre une longue promenade. Nous ne connaissions pas encore la plage, nous nous y rendîmes. Nous prîmes le chemin que nous avions déjà suivi le matin ; mais, arrivés à la rue aux Juifs, nous détournâmes à gauche et nous trouvâmes bientôt près d'une coupure de rocher par laquelle, nous avait-on dit, nous devions descendre sur la partie basse du rivage où se trouve le Casino.

Cette coupure du rocher, désignée dans le pays sous le nom de Tranchée aux Anglais, est attribuée à Jean d'Escalles, qui la fit ouvrir quand, devenu propriétaire de Granville, il voulut la fortifier, à la même époque où il fit construire, autour de l'église, un château flanqué de tours dont il ne reste aujourd'hui aucun vestige.

Nous avions souvent entendu vanter la plage de Granville, nous n'éprouvâmes en la voyant aucune désillusion ; il n'est pas de plage française qui puisse, selon moi, rivaliser avec elle pour la beauté et la commodité. Son sable, à la fois fin et ferme, offre au baigneur deux inestimables avantages, l'agrément et la sécurité; celui-ci n'a rien à craindre, sur cette plage, ni des courants, ni des inégalités du sol, qui, s'abaissant par une pente insensible, lui permet de prendre l'eau à la hauteur qui lui convient.

Assurément nulle plage ne mérite mieux que celle-là de fixer le choix des familles; aussi les étrangers y affluent-ils chaque année.

Son Casino en bois ressemble à tous les casinos; il nous parut peu intéressant d'y entrer. Après avoir été visiter d'assez belles grottes creusées par la mer sous les casernes, nous revînmes simplement nous asseoir sur la plage, en attendant que la plus grande chaleur du jour fût passée.

Le temps devenait de plus en plus lourd. Tout à coup le ciel se couvrit, bientôt on entendit gronder le tonnerre dans le lointain, puis l'orage se rapprocha; enfin des gouttes de pluie commencèrent à tomber, et nous jugeâmes prudent de regagner la ville. Il était déjà trop tard. Quand nous arrivâmes à l'hôtel, nous étions mouillés jusqu'aux os.

Cet orage, qui fut formidable, dura plus de deux heures. Impossible de songer à nous promener du reste de la journée. A peine pûmes-nous aller, vers le soir, constater les dégâts que le vent et la pluie avaient faits sur la plage.

CHAPITRE IX

GRANVILLE (*suite*)

Les îles Chausey. — Climat de Granville.

Notre matinée du lendemain et une partie de la journée furent employées à une excursion aux îles Chausey. Un bateau à vapeur, qui ordinairement ne fait le service que le dimanche, assuré ce jour-là d'un nombre suffisant de voyageurs, nous y transporta. Le temps était redevenu beau, la traversée fut des plus agréables.

L'archipel des îles Chausey est situé à onze kilomètres de Granville, tout en face de cette ville; il se compose d'un groupe d'îlots et d'écueils d'un développement de douze kilomètres. A mer haute, une cinquantaine d'îles seulement émargent de l'eau; à marée basse, on s'aperçoit qu'elles sont beaucoup plus nombreuses; il y en a bien trois cents. La principale de ces îles, située au sud-ouest, porte le nom de Grande-Ile. Elle a dix-huit mètres de long sur sept de large; c'est dans celle-là que nous abordâmes.

La composition des rochers des îles Chausey diffère essentiellement de celle des rocs de Granville et de Saint-Malo; aussi attribue-t-on leur formation à une éruption isolée du feu central. Cette masse incandescente, brusquement refroidie, se retira considérablement sous l'action violente des lames; des blocs s'en détachèrent, furent entraînés par la mer et devinrent des îles de toute forme et de toute grandeur.

La Grande-Ile, qui peut avoir mille pas de longueur et cent cinquante à peu près de largeur, renferme un phare, un fort, une église, une école et une ferme modèle, entourée de prairies et de champs bien cultivés. Elle est la seule habitée.

Les industries locales de cette île sont la pêche au homard et à la crevette, et l'exploitation du granit.

Les îles les plus étendues de l'archipel après la Grande-Ile sont l'Ile-Longue et celle des Trois-Huguenots. Parmi les îlots, trente environ, couverts de verdure, semblent de véritables oasis au milieu du désert de l'Océan; quant aux autres, ce ne sont que des rochers incultes qui servent de barrières aux flots impétueux.

Les îles Chausey offrent un précieux abri aux vaisseaux surpris par la tempête, mais elles sont aussi un lieu de repère et de rendez-vous pour les fraudeurs de Jersey.

Elles ne sont guère, en temps de paix, fréquentées que par les pêcheurs et les ouvriers employés à l'exploitation du granit. C'est en pierre de Chausey que sont construits les principaux édifices de Granville. On y ramasse une grande quantité de varech destiné à la fabrication de la soude.

Les îles Chausey possédaient autrefois un couvent de Bénédictins, dont Bernard d'Abbeville fut abbé au xie siècle. En 1342, les Bénédictins furent dépossédés par Philippe de Valois en faveur des Cordeliers. En 1543, ce monastère tomba au pouvoir des Anglais, qui le mirent au pillage.

Vers la fin de la Ligue, un petit fort fut établi sur Grande-Ile. On le laissa tomber en ruines, et bientôt il n'en resta aucun vestige, non plus que du monastère.

Les îles Chausey furent longtemps la propriété de la maison de Matignon; elles passèrent ensuite aux ducs de Valentinois, auxquels elles appartenaient encore en 1736.

Il était quatre heures du soir quand nous rentrâmes de notre excursion aux îles Chausey. Nous avions passé une journée fort agréable, mais un peu fatigante; nous allâmes nous asseoir sur la plage pour y attendre tranquillement l'heure du dîner.

Nous y étions depuis quelques instants seulement quand un vieux monsieur, s'approchant de nous :

— Monsieur, me dit-il, vous êtes M. de Lussac?

ÎLES CHAUSEY

— Oui, Monsieur, répondis-je en saluant le vieillard.

— Alors je ne me trompe pas. Moi, je suis M. Lallement. Nous nous sommes rencontrés plusieurs fois chez M. Lavergne, mon ami et votre cousin.

— Pardonnez-moi, Monsieur, de ne vous avoir pas reconnu tout de suite, dis-je au vieillard; mais je m'attendais si peu à vous rencontrer ici.

— Moi! mais je suis Granvillais.

— Vraiment!

Je présentai Charles à M. Lallement. Celui-ci s'assit à côté de nous; nous causâmes.

— Il paraît que l'air est bon ici, dis-je tout à coup à M. Lallement en lui montrant un vieux pêcheur qui passait, la hotte au dos; nous y avons déjà remarqué beaucoup d'hommes et de femmes qui semblent parvenus à l'extrême vieillesse.

— Les centenaires ne sont pas rares à Granville, me répondit-il, ce qui prouve qu'en effet l'air y est fort sain; mais les fréquentes alternatives de chaleur et de froid qui s'y font sentir ne sont pas sans danger pour les tempéraments faibles et surtout pour les poitrines délicates.

— Et d'où viennent ces brusques changements de température?

— De la position de Granville. Le promontoire, en s'interposant entre les courants, coupe, sous le rapport du climat, le pays en deux, de sorte que souvent au sud de la ville, surtout à mi-côte et au pied de la montagne, la chaleur est excessive, tandis que sur les remparts du nord on se croirait presqu'en hiver. Si vous restez quelque temps à Granville, Messieurs, vous pourrez vous en rendre compte.

— Nous partons demain matin.

— Je regrette, reprit le vieillard, de ne pas vous avoir rencontrés plus tôt, j'aurais aimé à vous servir de cicerone dans notre beau pays.

Six heures sonnaient, nous prîmes congé du vieillard.

Après le dîner, nous fîmes porter nos malles au chemin de fer; nous devions les retrouver à Avranches, où nous avions l'intention de nous rendre par le littoral.

CHAPITRE X

SAINT-PAIR

Situation du village. — Le monastère de Scissy. — L'église paroissiale. — Ruines de l'ancien manoir féodal. — La chapelle Sainte-Anne. — La fontaine. — La plage de Saint-Pair.

Le lendemain, nous fîmes la grasse matinée; nous n'avions que quatre kilomètres à faire, pour nous rendre à Saint-Pair, où nous devions déjeuner et où nous comptions passer la journée.

Il était neuf heures quand nous quittâmes Granville. Le temps, très beau ce matin-là, était fort clair; nous pûmes jouir tout à notre aise des magnifiques points de vue qui, à chaque instant, se déroulaient devant nos yeux. La promenade fut charmante, et, quoique nous nous fussions reposés plusieurs fois sur la route, il n'était pas dix heures quand nous arrivâmes près du petit château moderne de Saint-Pair; nous traversâmes un pont d'une seule arche, jeté sur la Saignes, et fûmes bientôt dans le village.

Saint-Pair est situé sur le penchant d'un coteau, au milieu des sables, à l'embouchure de la Saignes, et près du rivage. C'est le bourg le plus ancien du canton de Granville. Il fut bâti dans la forêt de Scissy au vi[e] siècle (époque où fut fondé le monastère de Saint-Gaud), sur les débris d'un temple païen, consacré au dieu Mars, et qui avait été particulièrement vénéré des Gaulois. Ce monastère, détruit au ixe siècle par les pirates et les barbares qui désolèrent alors la Neustrie, fut relevé par Rollon et occupé deux cents ans par les religieux du mont Saint-Michel ; il fut ensuite abandonné, et finit par tomber en ruines ; il n'en reste aujourd'hui aucun vestige.

Saint-Pair eût certainement pris une grande importance si sa position eût été plus favorable ; mais bâti sur un terrain peu élevé, sur une côte exposée aux vents d'ouest, sans autre appui qu'un bout de rocher qui la protège mal contre les flots, Saint-Pair dut voir sa prospérité diminuer rapidement après la fondation de Granville, et s'effacer enfin complètement devant la nouvelle ville, devenue importante place de guerre et de commerce.

Dès que nous eûmes déjeuné, nous nous disposâmes à aller visiter l'église. C'est ce que nous avions de plus intéressant à faire à Saint-Pair. Ayant parlé de notre intention devant un des locataires de l'hôtel que nous avions appris, en causant avec lui à table d'hôte, être natif de Saint-Pair, où il revient souvent, quoiqu'il n'y habite plus depuis longtemps, il nous proposa de nous accompagner.

— J'ai consacré ma vie entière, nous dit-il, aux études archéologiques, eh bien, je puis vous assurer que vous ne regretterez pas la visite que vous allez faire à notre vieille église.

Nous remerciâmes M. Delval (c'était le nom du complaisant archéologue) de son offre obligeante, et nous partîmes tous trois.

Pendant le trajet, M. Delval nous fit l'historique de l'église.

— L'église paroissiale de Saint-Pair, nous dit-il, fut fondée en 1114, sous Henri Ier, duc de Normandie. Richard de Bruère étant évêque de Coutances, un curé de Saint-Pair-sur-Mer, nommé Gautier, exhortait, depuis quelque temps déjà, ses paroissiens à ajouter une tour à leur église, quand, dit la légende, une voix lui ordonna de commencer les travaux sans plus tarder, lui assurant, en même temps, qu'il trouverait, dans l'église même, un trésor plus précieux que tout l'or du monde.

» Lors des prochaines fêtes de Pâques, il fut décidé que, se fixant à l'avis reçu par le pieux curé, on entreprendrait immédiatement la construction de la tour projetée, ce qui fut exécuté.

» En creusant les fondements de cette tour, on trouva dans le chœur de l'église, du côté gauche, un cercueil de pierre dont on ignorait l'existence ; un coup de pic ayant été donné dans la pierre, une fumée épaisse s'échappa du cercueil, en même temps qu'une douce odeur s'en exhalait. L'ayant ouvert, on y trouva un corps en parfait état de conservation : c'était celui de saint Gaud, pieux cénobite qui, au VIe siècle, avait mené la vie contemplative dans la forêt de Scissy, en même temps qu'il travaillait à la conversion des idolâtres. Le bruit de la miraculeuse découverte se répandit aussitôt dans les environs et même au loin, et les offrandes laissées à l'église de Saint-Pair par les nombreux pèlerins qui, de toutes parts, vinrent visiter les reliques de saint Gaud, produisirent sans peine l'argent nécessaire aux travaux entrepris par son curé.

Comme M. Delval achevait son récit, nous arrivions devant l'église de Saint-Pair.

Cette église appartient, pour la plus grande partie, à l'architecture romane ; cependant on y voit du gothique de deux époques.

La tour, bâtie dans la première moitié du XIIe siècle, en granit jaune, est de style roman ; le plein cintre y règne exclusivement. Elle est supportée par quatre piliers solidement assis et séparés par des arcades cintrées ; de gracieuses colonnes sont placées aux angles des pilastres ; on remarque sur les chapiteaux quelques figures grimaçantes, quelques restes de têtes saillantes comme il s'en trouve souvent dans les édifices du roman tertiaire. Un cintre de grande dimension entoure les fenêtres ; des demi-colonnes, fort simples, appliquées sur leurs parois latérales, en sont le seul ornement. La tour, carrée jusqu'à la moitié de sa hauteur, se terminait autrefois par une pyramide octogone ; un ouragan l'ayant ébranlée, on dut descendre par prudence les pierres qui formaient le couronnement de l'édifice, afin d'en prévenir la ruine.

L'église de Saint-Pair se compose de deux corps de bâtiments distincts : le chœur et la nef, que divise à l'intérieur une voûte sombre sur laquelle est placé le clocher.

Le chœur est lui-même divisé en deux parties, la partie haute et la partie basse ; la première semble appartenir à la première moitié du XIIe siècle. Des demi-colonnes engagées ornent les murs intérieurs ; on remarque encore sur les chapiteaux quelques figures grimaçantes, mais des feuilles de vignes indiquent les progrès de l'art. Au milieu du chœur, s'élève un tombeau de grande dimension, c'est celui de saint Pair et de saint Scubilion, sur lequel on voit les statues en relief des deux saints; au pied, leurs noms sont gravés en caractères gothiques. D'après ses ornements, nous dit M. Delval, ce monument ne peut être antérieur au XIIe siècle; il a certainement été élevé entre le XIIe et le XVe siècle.

— Comment les corps de saint Pair et de saint Scubilion sont-ils réunis dans le même tombeau? demandai-je à M. Delval.

— Les deux saints, me répondit-il, vivaient en même temps dans la solitude de Scissy; lorsque saint Pair fut appelé à l'évêché d'Avranches, saint Scubilion resta à Scissy avec les cénobites qui s'y étaient établis à leur exemple. Quand saint Pair se sentit sur le point de mourir, il voulut, avant de quitter ce monde, aller revoir ses anciens disciples; tout malade qu'il était, il se fit transporter à Scissy; il croyait y trouver Scubilion, mais celui-ci en était parti depuis quelque temps. En apprenant que son vieil ami était à Scissy, saint Scubilion résolut de l'y rejoindre; il se mit en route, mais il mourut durant le voyage. Dans le même temps, saint Pair rendait le dernier soupir dans le monastère de Scissy. Les convois des deux amis se rencontrèrent, dit-on, sur la route. Unis dans la vie par les liens d'une sainte amitié, ils quittèrent la terre le même jour; c'est pourquoi, plus tard, on voulut qu'une même sépulture réunît leurs dépouilles mortelles.

Une chose assez singulière, c'est que, du côté est, l'église ne se termine pas par une abside, mais par un mur plat, dans lequel on avait primitivement percé une ogive de très grande dimension que l'on a bouchée depuis.

Le joli porche du XIIIe siècle qui protège la porte latérale ouest est fort remarquable. Les colonnes à fûts entiers qui règnent de chaque côté et dont les chapiteaux sont en saillie sont dans le style roman; mais l'arcade légèrement ogivale qu'elles soutiennent et qui forme l'entrée du porche, rappelle l'époque de transition.

M. Delval nous fit remarquer, au sud de l'église, une modeste chapelle dans laquelle plusieurs personnes étaient pieusement agenouillées.

— Cette chapelle, nous dit-il, a été bâtie sur l'emplacement où était autrefois la cellule de saint Gaud.

Avant de sortir de l'église, nous n'avions plus à voir que les fonts baptismaux ; on nous les avait recommandés comme très curieux.

— Il est difficile, nous dit M. Delval, d'en déterminer la date, mais ils remontent évidemment à une haute antiquité.

C'est un monolithe en granit, sur les quatre faces duquel se voient des figures sculptées qui révèlent le passage d'un style à un autre.

— Avant de rentrer, nous demanda notre aimable guide, voulez-vous aller à la chapelle Sainte-Anne ?

— Qu'est-ce que la chapelle Sainte-Anne ?

— Une chapelle miraculeuse située sur le bord de la mer.

— Nous ne demandons pas mieux.

Nous nous dirigeâmes vers la pointe où le Tar se jette dans la mer. Là, sur la grève même, s'élève une petite chapelle bâtie en 1680 et dédiée à sainte Anne. Au pied du rocher, appelé rocher Sainte-Anne, est la fontaine du même nom dont les eaux limpides invitent le voyageur à essayer de leur efficacité.

Il paraît que tous les ans, le dimanche le plus rapproché du 28 juillet, les pèlerins, après avoir été en foule faire leurs dévotions au tombeau de saint Pair et de saint Scubilion, vont prier à la chapelle Sainte-Anne, puis se rendent à la fontaine, dont, après s'être livrés à de nombreuses ablutions, ils boivent avidement les belles eaux, afin de guérir les maladies qu'ils ont et de prévenir celles qu'ils pourraient avoir.

En allant au vallon Sainte-Anne, nous avions rencontré, à l'extrémité du village, à droite, un bâtiment dont la construction est très remarquable : c'est l'ancien manoir seigneurial du mont Saint-Michel, abandonné en 1517 et qui sert aujourd'hui de grange.

Après avoir goûté de l'eau de la fontaine Sainte-Anne, qui nous parut excellente, nous reprîmes la route de Saint-Pair.

Nous passâmes le reste de la journée sur la plage.

La plage de Saint-Pair est aussi belle que celle de Granville ; mais la mer en est bien plus éloignée, ce qui lui enlève beaucoup d'animation.

— Je ne voudrais pas demeurer ici longtemps, me dit Charles,

CHAPITRE X

à peine étions-nous assis sur la grève, la tristesse commence déjà à s'emparer de moi.

Il est vrai que cette plage immense, séparée de la mer par des sables arides, dans un pays où pas un brin de verdure ne repose le regard, a quelque chose d'affreusement triste au premier abord; mais cette tristesse même d'un pays dont la situation est des plus pittoresques, a pour moi, je dois l'avouer, un charme inexprimable.

— Tu n'es qu'un poète et un rêveur, me dit souvent Charles d'un ton de dédain.

— Je ne m'en défends pas.

CHAPITRE XI

DE SAINT-PAIR A AVRANCHES

La mare de Bouillon. — La pierre de Vaumoisson. — La pointe de Carolles. — La falaise de Champeaux. — Saint-Jean-de-Thomas. — Dragey, Baully, Marny. — Le pont Gilbert. — Arrivée à Avranches.

Le lendemain, nous reprenions notre route dans la direction d'Avranches. Nous franchîmes le Tar, sur le pont de Lizeaux, et arrivâmes bientôt à la mare de Bouillon. Ce petit lac, d'une superficie de cinquante-huit hectares, est traversé par le Tar; ses bords agrestes et maritimes sont fort pittoresques, et il mérite de fixer l'attention des voyageurs comme une des curiosités naturelles du pays. Il paraît que la pêche y est fort abondante.

Nous savions qu'une pierre druidique, assez célèbre, se trouvait près de là, au village de Vaumoisson; nous étant informés du chemin que nous avions à prendre, nous nous y rendîmes. Le menhir de Vaumoisson, en pierre brute du champ de la Roche, qui est rangé au nombre des monuments historiques, est une sorte de pilier quadrilatéral, enfoncé dans le sol, au-dessus duquel il s'élève de près de trois mètres; cette pierre est d'un seul bloc et seule de son grain et de sa forme; elle a le petit bout en bas et le grand en l'air, ce qui ne l'empêche pas d'être parfaitement d'aplomb. Sur cette pierre, les druides immolaient les victimes; longtemps les habitants du pays, qui la désignaient sous le nom de Pierre-au-Diable, lui attribuèrent une influence extraordinaire. La croix, que l'on voit à peu de distance du menhir de Vaumoisson, fut placée en cet endroit dans le but de chasser les maléfices attachés à la Pierre-au-Diable.

Je n'avais pas manqué d'emporter mon album; je pris à la hâte un croquis du menhir, et nous revînmes à Bouillon. Il était l'heure du déjeuner. Nous fûmes assez heureux pour trouver, dans une ferme, du lait, un morceau de lard et du pain.

Après ce modeste repas, nous nous remîmes immédiatement en route; un chemin assez fatigant nous conduisit, en moins d'une heure, à la pointe de Carolles. Nous visitâmes la grotte dite de Gargantua, et d'autres grottes fort curieuses. La falaise domine une grève semée de récifs, ainsi que les dunes stériles qui, depuis Saint-Pair, s'étendent sur le rivage. A partir de Carolles, les falaises continuent, et la côte commence à incliner vers le sud-est pour former la baie de Saint-Michel.

De Carolles nous nous dirigeâmes vers Champeaux. A quelques kilomètres seulement de ce village, nous aperçûmes les débris d'un château féodal, et, un peu plus loin, l'observatoire romain du Trait-de-Néron. Nous étions sur la falaise de Champeaux; nous descendîmes au village. Nous n'avions rien à y voir. L'église du XVIe siècle, à l'exception du porche latéral, qui ne date que du XVIIe, offre peu d'intérêt.

Continuant notre route, nous traversâmes Saint-Jean-de-Thomas, petit village situé tout près de la mer, dont l'église est en grande partie romane, et où nous aperçûmes les ruines d'un château-fort, démoli par Philippe-Auguste. Ces ruines dominent un coteau d'où l'on aperçoit le mont Saint-Michel et le rocher de Tombelaine. Bientôt nous arrivâmes à Dragey. La petite église de ce village n'était pas ouverte; nous pûmes seulement constater qu'elle appartenait à toutes les époques. Ses contre-forts sont romans; elle a un porche gothique, des fenêtres flamboyantes et un portail du XVIIIe siècle.

Après Dragey, nous traversâmes Bacilly, dont l'église moderne, à coupole, ressemble plutôt à une mosquée qu'à un temple catholique. Cette église, nous dit-on, fut construite sur l'emplacement d'une église romane, écroulée en 1816. Enfin, après avoir passé devant le joli château moderne de Marcey, nous arrivâmes au pont Gilbert. Ce pont, jeté sur la Sée, se compose de trois belles arches;

on ne sait au juste d'où lui vient son nom. On a prétendu que Robert d'Avranches se serait noyé à la place où il a été construit, mais l'histoire nous apprend que ce même Robert d'Avranches périt dans le naufrage de la *Blanche-Nef*. L'opinion que Robert aurait fait construire l'ancien pont aux arches étroites et pointues qui fut remplacé par le pont actuel, et que le nouveau pont aurait conservé le nom de l'ancien, me semble plus plausible.

Les hautes marées remontant le cours de la Sée, la mer, qui s'étend sur les grèves plates de la baie de Saint-Michel, avance dans les terres, et, resserrée dans le lit de la rivière, forme un fleuve impétueux, élevé d'un ou deux pieds, que l'on nomme barre ou mascaret; ce fleuve rapide emporte, avec un fracas effroyable, tout ce qui se trouve sur son passage. Malheureusement, quand nous traversâmes le pont Gilbert, on était à morte-eau, et nous n'eûmes donc point la chance d'assister à un spectacle qui doit être magnifique.

Le pont Gilbert franchi en quelques minutes, nous fûmes à Avranches.

Nous avions fait plus de trente kilomètres dans notre journée. Nous étions exténués de fatigue, et mourions littéralement de faim; nous nous rendîmes, en toute hâte, à l'*Hôtel de France*, où nous devions trouver nos malles. Quand nous y arrivâmes, le dîner était fini; nous nous fîmes servir ce qui restait de la table d'hôte, après quoi nous fûmes fort heureux de trouver des lits à peu près convenables où reposer nos membres fatigués.

CHAPITRE XII

AVRANCHES

Sa position. — Notions historiques.

Avranches est une des villes les mieux situées de France. Placée près de la mer, à l'extrémité de la presqu'île du Cotentin et de la ligne de faîte qui partage les bassins de la Sélune et de la Sée, sur une colline qui domine la baie de Saint-Michel, sa position est admirable à tous les points de vue.

Avranches existait déjà du temps des Romains; elle s'appelait alors *Abrincatæ*. On la vit se révolter contre César et s'attirer son courroux. Sous l'empire, elle tint un rang distingué parmi les cités de la seconde Lyonnaise.

Cette ville devint, au vi^e siècle, le siège d'un évêché dont le premier évêque fut saint Léonicien.

Avranches était destinée par sa position à devenir une importante ville de guerre.

Charlemagne, qu'inquiétaient, au milieu de sa puissance, les dévastations des pirates normands, fit construire les premières fortifications d'Avranches; ce qui n'empêcha pas qu'elle fût prise par ces mêmes Normands en 865. Salomon III, duc de Bretagne, les en chassa; mais ils y revinrent, vingt ans plus tard, et la mirent au pillage.

Soumise en 933 par Guillaume Longue-Épée, duc de Normandie, elle fut érigée en comté.

Sous un de ses comtes, Hugues le Loup, Avranches devint un centre littéraire et scientifique. Lanfranc y fonda une importante école.

Henri, troisième fils de Guillaume le Conquérant, étant comte de Cotentin, fit travailler aux fortifications d'Avranches; en 1090, devenu roi d'Angleterre, il continua les travaux commencés de 1118 à 1119; mais, en 1203, les Bretons, alliés de Jean sans Terre contre Philippe, ayant à leur tête Guy de Thouars, s'étant emparés d'Avranches, détruisirent ses murailles.

Après la réunion de la Normandie à la France, Philippe-Auguste accorda à la ville d'Avranches une charte communale.

Les Anglais reprirent Avranches en 1229; mais saint Louis, qui appréciait les avantages de sa position, l'acheta moyennant cinq cents livres, monnaie de Tours, de Robert Praer, et en fit relever les fortifications.

Les fortifications de saint Louis, qui consistaient en une double enceinte avec douves et fossés, sont celles dont on peut encore aujourd'hui voir les traces.

En 1346, les faubourgs d'Avranches furent brûlés par les Anglais; en 1418, les Anglais vinrent mettre le siège devant la ville dont la garnison fut forcée de se rendre.

La ville d'Avranches, réunie alors au comté de Mortain, appartenait au roi de Navarre, Charles le Mauvais, quand, en 1354, le roi Jean voulut s'en emparer; elle résista, mais le fils de ce prince la céda à Charles VI, en 1404.

Pendant la guerre de Cent ans, Avranches fut prise et reprise à différentes fois par les Anglais, et finit par rester en leur pouvoir jusqu'à la paix de Formigny.

Après cette paix, Avranches, défendue par une forte garnison anglaise, résista vingt et un jours au duc de Bretagne, qui l'attaquait au nom du roi de France, mais elle fut enfin forcée de capituler.

Deux fois, sous Louis XI, Avranches fut prise par le duc de Bourgogne, révolté contre le roi; mais elle fit retour à la couronne par le traité d'Ancenis en 1468.

Pendant les guerres de religion, Avranches resta toujours fidèle au parti catholique. Montgomery, s'en étant emparé, dévasta ses églises et s'y livra aux plus affreux excès. Matignon le chassa de la ville, mais ne put l'empêcher d'y rentrer l'année suivante.

Avranches avait été trop malheureuse pendant les guerres de religion pour ne pas embrasser avec ardeur le parti de la Ligue; aussi y prit-elle une part active.

Lorsqu'en 1591 Henri IV vint mettre le siège devant Avranches, les habitants lui opposèrent une si vigoureuse résistance qu'il lui fallut deux mois pour les forcer à se rendre.

Sous Louis XIII, ce fut d'Avranches que partit le mouvement insurrectionnel qui éclata dans tout le Cotentin à propos de la perception des impôts. Les révoltés, recrutés dans les campagnes, obéissaient à un chef mystérieux, le général Jean-nu-pieds; ils commirent de déplorables excès qu'égalèrent ceux des troupes royales chargées de les réduire.

Avranches fut, à l'occasion de cette révolte, frappée d'une contribution extraordinaire de plus d'un million.

De Louis XIII à la Révolution, Avranches n'a pas d'histoire. En 1713, elle fut prise par les Vendéens qui se dirigeaient sur Granville; repoussés par les Granvillais, ceux-ci, en se retirant, passèrent par Avranches, mais ne s'y arrêtèrent même pas. Ils étaient perdus.

CHAPITRE XIII

AVRANCHES (suite)

Les remparts. — Les ruines de la cathédrale. — L'ancien palais
épiscopal. — L'église Saint-Saturnin.

Nous passâmes à Avranches toute la journée du lendemain; quelques heures eussent pu peut-être nous suffire pour voir cette ville, mais nous voulions aller d'Avranches au mont Saint-Michel, et il nous fallait compter avec la marée qui ne devait pas nous permettre de traverser la baie ce jour-là, à moins de renoncer absolument à visiter Avranches.

Dès le matin, nous nous rendîmes aux vieux remparts, voulant avant tout nous assurer si la vue dont on jouit de la promenade établie sur ce point de la ville, méritait sa réputation. Nous fûmes émerveillés. La parole est impuissante à rendre le charme et la poésie d'un paysage digne d'être cité comme un des plus beaux de France.

D'un côté, l'œil se repose doucement sur la délicieuse vallée de la Sée; de l'autre, un tableau sévère et triste, autant que magnifique et grandiose, s'offre aux regards du voyageur : c'est la baie, la grève immense, et, au fond, la masse imposante et superbe du mont Saint-Michel.

Au moment où il nous fut donné de jouir de cet incomparable spectacle, la marée montait avec fracas et emplissait déjà une partie de la baie; nous restâmes quelque temps immobiles et muets, regardant, admirant et songeant. Charles lui-même semblait sous le charme.

— C'est splendide, s'écria-t-il tout à coup. Quel beau décor d'opéra !

J'eus un instant la tentation de tomber, à bras raccourcis, sur mon ami, mais je retins la manifestation sensible de mon indignation.

— Profane! dis-je d'un ton solennel, que viens-tu faire ici?
— Me promener, répondit-il tranquillement.

Je me tus.

— Oh! pensai-je, si ma cousine Juliette était là.... Viens, dis-je à Charles; il faut qu'avant le déjeuner nous allions voir ce qui reste de la vieille cathédrale d'Avranches.

Nous nous remîmes en route.

Tout en suivant les rampes de charmilles qui conduisent à la plate-forme sur laquelle s'élevait autrefois la vieille basilique, je songeais que mon oncle passait les vacances à Dinard, et que, sous peu de jours, nous irions lui demander l'hospitalité ; et l'impression de tristesse qui, quelques instants auparavant, s'était emparée de moi en face des beautés sévères de la nature, s'effaça peu à peu ; les souvenirs douloureux que la vue des sombres murailles du mont Saint-Michel avait éveillés dans mon esprit firent place à de plus agréables et plus récents souvenirs.

Quand nous arrivâmes devant la sous-préfecture, construite sur l'emplacement de l'ancienne cathédrale, j'avais repris toute ma bonne humeur et pardonné à Charles son abominable chauvinisme.

La cathédrale d'Avranches était une fort belle église, d'une architecture mélangée de deux styles, roman et gothique ; on ne sait ni par qui, ni quand elle avait été bâtie. A l'époque de la révolution, le chœur menaçait ruine. L'évêché d'Avranches ayant été supprimé, la cathédrale, devenue simple église paroissiale, fut d'abord administrée par un prêtre constitutionnel, puis fermée; les plombs furent enlevés pour faire des balles et les eaux s'infiltrèrent dans l'édifice, si bien que le soin de la sûreté publique exigea bientôt la destruction du monument, dont une partie s'était écroulée d'elle-même en 1790. Le corps du bâtiment principal fut d'abord abattu, puis la tour de l'horloge ; il ne resta que les deux tours de l'ouest qui furent réparées et existaient encore en 1810. Elles se sont écroulées quelques années plus tard. Un pilier seul demeurait ; il fut détruit en 1835. Aujourd'hui, de la vieille basilique, il ne reste qu'une pierre, entourée de bornes et de chaînes, celle sur laquelle, suivant la tradition, le roi d'Angleterre, Henri II, s'agenouilla devant le légat du Pape pour recevoir l'absolution du meurtre de Thomas Becket, archevêque de Cantorbéry. Cette pierre porte l'inscription suivante :

SUR CETTE PIERRE,
ICI A LA PORTE
DE LA CATHÉDRALE D'AVRANCHES,
APRÈS LE MEURTRE DE THOMAS
BECKET,
ARCHEVÊQUE DE CANTORBÉRY,
HENRI II,
ROI D'ANGLETERRE,
DUC DE NORMANDIE,
REÇUT A GENOUX,
DES LÉGATS DU PAPE,
L'ABSOLUTION APOSTOLIQUE,
LE DIMANCHE 22 MAI
MCLXXII.

Enfin, au milieu d'un tas de débris de l'ancienne cathédrale, nous découvrîmes un tombeau portant cette inscription :

DERNIERS RESTES
DE LA
CATHÉDRALE ROMANE GOTHIQUE
D'AVRANCHES,
COMMENCÉE VERS 1090
ET CONSACRÉE
PAR L'ÉVÊQUE TURGIS EN 1121.

Depuis la destruction de sa cathédrale, Avranches n'a guère de monuments dignes de fixer l'attention des voyageurs; il nous fallut donc peu de temps pour les visiter. Je ne citerai ici que les principaux.

L'église Saint-Saturnin, maintenant la plus ancienne des églises d'Avranches, a été en grande partie construite dans le style des XIII° et XIV° siècles; la voûte ogivale, le bas côté droit et la porte principale semblent seuls appartenir réellement au moyen âge. Le portail, pur style du XIII° siècle, est aujourd'hui la principale richesse architecturale d'Avranches. Un bas-relief en granit, représentant le jugement de Salomon et le massacre des Innocents, encadré dans les murs du côté gauche, attira notre attention. Ce morceau, fort curieux, semble appartenir au roman secondaire de la fin du XI° siècle.

L'église Notre-Dame des Champs n'a absolument rien de remarquable, pas plus que celle de Saint-Gervais, quoique celle-ci, dont saint Gervais et saint Protais sont les fondateurs, remonte au VII° siècle.

L'ancien palais épiscopal fut élevé par Louis de Bourbon, évêque d'Avranches et fils du duc de Vendôme. C'est dans ce palais qu'est aujourd'hui renfermé le tribunal d'Avranches; l'ancienne chapelle gothique sert de salle des Pas-Perdus. Ce monument contient également un musée, que nous visitâmes avec intérêt.

Tout près du palais épiscopal, sur une promenade construite dans les jardins de l'évêché, s'élève la statue du général Walhubert. Le général Walhubert, qui trouva une mort glorieuse à Austerlitz, était né à Avranches en 1764; cette statue, en marbre blanc, œuvre de Cartelier, lui fut élevée par ses concitoyens en 1832.

Le collège, dans lequel est renfermée la bibliothèque, que nous ne visitâmes pas, mais où se trouvent, ai-je su depuis, de précieux manuscrits du XII° siècle, fut construit vers 1789. Deux ailes lui ont été ajoutées depuis.

De l'ancien château, il ne reste que des ruines, mais ces ruines sont plus importantes que celles de la cathédrale. Le donjon existe encore, ainsi que la tour nord des fortifications et une partie des murs du même côté; sur ces murs on a élevé des jardins. Un peu plus loin, on peut voir la tourelle d'une ancienne porte.

En face de l'église de Notre-Dame des Champs est le Jardin des plantes, ancien jardin des Capucins. Il est fort beau; on y voit des arbres magnifiques et des fleurs superbes.

Le goût des fleurs est, paraît-il, très prononcé chez les Avranchins.

Il était quatre heures de l'après-midi quand nous rentrâmes à l'hôtel, ayant achevé de visiter la ville. Nous avions marché toute la journée, à l'exception de l'heure que nous avions employée à déjeuner. Nous étions fatigués; nous nous assîmes dans la salle commune, et demandâmes à notre hôte un pot de cidre semblable à celui que nous avions bu le matin.

— Vous l'avez trouvé bon, n'est-ce pas? nous dit cet homme en nous servant le cidre réclamé; c'est que, voyez-vous, vous ne trouverez jamais de meilleur cidre que celui d'Avranches.

— Il est vrai qu'il mérite sa réputation, répondit Charles.

Nous l'avions trouvé délicieux.

— Vous avez faim, sans doute? reprit l'hôte.

Et, sans attendre notre réponse, il sortit de la salle et revint bientôt, apportant un fromage rond, assez semblable à celui d'Honfleur, qu'il mit sur la table.

— Goûtez ça, nous dit-il, vous m'en direz des nouvelles.

— Qu'est-ce que ce fromage? demandai-je.

— Le fromage d'Avranches.

Pour lui faire plaisir, Charles et moi nous coupâmes chacun un petit morceau de fromage et le goûtâmes en conscience. Il est meilleur que celui d'Honfleur, mais devra se contenter longtemps encore de sa réputation locale. Il n'en est pas ainsi des excellentes poires, produit de son jardin, que le brave homme n'eut pas de peine à nous faire accepter ensuite; elles devaient nous enlever le goût du fromage. Cette poire, que nous connaissions sous le nom de Louise-Bonne, est, paraît-il, spécialement cultivée à Avranches.

Quand nous fûmes suffisamment reposés et rafraîchis, nous montâmes dans nos chambres, afin de préparer nos malles, que nous devions nous faire envoyer à Saint-Malo, et d'écrire quelques lettres, en attendant le dîner.

En sortant de table, nous allâmes faire un petit tour sur la belle promenade de la Naffrée, située en bas d'Avranches. Nous n'y rencontrâmes que peu de promeneurs, et remarquâmes que presque tous semblaient étrangers.

Les étrangers, les Anglais surtout, sont nombreux à Avranches; le pays, aussi beau que salubre, est fait pour les attirer. De plus, la société y est, dit-on, fort agréable. Les habitants d'Avranches, de l'avis de tous les historiens, sont spirituels et polis; ils cultivent les sciences et les arts.

À dix heures, nous étions couchés. Notre journée du lendemain devait être très fatigante. A sept heures du matin, nous nous mettions en route pour le mont Saint-Michel.

CHAPITRE XIV

LE MONT SAINT-MICHEL

Position du mont Saint-Michel. — Voyage d'Avranches au mont Saint-Michel, par Courtils. — Arrivée au mont Saint-Michel. — Le saumon, les coquecigrues et les salicoques.

Le mont Saint-Michel est un rocher granitique, haut de cinquante mètres et ayant neuf cents mètres de circuit, isolé au milieu d'une vaste grève, dans la baie formée par la réunion des côtes de Normandie et de Bretagne. Sur ce rocher, s'élève, en amphithéâtre, un village, entouré d'une ceinture de remparts, dont une église et une abbaye occupent le sommet. La couleur rougeâtre du rocher, la masse noire des vieux bâtiments qui le couronnent, donnent au mont Saint-Michel un aspect lugubre, et les souvenirs qui s'y rattachent ne font qu'augmenter encore l'impression de tristesse qu'inspire sa vue.

Une vaste plaine de sables mouvants le sépare du continent. Deux fois par jour, le flot, envahissant les grèves, y roule sa barre avec une effroyable rapidité; le roc se trouve alors isolé au milieu de la mer. Une des causes les plus plausibles que l'on ait pu donner de la vitesse extrême avec laquelle le flot monte sur ces grèves consiste dans les canaux que lui offrent les lits du Couesnon et de la Sée. Il y a peu de côtes où la marée s'élève aussi haut que dans la baie de Saint-Michel; car, aux équinoxes, elle atteint une élévation verticale de quinze mètres; mais cela s'explique par la conformation du bassin de la Manche.

« Le flux poussé par l'action planétaire dans ce *pas*, dit M. Fulgence Girard, se trouvant répercuté par les falaises du rivage anglais, doit nécessairement se reporter sur l'autre bord de tout le poids de ses eaux. De là peut-être encore, ajoute-t-il, les envahissements que fait constamment la mer sur les rives de cette baie. »

L'étendue des grèves qui séparent le mont Saint-Michel des différents points du rivage varie beaucoup, ce qui s'explique aisément par les déchiquetures irrégulières des côtes. Il n'y a qu'une demi-lieue de Mondray à Saint-Michel, tandis que Champeaux en est éloigné de deux lieues.

Ayant décidé d'aller au mont Saint-Michel par Courtils, nous avions, dès la veille, retenu une voiture qui devait nous conduire jusqu'au canal de Couesnon, où nous arriverions en temps convenable pour pouvoir gagner Saint-Michel avant le retour de la marée.

A sept heures, notre voiture était devant la porte de l'hôtel; nous ne la fîmes pas attendre.

Nous suivîmes d'abord la route de Saint-Malo, puis en prîmes une autre, sur la droite, qui nous conduisit à Courtils. La côte de Courtils, bordée de salines et de *mondrins*, offre d'admirables points de vue. Nous longeâmes la grève jusqu'à l'embouchure du Couesnon; là nous dûmes descendre de voiture.

Il nous restait deux kilomètres à faire à travers les sables.

Nous avions amené avec nous un parent de notre hôte d'Avranches, qui depuis longues années connaît la baie et passe pour un guide parfaitement sûr. Nous réglâmes notre compte avec le voiturier et nous mîmes en route.

L'aspect de la baie est au premier abord horriblement triste; on se sent accablé sous le poids d'un inexprimable malaise en face de ces grèves, immenses et nues, dont le sol présente une teinte uniforme et blafarde, que des terrains sablonneux et stériles appelés *mielles* séparent du rivage, en grande partie bordé de dunes arides.

Pas d'arbres, pas de végétation. Dans les parties les plus rapprochées du littoral, un peu de blé et de luzerne, des champs de chiendent nain, où paissent des troupeaux d'oies domestiques, des herbiers de christe-marine où viennent se reposer les oiseaux de la baie; sur la côte, quelques rares ormeaux, et voilà tout.

Après avoir marché quelque temps en silence, nous nous arrêtâmes tout à coup. Rien ne saurait rendre l'austère grandeur du paysage qui se déroulait devant nous.

Au nord, les falaises de Carolles et de Champeaux avec leurs mielles arides; au sud, les côtes plates de l'Ille-et-Vilaine; à l'ouest, Pontorson et la coquette Avranches, dont les vertes collines descendent en pente douce jusqu'à la mer; plus à l'ouest, la mer elle-même sillonnée de nombreux bateaux de pêche; enfin au centre, Tombelaine, « pauvre îlot couvert de débris, étendu dans ces grèves comme un dromadaire fatigué, couché les naseaux dans le sable, » selon l'expression pittoresque de l'auteur cité plus haut; et, tout auprès, le mont Saint-Michel, dessinant sur l'azur du ciel son imposante masse noire, dominée par ses deux tours à créneaux.

— Venez, Messieurs, nous dit notre guide; si nous nous arrêtons ainsi, la marée pourrait bien ne pas avoir la politesse de nous attendre. Nous avons tout le temps d'arriver, mais, je vous en prie, marchons.

Nous nous remîmes en route. Mais bientôt nous nous aperçûmes qu'à mesure que nous avancions, nos pieds enfonçaient de plus en plus dans le sable, nous en fîmes l'observation au guide :

— Marchez plus vite, nous dit-il; nous sommes sur les sables mouvants.

Charles me regarda d'un air peu rassuré.

— Il n'y a rien à craindre, reprit le guide; s'il arrive quelquefois des accidents aux voyageurs qui se rendent au mont Saint-Michel, c'est toujours par suite de leur imprudence.

Nous hâtâmes le pas.

De temps en temps il nous fallait franchir une rivière, ce qui, à vrai dire, n'était pas bien difficile, en choisissant l'endroit où, étant le plus large, elle offrait le fond le plus solide, mais ce qui retardait notre marche.

Enfin nous arrivâmes sans accident au mont Saint-Michel.

Nous nous rendîmes aussitôt à l'hôtel, où, après avoir fait un peu de toilette, ce qui n'était pas inutile après notre course sur les sables, nous commençâmes par réparer nos forces en faisant un bon déjeuner.

Les saumons de la baie de Saint-Michel ont une grande réputation; mais je puis affirmer qu'ils la méritent, si j'en juge par celui qui nous fut servi et qui n'était rien moins qu'excellent.

Je ne sais si le lecteur a quelquefois goûté d'un coquillage appelé coquecigrue; pour nous, nous ne le connaissions pas, ce qui étonna

PÊCHE AUX CREVETTES

fort le garçon qui nous en apporta un énorme plat et auquel nous demandâmes ce qu'il nous servait.

Le coquecigrue est un coquillage bivalve, gros comme une aveline, et qui rappelle quelque peu les coquilles dont sont ornés les pèlerins de Saint-Jacques; il s'en fait, paraît-il, un grand commerce. Le petit poisson que renferme cette coquille, que l'on fait simplement ouvrir à la chaleur du charbon, est assez savoureux, et nous en mangeâmes, Charles et moi, avec plaisir, ainsi que des salicoques, sorte de crevettes grises qu'on trouve également en abondance dans la baie.

CHAPITRE XV

LE MONT SAINT-MICHEL (*suite*)

Notions historiques.

Le rocher dont j'écris ici l'histoire devait, par son isolement, convenir aux druides. Sous le nom de mont Belenus, il fut, si l'on en croit la tradition, occupé jusqu'à la conquête romaine par un collège de neuf druidesses. Les marins des côtes celtiques, avant de partir pour une expédition, ne manquaient pas d'acheter aux prêtresses du mont Belenus des flèches merveilleuses qui, jetées à la mer par le plus jeune des matelots, devaient calmer les plus épouvantables tempêtes ; ils leur offraient des présents au retour.

Plus tard, un temple dédié à Jupiter s'éleva sur le mont Belenus, qui prit le nom de mont Jovis, dont, par corruption, on fit le mont Jou ; il garda ce nom jusqu'au viiie siècle.

Cependant, dès le ve siècle, des chrétiens s'y étaient établis afin de se préparer, par les austérités de la vie d'ermites, à évangéliser les populations voisines. Saint Pair, évêque d'Avranches, les réunit sous une seule règle ; mais ce ne fut qu'en 709 que saint Aubert, douzième évêque d'Avranches, fonda au mont Saint-Michel un couvent régulier qui prit le nom de *Monasterium ad tumbas*. Ce fut également saint Aubert qui fit bâtir l'église, à la construction de laquelle se rapporte la légende suivante, que nous empruntons à M. Maximilien Raoul :

« L'évêque Aubert fut averti par saint Michel, dans plusieurs

VUE GÉNÉRALE DU MONT SAINT-MICHEL

visions, de dédier ce mont à cet archange, et d'élever, en son honneur, une église sur la partie la plus élevée du rocher. Mais la hauteur de ce rocher et son escarpement effrayèrent ce saint évêque, et il attendit un autre avertissement d'en haut. Saint Michel lui apparut de nouveau et ne fit que l'ébranler plus fortement. Mais à la troisième apparition, il lui posa la main sur la tempe gauche avec tant de force que son doigt lui fit une ouverture dans le crâne; puis il lui dit : « Revêts-toi de tes ornements pontificaux, monte
» au sommet du rocher, suivi de tes frères et du plus jeune enfant
» du nommé Bain, habitant de la rive voisine ; prends dans tes bras
» cet enfant, fais-lui poser le pied sur la cime du rocher, et elle
» s'écroulera aussitôt, laissant à découvert la place où tu bâtiras
» l'église dont je veux être le patron auprès de Dieu. » Le jeune évêque ne balança plus, il fit voir aux religieux l'ouverture faite sur sa tempe par le doigt de l'archange. L'ordre d'en haut fut exécuté, la prédiction accomplie, et c'est sur le rocher précipité à la base du mont que fut construite l'église ou chapelle primitive. Quant à la petite chapelle consacrée à saint Aubert, elle ne fut bâtie que plusieurs siècles après sa mort. »

Le monastère de Saint-Michel devint un centre religieux célèbre dans le monde entier.

On était alors au temps de Childebert.

Cependant, plus tard, quand les invasions normandes eurent porté la terreur dans le Cotentin, les moines abandonnèrent quelque temps leur couvent, pendant que les paysans, se réfugiant en grand nombre au mont Saint-Michel, y bâtissaient une ville qui s'étageait par gradins sur le versant du rocher. Quand, par le traité de Saint-Clair-sur-Epte, Charles le Simple eut abandonné la Neustrie, avec le titre de comte, au chef des Normands, Rollon, celui-ci, devenu chrétien (902), rendit aux religieux tous leurs biens, et les habitants du pays purent en toute sécurité reprendre leurs travaux.

Richard Ier chassa les moines séculiers de leur monastère et les remplaça par des Bénédictins.

Richard III réunit au monastère du mont Saint-Michel, qu'il combla de ses libéralités, le monastère de Saint-Pair, ainsi que les îles Chausey et une partie de l'île de Jersey, et il fit commencer une nouvelle basilique dont la nef et les parties souterraines existent encore.

L'abbaye du mont Saint-Michel fournit six vaisseaux équipés à Guillaume le Bâtard, lorsqu'il partit pour la conquête de l'Angleterre; aussi, lors du partage des dépouilles, fut-elle comblée de biens par le conquérant dont les fils se montrèrent également fort généreux à son égard.

Au XIIe siècle, Robert de Thorigny, abbé de Saint-Michel, fit réparer les dégâts causés à l'église par un incendie et lui ajouta de nouvelles constructions. Le monastère était alors en pleine prospérité. Il porta à soixante le nombre des religieux, qui n'était que de trente avant lui. Ces religieux s'appliquaient aux sciences libérales.

Quelque temps après, les Bretons, ligués avec Philippe-Auguste contre Jean sans Terre, brûlèrent en partie l'église du mont Saint-Michel (1204); mais, dès 1212, Philippe-Auguste, devenu maître de la Normandie, aida l'abbé Jordan à réparer ce désastre; de plus, il fit bâtir, sur un rocher voisin, celui de Tombelaine, un château, destiné à protéger désormais l'abbaye. Saint Louis et Philippe le Bel accordèrent de nouveaux privilèges à l'abbaye du mont Saint-Michel.

Pendant la guerre de Cent Ans, le mont Saint-Michel, qui avait d'abord, par sa position, échappé aux désastres de l'invasion, fut attaqué par les Anglais en 1423. Le capitaine d'Estouteville, avec cent vingt gentilshommes, défendit la place. En vain les ennemis essayèrent-ils d'escalader le rocher; assommés sous les blocs de pierre que les assiégés lançaient sur eux, repoussés par les sorties que ces derniers avaient soin de faire à l'heure où la marée montante allait les isoler de la terre, ils furent enfin contraints de se retirer, en abandonnant leur artillerie, après avoir subi des pertes considérables.

C'est en souvenir de cette belle défense que fut créé, par Louis XI, le fameux ordre de Saint-Michel dont Charles VII avait eu la première idée. A cette occasion, le roi se rendit lui-même à l'abbaye, et il remit de ses propres mains à quinze gentilshommes les insignes du nouvel ordre : un collier d'or semé de coquilles, auquel était suspendue l'image de l'archange saint Michel.

Pendant les guerres de religion, le mont Saint-Michel fut plusieurs fois attaqué par les huguenots. Une fois même, un général protestant y pénétra avec vingt-sept hommes déguisés en pèlerins ; mais, bloqué dans le château par le seigneur de Vicques, il fut forcé de se rendre. Un peu plus tard, le même de Vicques chassa également du château quelques partisans de Henri IV, qui s'en étaient emparés par surprise.

Le château du mont Saint-Michel ne se rendit à Henri IV qu'après son abjuration.

Sous Louis XIV, le mont Saint-Michel devint prison d'État.

En 1811, Napoléon en fit une maison de détention.

Le précieux monument fut loué, en 1865, à l'évêque de Coutances, qui y établit des religieux et des Sœurs, et y fonda un orphelinat.

En 1874, le mont Saint-Michel fut affecté au service des monuments historiques, et la restauration générale en fut décidée.

CHAPITRE XVI

LE MONT SAINT-MICHEL (*suite*)

L'abbaye-château. — L'église. — La Merveille. — La terrasse de Saint-Gaultier. — Les bâtiments abbatiaux. — Les souterrains.

Aussitôt après le déjeuner, nous nous mîmes en route sans perdre de temps; nous ne voulions passer qu'une journée au mont Saint-Michel, et, certes, elle devait être bien employée.

Nous nous dirigeâmes aussitôt vers l'abbaye, à laquelle conduit l'unique rue de la ville, rue étroite et sombre, bordée de maisons en grande partie du moyen âge, à portes cintrées, dont beaucoup servirent autrefois d'hôtelleries aux pèlerins qui venaient au couvent. Vers le milieu de cette rue est l'église paroissiale dédiée à saint Pierre, qui date de 1440. Nous y entrâmes et y remarquâmes un beau christ en bois et quelques pierres tumulaires assez curieuses.

Nous savions qu'en haut de la ville se trouvait le logis que Du Guesclin avait fait construire pour sa femme, Tiphaine Raguenel. Nous nous informâmes de ce logis historique. On nous montra tout ce qu'il en reste; c'est, dans un jardin, un portail roman et trois autres arcades cintrées.

La rue aboutit à l'abbaye par un escalier divisé en plusieurs rampes; elle se termine à une haute muraille. Deux portes donnent accès dans une petite cour.

L'abbaye-château, dont la façade regarde la ville, occupe tout le sommet du mont; au centre s'élève l'église abbatiale.

CHAPITRE XVI

La porte de l'antique donjon est flanquée de deux tours, entre lesquelles se trouve un escalier fortifié, qui conduit à une porte

GRANDE ENTRÉE DE L'ABBAYE

s'ouvrant sur la salle des Gardes. « En suivant de l'œil cet escalier de granit dont les marches montent, fuient et se perdent dans l'ombre, dit M. Fulgence Girard, on sent un effroi involontaire vous saisir. »

La salle des Gardes fait partie du bâtiment dit la Belle-Chaise, construit en 1250.

Trois portes se présentent : l'une, celle du milieu, conduit à la loge du gardien-portier, chargé de faire visiter les bâtiments aux voyageurs; une autre, à l'escalier de Saint-Gaultier; la troisième, à la Merveille. Cette salle communique avec la cour de l'église, dans laquelle se trouvent à droite la vieille basilique, à gauche les bâtiments abbatiaux.

Nous visitâmes d'abord l'église.

La basilique du mont Saint-Michel, construite en plusieurs fois, offre un assemblage de tous les styles.

La nef et les bras de la croix appartiennent au roman du XIe siècle, on le reconnaît aisément au caractère presque cintrique de sa voûte et à ses piliers; elle fut commencée vers 1020. « Des faisceaux de colonnettes, qui, empruntant leur hardiesse à la ténuité de chacune d'elles, leur prêtent la grâce de l'ensemble, supportent avec grandeur et majesté, sur leurs quatre rangées d'arceaux, cette triple voûte à nervures (1). »

Le chœur, de style ogival flamboyant, représente l'art architectural du XVe siècle dans toute sa magnificence, sa grâce et sa légèreté. Ces colonnes de pierre s'élançant avec souplesse en voussure ogivale, ces galeries hardies, ces hautes fenêtres aux dentelles de granit, malheureusement privées de leurs anciennes verrières, sont autant de merveilles. Des fresques de la Renaissance et des tableaux du XVIIe siècle décorent les murs. Le gardien nous fit remarquer des stalles modernes très artistement sculptées qui sont l'ouvrage des détenus de Saint-Michel. Il attira aussi notre attention sur un beau rétable des XIVe et XVe siècles, et sur une statue argentée de saint Michel, qui est un but de pèlerinage. En passant devant la chapelle de la Sainte-Vierge, il nous montra la place où, avant la Révolution, se voyaient les armes des cent dix-neuf chevaliers normands et bretons qui, en 1423, s'enfermèrent dans la forteresse du mont Saint-Michel et forcèrent les Anglais à la retraite.

(1) Fulgence Girard.

CHAPITRE XVI

Après l'église, nous visitâmes la Merveille.

La Merveille est un immense bâtiment construit de 1203 à 1228, et formé de deux bâtiments juxtaposés; c'est le plus beau spécimen que nous possédions de l'architecture monastique et militaire du moyen âge.

La Merveille se compose de trois étages.

L'étage inférieur comprend l'aumônerie et les celliers. Il se compose de vastes cryptes partagées en deux compartiments : le premier, contenant une grande salle à trois nefs, servait autrefois de cave

MAISON DE DU GUESCLIN

et de celliers; le second, divisé en deux nefs, était la salle où l'on distribuait les aumônes.

Ces cryptes se nomment Montgomeries, depuis que le célèbre partisan Montgomery essaya vainement de s'emparer par surprise du mont Saint-Michel.

L'étage intermédiaire comprend la salle des Chevaliers et le réfectoire.

La salle des Chevaliers se trouve au-dessus du cellier. C'est dans cette pièce que se tenait autrefois le chapitre des moines du Mont;

ils la cédèrent, en 1469, aux chevaliers de Saint-Michel pour y tenir leurs conférences. C'est une très belle et très vaste salle gothique, divisée en quatre nefs par trois rangs de colonnes.

Le réfectoire des moines fut bâti en 1215; il est séparé en deux par des colonnes fort élégantes, à base octogone et à chapiteaux ornés de feuillages. On y remarque une gigantesque cheminée. A côté du réfectoire est la salle de la conciergerie. Dans un angle se trouve l'entrée du chartrier, lequel se compose de deux petites pièces qui communiquent entre elles par un escalier à vis.

Au-dessus du réfectoire est le dortoir, qui est de la même dimension et n'est pas voûté.

Au-dessus de la salle des Chevaliers est le cloître. Ce bijou d'architecture est orné de deux cent vingt colonnettes dont cent décorent les murailles latérales et cent vingt forment une double colonnade à jour, supportant quatre belles voûtes dont les ogives doivent une partie de leur élégance au fini des nervures. Achevé en 1228, le cloître fut restauré de 1877 à 1881. Entre les arceaux qui reposent sur les colonnettes, sont des rosaces, des sculptures, et soixante-dix arcades entourent le cloître. Au-dessus règnent une frise élégante et cent quarante roses délicatement fouillées.

Les fenêtres qui regardent l'Océan au couchant sont à plus de cent mètres au-dessus du niveau de la mer.

— Voulez-vous maintenant aller à la terrasse de Saint-Gaultier? nous dit le gardien qui nous conduisait, après nous avoir laissé admirer tout à notre aise les merveilles du cloître.

— Certainement, répondis-je, surtout si cette terrasse dont j'ai souvent entendu parler vaut sa réputation.

— Sans doute, elle la vaut. D'ailleurs vous allez en juger.

Le cloître communique de plain-pied avec l'église; nous rentrâmes dans l'église, dont le portail latéral s'ouvre sur la terrasse en question.

C'est une plate-forme, suspendue sur trois arcades du XIIIe siècle, d'où l'on jouit d'une vue splendide.

— Cette terrasse s'appelait autrefois terrasse de Beauregard, nous dit le gardien.

— Elle était bien nommée, dit Charles.

— Pourquoi, repris-je, lui avoir ôté un nom qui lui convenait si bien ?

— Un jour, un aliéné, du nom de Gaultier, s'avisa de sauter de cette place ; il ne se tua pas. Il recommença et tomba vivant une seconde fois ; il ne se tua qu'à la troisième fois. Telle est l'origine du nom actuel de cette terrasse.

Nous descendîmes de la plate-forme par un escalier appelé le Grand-Degré, et nous nous retrouvâmes dans la cour de l'église. Le gardien nous introduisit alors dans les bâtiments abbatiaux. Ces bâtiments,

LA MERVEILLE

commencés vers 1250, furent continués au xiv° siècle. Nous admirâmes, dans la maison de l'abbé, une belle tourelle-escalier d'une incroyable légèreté.

Un pont à mâchicoulis relie les logements abbatiaux à l'église basse.

Nous n'avions plus à visiter que les souterrains.

Une porte de la Renaissance fait communiquer l'église avec une magnifique crypte dite des Gros-Piliers. Ce souterrain fut creusé dans la roche en 1421 ; on y voit dix-neuf colonnes, épaisses de quatre mètres, qui soutiennent l'abside de l'église supérieure; il reproduit d'ailleurs la disposition du chœur de cette même église.

Dans cette crypte se trouvent de grandes citernes contenant mille deux cents tonneaux.

Comme nous sortions de la crypte du Gros-Pilier :

— Ces Messieurs désirent sans doute visiter les autres souterrains? nous demanda le gardien.

— Ceux qui servaient de prisons, repris-je, sans nul doute.

— Alors; venez.

Et pendant un temps que je ne saurais apprécier, tant il me parut long, cet homme nous promena dans un labyrinthe d'humides galeries et de sinistres cachots : la Trappe ou Grand-Exil, le Petit-Exil, le Cachot du diable, le Promenoir, etc., etc. Il me serait impossible de dire l'impression que produisit sur moi la vue de ces affreux souterrains aux parois de granit tapissées de mousse verdâtre, dont les vieux murs, oxydés par le temps, ont si souvent retenti de cris inutiles et désespérés. En y pénétrant, je sentis un frisson glacé parcourir mes membres, en même temps qu'un poids affreux oppressait ma poitrine. Un instant je regrettai d'être venu. Cependant il me fallut tout voir, même la cage de bois où furent enfermés plusieurs prisonniers d'État, même les terribles oubliettes.

Enfin nous sortîmes de ces affreux souterrains, nous revîmes le jour et le soleil.

Nous avions achevé notre visite au mont Saint-Michel. Nous mîmes une pièce de monnaie dans la main du gardien et sortîmes du château.

Notre matinée avait été bien employée.

— Rentrons maintenant, dit Charles, j'ai faim; et toi aussi, sans doute?

— Pas encore, répondis-je.

Cependant, à mesure que nous nous éloignions du château, l'impression produite sur moi par la visite des souterrains s'effaçait peu à peu, et, en arrivant à l'hôtel, ce fut avec un véritable plaisir que je me mis à table.

CHAPITRE XVII

LE MONT SAINT-MICHEL (*suite*)

Promenade autour des fortifications. — Les portes. — Les tours. — Le châtelet de la fontaine. — La fontaine Saint-Aubert. — La Barbacane. — Une pêcheuse montoise.

Aussitôt après le déjeuner, nous reprîmes notre promenade, dans l'intention de faire le tour des fortifications dont nous avions bien aperçu une partie le matin, mais que nous voulions examiner dans leur ensemble.

L'enceinte militaire du mont Saint-Michel est une épaisse muraille avec mâchicoulis, protégée par un grand nombre de tours. La ville était défendue par trois portes. La première, la Bavolle, ouvre sur la cour du Lion, ainsi nommée parce que, dans le mur de gauche, est encastré un lion. Dans la cour du Lion sont placées les Michelettes, deux énormes pièces de canon abandonnées par les Anglais en 1427. Une autre cour conduit à la porte du Roi, laquelle est flanquée d'une tour, dite tour du Guet, protégée par un bastion du xve siècle, la Barbacane. Ces deux portes servent d'unique entrée au village. Les tours qui protégeaient les fortifications et qui existent encore sont, après la tour du Roi, la tour de l'Arcade ou de l'Escadre, la tour de la Liberté, la tour Basse, la tour de la Reine, la tour Boucle, à la base de laquelle se trouvaient autrefois fixés des anneaux de fer destinés à amarrer les navires; le bastion de l'Est, la tour Nord, la tour Marilland, une des plus anciennes, car elle date du xiiie siècle, et aussi la plus élevée, placée sur des pointes de rochers, et contre laquelle vingt mille Anglais échouèrent au xve siècle ; enfin la tour Claudine, qui communique avec la Merveille, et à l'un des angles de laquelle se dresse la tourelle des Corbins, une des plus jolies de l'abbaye. Au nord de la Merveille, une petite muraille crénelée et flanquée d'une tour est tout ce qui reste, de ce côté, des fortifications.

Un petit châtelet défendait autrefois l'escalier qui conduit à la fontaine Saint-Aubert, fontaine ainsi nommée parce qu'elle jaillit, dit-on, à la parole du saint évêque ; il reste encore quelques vestiges de sa tour.

Le donjon, appelé le Châtelet de la fontaine, est un bâtiment carré flanqué de deux tourelles. En le tournant, nous tournâmes en même temps la montagne. Nous descendîmes une petite pente abrupte, au milieu des broussailles, et arrivâmes bientôt à la chapelle Saint-Aubert, pittoresquement située sur un bloc de rochers attenant au bloc principal. Là nous fîmes une halte. Je tirai mon album et fis un croquis de la chapelle, pendant que Charles, qui commençait à se sentir fatigué, assis près de moi sur le rocher, prenait un peu de repos.

Une demi-heure plus tard, nous nous remettions en route et redescendions la montagne, du côté de l'ouest. Au bord de la grève, nous rencontrâmes la tour Gabrielle ou du Moulin, la plus grande de la place. Elle fut élevée en 1534 pour compléter les défenses extérieures de ce côté de l'abbaye. Elle a trois étages de batteries et un énorme pilier, autour duquel s'enroule un escalier ; elle forme l'angle sud-ouest de l'enceinte. Sur cette tour s'élevait autrefois un moulin à vent.

Après avoir passé devant la tour des Fanils, ainsi appelée à cause des fanils ou magasins à fourrages qui la dominaient et sont aujourd'hui ruinés, et la tour dite l'Échauguette, placée un peu plus haut sur le rocher, nous arrivâmes à un bastion du xiie siècle, la Barbacane, qui défendait l'entrée de la ville, à gauche de la tour du Roi. Nous avions fait le tour du rocher ; nous nous retrouvions à notre point de départ.

Nous rentrâmes en ville.

Quand nous arrivâmes à notre hôtel, il était presque l'heure du dîner; nous entrâmes un instant dans la cuisine pour nous informer auprès de notre hôte de l'heure à laquelle partait la voiture de

PORTE DE LA HERSE ET TOUR DU GUET

Pontorson. Nous voulions la prendre, le lendemain matin, afin de nous avancer et aussi de nous éviter un peu de fatigue. Une femme était près de lui, une pêcheuse qui lui apportait des coques. Je m'arrêtai sur le seuil, émerveillé. J'avais devant moi un modèle comme je n'en retrouverai pas. Cette femme, qui pouvait avoir trente ans, était belle, mais belle d'une étrange et typique beauté; ses grands yeux noirs reflétaient une virile énergie; l'expression de sa bouche avait quelque chose de fier, mais une vague tristesse adoucissait l'éclat de son regard, mais son sourire était doux. Son visage, hâlé par la réverbération du soleil sur les sables, où les pêcheuses du mont Saint-Michel passent leur vie, et par les vents salins, avait des tons inconnus mais d'une vigueur inouïe. Grande et fortement membrée, elle semblait appartenir à une de ces races antiques aujourd'hui disparues. Elle portait sur la tête une coiffure noire, à la façon des Espagnoles. Son jupon très court laissait voir des jambes nues, bien faites mais excessivement fortes et rougies par l'eau de mer. Une ceinture à laquelle étaient attachés de petits filets complétait ce simple mais pittoresque costume.

Oh! comme j'eusse voulu l'avoir, cette femme, dans mon atelier du boulevard Clichy! Quelle belle étude j'eusse faite, et quel succès elle m'eût promis pour le prochain salon!

Pendant que je l'examinais et me livrais aux regrets que je viens d'exprimer, l'hôtelier remettait à la pêcheuse une petite pièce blanche, prix des coquillages qu'elle lui avait vendus.

— Adieu, monsieur François, dit-elle.

— Adieu, Anne.

La pêcheuse allait s'éloigner. Je m'approchai, et, lui barrant le chemin :

— Vous n'avez plus rien dans vos filets? lui demandai-je.

— Non, Monsieur.

— Alors votre journée est faite. Voulez-vous me rendre un service?

Elle me regarda avec de grands yeux étonnés.

— Je ne comprends pas, dit-elle.

— Voulez-vous gagner cinq francs? lui demandai-je.

— Et comment cela, Monsieur?

— C'est bien simple. En restant là où vous êtes pendant une demi-heure, le temps que je fasse votre portrait.

— Je ne demande pas mieux.

CHAPITRE XVII

Je montai à ma chambre prendre mes crayons.

Avant que la cloche de la table d'hôte eût sonné, j'avais esquissé un type de pêcheuse comme je n'en retrouverai sans doute jamais. Mais c'est une étude peinte que j'eusse voulu faire. Que ne pou-

SALLE DES CHEVALIERS

vais-je rester quelques jours à Saint-Michel! Mais notre temps était compté.

Quant à la belle Anne, elle partit enchantée de la bonne aubaine qui lui était échue. Ce fut fête ce jour-là dans son pauvre ménage.

CHAPITRE XVIII

LE MONT TOMBELAINE

Sa position. — Son histoire.

Nous avions un regret en quittant le mont Saint-Michel, c'est de n'avoir vu que de loin le mont Tombelaine, son sauvage voisin. Le temps nous avait manqué pour faire une promenade qui pourtant nous eût beaucoup tentés.

Ce rocher granitique, haut de quarante mètres, plus grand, quoique moins pyramidal que le mont Saint-Michel, est isolé au milieu d'une grève unie, blanche et solitaire. A haute mer, on peut y aborder en bateau ; à mer basse, il faut y aller à pied, et les sables mouvants qui l'entourent ne sont pas sans danger pour le voyageur ; car s'il ne marche pas assez vite, il est exposé à enfoncer dans les fondrières, connues sous le nom de *lises*, et qui sont le résultat du déplacement des sables par le flux.

Les auteurs ne sont pas d'accord sur l'origine du nom de Tombelaine. Selon les uns, il vient de *Tumbellana* (petite tombe), diminutif de *Tumba*, nom que portait le mont Saint-Michel ; selon les autres, il dérive du gaulois *tum* tombe, et a été donné à ce rocher à cause de sa forme, qui est celle d'un tumulus.

Nous ne savons rien de positif de Tombelaine avant le XIIe siècle (1135). L'histoire en fait alors mention à propos d'un prieuré que Bernard, treizième abbé de Saint-Michel, y établit en 1135. Trouvant ce lieu particulièrement favorable à la méditation, il y bâtit un oratoire et des cellules ; lui-même y allait souvent avec quelques Frères ; il y envoyait des religieux en retraite, enfin il en fit un petit monastère. Jordon, son successeur, y fut enterré en 1212. Le prieuré de Tombelaine dura six cents ans ; il existait encore au xvii° siècle. Il fut visité par de nombreux pèlerins.

En 1220, Philippe-Auguste fit élever un petit fort sur le rocher de Tombelaine pour protéger le mont Saint-Michel contre les tentatives des Anglais ; ce qui n'empêcha pas ceux-ci de s'emparer de Tombelaine, sous Jean II, en 1357. Ils gardèrent cette île jusqu'en 1374, époque où Charles V reprit toutes les places qu'ils occupaient.

Mais Tombelaine retomba de nouveau sous le joug anglais sous le règne de Charles VII, en 1417.

L'année suivante, les Anglais y construisirent un fort, flanqué de tours et revêtu de hautes murailles ; ils en firent leur arsenal, leur place de guerre et le centre de leurs opérations contre le mont Saint-Michel.

En 1424, après un honteux échec contre cette forteresse, ils durent retirer leurs troupes de Tombelaine, mais ils y laissèrent une forte garnison.

Enfin, après la bataille de Formigny, le duc de Bretagne et le comte de Richemont assiégèrent le rocher et le reprirent définitivement en 1450.

On enleva de Tombelaine armes et munitions, mais on conserva les fortifications ; c'était une redoute qui pouvait être utile.

Tombelaine devint le siège d'un gouvernement militaire que les comtes de Montgomery occupèrent jusqu'à la Ligue et dont Fouquet fut le dernier titulaire. Durant la détention du surintendant, Tombelaine se détériora, et, en 1669, ordre fut donné par Louis XIV d'en détruire les fortifications.

Tombelaine n'est plus aujourd'hui qu'un rocher aride et silencieux, dans lequel se voit encore une rue étroite taillée dans le roc et la trace des fondements de quelques monuments. Les ruines d'une ancienne porte, quelques fragments de murailles et des débris de remparts sont tout ce qui reste de l'ancienne place de guerre.

CHAPITRE XIX

PONTORSON

Origine. — Histoire. — L'église.

Il était huit heures quand nous montâmes dans la voiture de Pontorson ; elle était vide, et nous devions rester seuls jusqu'à destination ; ce qui fut pour nous une véritable chance, car quand elle est pleine on doit y être bien mal. Mais passons, puisque nous fûmes assez favorisés pour ne pas avoir à souffrir de son étroitesse.

Nous nous engageâmes bientôt sur la digue qui depuis quelques années relie le mont Saint-Michel au continent par un chemin facile. Elle est longue de deux kilomètres. C'est un magnifique travail, mais qui a un grave inconvénient, inconvénient si grand même qu'il eût dû faire hésiter à l'entreprendre. Le flot, arrêté dans sa course par cette digue, en sape la base avec violence ; ce qui menace d'amener plus tôt ou plus tard la ruine de l'enceinte.

Après avoir traversé la digue, nous passâmes par Beauvoir et Moidrey et, vers midi, arrivâmes à Pontorson.

Pontorson est une petite ville située dans l'anse la plus reculée de la baie du mont Saint-Michel, près des marais de Sougeal et de Caugé, à l'embouchure du Couesnon.

Pontorson, qui fut autrefois un des boulevards de la Normandie contre les Bretons, a bien perdu aujourd'hui de son importance. On ignore son origine exacte ; on attribue ordinairement sa fondation à Robert le Magnifique, père de Guillaume le Conquérant, qui y construisit un château et une église ; mais la nature du sol qui avoisine Pontorson, lequel est composé de tangue semblable à celle de la baie du mont Saint-Michel, doit faire supposer que le pays fut, pendant un temps, entièrement couvert par la mer, et que la conquête de ces terres fut faite au moyen de la construction des digues de Bretagne, commencées en 1024, quatre ans avant le règne de Robert.

Le château, bâti par Robert le Magnifique et qui fut démoli par Louis XIII, eut pour commandant Bertrand du Guesclin. Pendant une expédition entreprise par le connétable contre les Anglais, ceux-ci profitèrent de son absence pour gagner les chambrières de la dame du Guesclin et tentèrent d'escalader les murs du château ; mais la sœur de Du Guesclin, qui était religieuse, sauva le château en renversant elle-même les échelles dont les Anglais devaient se servir pour y pénétrer.

Le seul monument à visiter à Pontorson, c'est l'église. Dès que nous eûmes déjeuné, nous nous y rendîmes.

Cette église, qui n'est pas connue comme elle mériterait de l'être, porte le millésime de 1010, écrit en chiffres arabes en haut de son clocher ; sa forme est celle d'une croix latine. La nef et le portail principal appartiennent au roman primitif.

Le portail de l'ouest, en granit jaune, offre trois rangs de cordons superposés, ornés de losanges, de zigzags et de dents de scie ; nous admirâmes, sur ce portail de style roman, un fort beau bas-relief.

La porte principale du grand portail est encadrée d'une vaste arcade qui s'élève aux deux tiers de la façade et fait un fort bel effet. Sur les côtés se trouvent deux petites tours carrées.

Au-dessus de la porte latérale du midi, nous remarquâmes d'anciens bas-reliefs grossiers et détériorés par le temps.

Le chœur en ogive, plus moderne que le reste de l'édifice, semble être des XVe ou XVIe siècle ; il a sans doute été refait.

Le clocher est soutenu par quatre piliers de granit ; sa base très large s'appuie sur le transept. Les ouvertures, percées de chaque côté, sont demi-circulaires et très étroites. Sa pyramide est à quatre pans et à gargouilles ; elle est d'un pur style roman et parfaitement conservée.

A l'intérieur, cette église est également fort jolie. La voûte de la nef est plein cintre; on voit sur les piliers des têtes d'hommes et d'animaux.

Quant aux anciens vitraux, il n'en reste que quelques fragments.

MONT SAINT-MICHEL. — LA PORTE DU LION

En sortant de l'église, nous rentrâmes immédiatement à l'hôtel; nous n'y restâmes que le temps de régler notre compte, ce qui ne fut pas long, et, comme nous n'avions rien de très intéressant à voir entre Pontorson et Dol, nous nous dirigeâmes vers la gare. En prenant le chemin de fer, nous pouvions encore arriver dans cette dernière ville avant l'heure du dîner.

CHAPITRE XX

DOL

Son origine. — Son histoire. — Les vieilles maisons. — La cathédrale. — L'église Notre-Dame. — Le mont Dol. — Une chapelle gothique. La digue. — Les marais.

Dol, dont le nom celtique signifie vallée, est une petite ville située sur une hauteur et à la jonction de plusieurs grandes routes. Elle dominait autrefois la forêt de Scissy, dont l'emplacement est aujourd'hui occupé par des marais desséchés qui font de Dol une ville très malsaine.

On ne connaît pas au juste l'origine de Dol; les druides durent l'habiter, le dolmen de la pierre Dolent qui se trouve tout près de cette ville en rend témoignage. On dit aussi que les Romains y construisirent une forteresse.

Ce qu'il y a de plus certain, c'est qu'au vi^e siècle saint Samson vint dans la plaine boisée de Dol combattre le paganisme, et qu'il éleva sur la colline un monastère autour duquel, comme toujours, de nombreuses habitations se groupèrent. L'église de ce monastère devint bientôt cathédrale, saint Samson ayant reçu, d'Hoël le Grand, le titre d'archevêque, titre que ses successeurs perdirent, un siècle plus tard, sur les réclamations de l'archevêque de Tours, mais qui leur fut rendu en 848 par Nominoé et qu'ils conservèrent jusqu'en 1199, époque où un décret de la cour de Rome décida que l'archevêque de Dol ne serait plus qu'évêque suffragant de l'archevêque de Tours.

Dol, au moyen âge, fut ville forte; mais ses comtes la protégèrent assez mal contre les Francs d'abord, puis contre les Normands, qui la prirent et l'incendièrent en 994. Elle sortit ensuite de ses ruines et eut quelque temps des souverains particuliers. Plus tard, ses évêques portèrent le titre de comtes de Dol.

Durant la Ligue, Dol tint pour le roi et fut bien défendue par son évêque, Charles de l'Épinai. Mais elle n'eut pas devant les Anglais la tenue glorieuse de Saint-Malo. En 1758, ceux-ci, descendant de Cancale, envahirent le territoire de Dol et se présentèrent devant la ville, qui leur ouvrit ses portes.

Lors de la révolution de 1789, Dol se prononça pour la conservation des privilèges, et son évêque prit part à la lutte contre-révolutionnaire. Un concile royaliste fut formé dans la ville en 1791, mais la révolte de Dol fut vite réprimée. Les Girondins y ayant cherché un asile, l'armée s'empara de la ville en 1795.

Depuis Napoléon, Dol n'est plus qu'un simple chef-lieu de canton, « qui semble, selon l'expression de Robert de Salles, dans son *Histoire pittoresque de Saint-Malo*, pleurer sa grandeur déchue. » Néanmoins c'est toujours une ville fort curieuse et qui mérite l'attention du voyageur.

Le soir de notre arrivée à Dol, la pluie nous retint à l'hôtel. Le lendemain de bonne heure, nous nous mîmes en route pour aller visiter la ville.

Nous demeurions assez près de la cathédrale, nous nous y rendîmes d'abord.

Nous ne fûmes pas sans remarquer sur le chemin l'aspect particulier que donnent à la ville les nombreuses maisons à pignons sur rue qu'on y trouve encore. Le premier étage de ces maisons moyen âge forme, au-dessus du rez-de-chaussée, une saillie soutenue par des colonnes à chapiteaux variés. Rien de plus pittoresque.

Dol possède les plus vieilles maisons de Bretagne; elle en a qui remontent au XIIe siècle.

L'extérieur de la cathédrale de Dol manque d'ensemble. Ses parties les plus anciennes sont du XIIIe siècle, et les plus modernes du XVIe. Le portail principal est flanqué de deux tours. La tour du nord ne date que du XVIe siècle; elle est à pans coupés et n'a jamais été achevée. Celle du sud remonte au commencement du

CATHÉDRALE DE DOL

xiiie siècle ; mélange d'ogive et de plein cintre, elle est surmontée d'une galerie de style flamboyant. Une troisième tour, carrée, à toit pyramidal, s'élève au centre de la croisée.

Du côté sud, deux portes en saillie donnent accès dans l'église. L'une des portes, la principale, dite porte épiscopale, fut construite de 1405 à 1429 ; elle est précédée d'un vaste porche orné de sculptures mutilées.

Le mur extérieur des chapelles placées du côté nord de l'église qui se reliait aux remparts, est surmonté d'un parapet à créneaux.

Mais c'est à l'extérieur que l'église de Dol est surtout remarquable. Le style ogival du xve siècle y règne dans toute sa pureté ; il semble qu'elle ait été construite sur un plan absolument régulier, et cependant la nef est plus ancienne que le chœur, et les chapelles centrales ne remontent qu'au xive siècle.

Cette église, longue de cent mètres, a trente-neuf mètres de largeur au transept, et son élévation est de vingt mètres sous voûte. Sa forme est celle d'une croix latine. Elle se compose d'une nef dont les piliers, garnis chacun de quatre colonnes crénelées, légères et hardies (dont deux entièrement séparées), s'élèvent en gerbes jusqu'à la voûte et s'y épanouissent en arcades couronnées d'une galerie dont la balustrade est d'une grande élégance, et de trois fenêtres dont l'une, la fenêtre centrale, est plus élevée que les autres.

Le chœur se termine par un mur étroit, percé, dans sa partie supérieure, d'une fenêtre dont j'admirai beaucoup les magnifiques vitraux du xiiie siècle, fort bien conservés. Ils représentent le jugement dernier, des scènes de l'Ancien et du Nouveau Testament, et enfin la légende de saint Samson, patron de l'église, ainsi que des traits de la vie des martyrs.

Neuf chapelles très ornées rayonnent autour de la nef, quatre de chaque côté, et, au milieu, celle de la Vierge, plus vaste et plus ornée que les autres.

Sur les stalles et sur l'ancien trône épiscopal mutilés, on retrouve les traces des moulures du xve siècle.

La chapelle de Saint-Samson, placée derrière le chœur, mérite une mention toute particulière. Elle a été réparée, avec beaucoup de soin et de goût, dans le style du xive siècle. Ses verrières, quoique modernes, sont fort belles. Quatre évêques de Dol furent enterrés dans cette chapelle, comme l'indiquent les pierres tumulaires qui portent leur nom.

Dans le transept nord se trouve le remarquable monument de l'évêque Thomas James, mort en 1503. Ce monument fut exécuté par Jean, surnommé Juctus et Florentinus, un des plus grands artistes de la Renaissance, celui auquel on doit le magnifique tombeau de Louis XII, tant admiré à Saint-Denis. Le sarcophage carré, qui portait autrefois la statue du saint évêque, est surmonté d'un dais, soutenu par quatre pilastres admirablement sculptés. Deux superbes statues, représentant la Force et la Justice, ont été brisées à moitié du corps, mais deux anges en bas-reliefs ont été épargnés, et, sur les faces latérales du monument, on remarque des médaillons, représentant les deux frères de l'évêque, également bien conservés.

Nous sortîmes de l'église, enchantés de la visite que nous venions d'y faire.

Parmi les anciennes maisons de Dol, nous avions entendu citer comme fort curieuse la maison des Plaids. Nous nous y rendîmes. Elle est de style roman ; sa façade de granit, très ornée, est percée au premier étage de trois baies par lesquelles on signifiait les arrêts au peuple.

La visite de la cathédrale nous avait pris beaucoup de temps, car nous n'avions pu résister au désir d'en étudier soigneusement les détails. Il nous fallut remettre à l'après-midi la promenade que nous avions décidé de faire hors des murs de la ville.

Comme nous voulions quitter Dol le jour même, nous ne perdîmes pas de temps, et, aussitôt après le déjeuner, nous nous dirigeâmes vers l'ancienne église de Notre-Dame-sous-Dol. Cette ancienne église, située hors des murs de la ville, et qui sert aujourd'hui de halle au blé, est un monument très remarquable de l'architecture des XIIe, XIIIe et XIVe siècles ; la façade occidentale, sur laquelle on remarque de bizarres sculptures, et les deux travées de la nef sont du XVe siècle.

Nous allâmes voir ensuite quelques vieux bâtiments, débris intéressants d'une ancienne abbaye fondée au XIe siècle par un évêque de Léon, et enfin nous montâmes sur les remparts transformés aujourd'hui en promenade.

Là nous nous reposâmes un instant avant de nous rendre au mont Dol, situé à quatre kilomètres de la ville. Le mont Dol est une éminence granitique dont l'élévation n'est que de soixante mètres, mais qui a deux kilomètres de tour; c'est sur son versant ouest que se trouve la ville. Au sommet du mont Dol est une fontaine dont l'eau, dit-on, ne tarit jamais. On raconte que l'archange saint Michel s'élança de ce rocher sur celui qui porte son nom, et un paysan nous montra même l'empreinte de son pied. Sur ce rocher sont encore une chapelle et une tour en ogive surmontée de la statue de Notre-Dame de l'Espérance. Mais ce qui attire et retient surtout le voyageur au mont Dol, c'est la magnificence du panorama qu'on y découvre. La mer et les côtes de Normandie forment, au nord et à l'est, le fond d'un tableau dont les plans les plus rapprochés offrent de riches collines, les marais de Dol et la digue courant le long des grèves; au sud, la ville de Dol et, au delà, un horizon qui s'étend jusqu'aux environs de Rennes et dont le point le plus saillant est le mont Saint-Michel, complètent ce merveilleux panorama.

Je viens de nommer la digue, elle mérite une mention particulière.

Cette digue, qui date du XIIe siècle, est longue de trente-six kilomètres. Elle s'étend sur tout le pays désigné sous le nom de Marais de Dol, pays autrefois envahi par la mer, qu'elle défend maintenant contre les inondations. Le sol des marais de Dol est rempli de débris d'animaux et surtout d'arbres renversés que l'on trouve à une petite profondeur, dont on peut distinguer la forme, et qui souvent ont conservé leur écorce; les habitants les désignent sous les noms de *bourbans*, *canaillons* et *couërons*. Ces arbres, si longtemps enfouis sous la terre, ne sont pas pour cela sans usage. Leur séjour prolongé dans la vase ayant modifié leur substance, leur bois, lorsqu'on les extrait du sol, est noir et mou, mais au contact de l'air, il redevient bientôt compact, très dense, très dur et excellent pour les travaux d'ébénisterie.

Depuis un siècle surtout, on s'est beaucoup occupé du desséchement des marais de Dol; des canaux ou biefs conduisent à la mer les eaux de ces terrains humides. Aussi, là où ne poussaient autrefois que des roseaux, voit-on aujourd'hui des plaines fertiles et bien cultivées.

Nous restâmes longtemps assis sur le mont Dol, ne pouvant détacher nos regards du spectacle magnifique dont j'ai parlé plus haut. Le temps passait.

Charles tira sa montre :

— Il est cinq heures, dit-il.

— Vraiment ! fis-je en riant. Je crois qu'il faut remettre notre départ à demain ; à moins que tu ne tiennes absolument à dîner à Saint-Malo. En marchant bien, nous pourrions y être avant dix heures.

— Je préfère coucher ici.

— C'est ce que nous avons de mieux à faire.

Notre parti était pris.

Deux heures plus tard, nous dînions tranquillement à table d'hôte, quand des Anglais vinrent s'asseoir près de nous.

— Quelle belle promenade nous avons faite, dirent-ils s'adressant à des compatriotes placés en face d'eux.

— D'où venez-vous donc? lui demandèrent ceux-ci.

— De Carfontain.

— Vous avez vu la fameuse pierre?

— Oui, certainement.

Le soir, nous demandâmes à l'hôte ce que c'était que la fameuse pierre de Carfontain.

— La pierre du mont Dolent.

— Un menhir ?

— Oui, et un superbe menhir; il a dix mètres de haut. Il n'est qu'à quatre kilomètres d'ici.

— Malheureusement nous ne pourrons le voir.

— C'est dommage.

Nous étions trop en retard déjà pour rester à Dol plus longtemps; nous avions, j'avais, du moins, trop grande hâte d'arriver à Saint-Malo ou plutôt à Dinard, où, sur l'invitation pressante de mon oncle, nous devions nous installer pour quelques jours. Il voulait nous montrer lui-même Saint-Malo et les environs; depuis plus d'un mois qu'il habitait le pays, il le connaissait assez, m'avait-il écrit, pour nous servir de cicerone.

CHAPITRE XX

Le lendemain, à huit heures, le premier train arrivé de Paris nous emportait à toute vitesse vers Saint-Malo. Nous ne nous y arrêtâmes même pas. Nous nous rendîmes de la gare à l'embar-

MENHIR DU CHAMP DOLENT PRÈS DOL

cadère des bateaux de Dinan ; nous en trouvâmes un sur le point de partir. Un quart d'heure plus tard, il nous laissait à Dinard, tout près de la maison qu'habitaient mon oncle et sa famille.

CHAPITRE XXI

DINARD

Arrivée chez M. de Lussac. — L'ancien et le nouveau Dinard. — La côte d'Afrique. — La plage de l'Écluse. — L'église. — La grève du Prieuré. — Le bec de la Vallée.

Je n'avais pas fixé à mon oncle le jour de notre arrivée; mais, depuis le commencement de la semaine, il nous attendait. Passant justement tout près du débarcadère au moment de l'arrivée du bateau, il s'était arrêté pour voir si nous ne serions pas, par hasard, au nombre des voyageurs qui descendraient à Dinard. Nous n'avions pas posé le pied à terre qu'il nous tendait les mains en disant :

— Enfin !

Comme je m'informais de la santé de ma tante et de ma cousine :

— Ces dames se portent très bien, me dit-il; tu vas pouvoir t'en assurer par toi-même, car elles sont à la maison. Juliette est toujours l'enthousiaste que tu connais, ce pays l'enchante.

— Ma cousine n'est pas changée, j'en suis bien aise.

— Je le crois. Tu trouves toujours bien ce qu'elle dit et fait. Il est vrai qu'elle et toi pensez absolument de même.

Mon oncle s'arrêta bientôt devant une petite maison fort simple, mais d'un aspect agréable et gai.

— Nous sommes arrivés, dit-il en ouvrant la porte.

Et il cria :

— Madame de Lussac, Juliette, voici nos voyageurs!

— Ah! tant mieux, répondit de loin ma tante. Je commençais à croire que ces messieurs nous manqueraient de parole, ajouta-t-elle en accourant à notre rencontre.

Elle tendit la main à Charles.

— Pour toi, me dit-elle, je t'embrasse.

Depuis que Mme de Lussac avait passé un mois en Touraine avec nous, à l'occasion du mariage de ma sœur, l'amitié qu'elle m'avait tout d'abord montrée semblait avoir encore augmenté; elle me témoignait maintenant une affection presque maternelle, du moins cela me semblait ainsi; peut-être m'abusais-je, mais en tous cas cela me rendait heureux.

Tout à coup une porte s'ouvrit. Juliette apparut. Elle salua Charles et, me tendant la main :

— Moi aussi, je pensais que vous aviez renoncé à venir à Dinard.

— Vous ne le croyiez pas, Juliette?

— Mais oui, vraiment.

Il y avait de la malice dans le son de sa voix, il y en avait plus encore dans son regard.

— En voyage, vous le savez bien, ma cousine, on éprouve des retards involontaires.

— Au début; et puis, il faut rattraper le temps perdu.

— Certainement. Nous sommes déjà en retard ; supposons que nous séjournions ici un peu plus longtemps que nous ne l'avons prévu, cela pourrait arriver, il nous faudra ensuite voyager en grande hâte, si nous voulons achever de visiter les côtes de Bretagne avant la fin des vacances.

— Et vous en seriez bien fâché, Maurice?

— Méchante!

Ma tante avait quitté un moment le salon pour aller, sans doute, donner quelques ordres nécessités par notre arrivée. Elle rentrait en ce moment.

— Voilà encore que vous vous disputez? dit-elle.

— Oh! ce n'est pas grave, fis-je en riant.

— Je l'espère, dit-elle; mais pour mettre un terme à la discussion, je vais vous séparer. Offre-moi ton bras, Maurice, et passons dans la salle à manger. Vous devez avoir faim après votre voyage matinal, n'est-ce pas, monsieur Charles ?

— Je ne le nie pas, répondit mon ami.

— Il faut que Charles soit bien malade, remarquai-je, pour ne pas se mettre à table avec plaisir.

Le déjeuner fut très gai. Je ne saurais dire, pour ma part, combien il m'était agréable de me trouver en famille ; il y avait si longtemps que cela m'était arrivé ! Depuis six mois, je n'étais pas allé en Touraine. Notre voyage devant se terminer à Saint-Nazaire, j'avais remis à la fin des vacances ma visite ordinaire à ma famille ; il était convenu que de Saint-Nazaire je me rendrais directement à Tours, et que je passerais chez mon père une grande partie du mois d'octobre. Ici, chez mon oncle, je me croyais presque chez moi ; mon oncle et ma tante me traitaient comme leur enfant, et Juliette me parlait d'Hélène qu'elle connaissait maintenant, avec laquelle elle s'était intimement liée pendant son séjour en Touraine, et dont elle avait reçu le matin même une longue et affectueuse lettre dans laquelle il était, paraît-il, longuement question de son indigne frère.

Après le déjeuner, ma tante nous conduisit à la chambre que nous devions occuper.

— J'aurais voulu vous mieux recevoir, nous dit-elle, mais cette chambre est la seule dont je dispose ; vous serez obligés de la partager.

— Nous y serons fort bien, Madame, répondit Charles.

Quand nous redescendîmes :

— Vous n'êtes pas venus ici, nous dit mon oncle, pour rester à la maison, mais pour voir le pays. Vous êtes en voyage, et le temps est précieux pour les voyageurs. Si vous m'en croyez, nous irons demain passer la journée à Saint-Malo ; pour aujourd'hui, je vous ferai tout simplement les honneurs de Dinard.

— J'espère que vous aurez bien la patience de nous attendre quelques instants, dit Mme de Lussac ; nous désirons vous accompagner.

— Nous y comptons bien, ma tante, m'empressai-je de répondre.

— Viens, Juliette.... Au revoir, Messieurs ; nous ne serons pas longtemps à notre toilette, je vous le promets.

Un quart d'heure plus tard, les dames revenaient, toutes prêtes pour la promenade.

Nous partîmes aussitôt.

— Vous savez sans doute, nous dit mon oncle, qu'il y a deux Dinard : le nouveau Dinard, où je vais vous conduire, et le vieux Dinard, le Dinard maritime, celui où nous sommes en ce moment.

Tout en causant, nous montions un escalier taillé dans le roc, en haut duquel nous nous trouvâmes sur un plateau couvert d'habitations : ravissants chalets et délicieuses villas.

— Retournez-vous, Maurice, me dit Juliette.

J'obéis à ma cousine et laissai échapper un cri d'admiration.

C'était un magnifique coup d'œil, en effet.

Au premier plan, les blanches maisons de la ville neuve disséminées sur la falaise ; plus bas, la vieille ville à l'aspect pittoresque, l'embouchure de la Rance, et, à l'horizon, une crête de rochers qui s'avance dans la mer.

— Qu'est-ce que ces rochers ? demanda Charles.

— Ces rochers sont les premiers de la longue ligne de falaises qui se termine au cap Fréhel, dont vous apercevez là-bas la ligne bleuâtre.

— Bien loin ?

— A trente kilomètres. Les Malouins appellent ces côtes la terre d'Afrique.

— Pourquoi cela ?

— Je ne sais.

Mon oncle attira notre attention sur les maisons qui nous environnaient ; il nous raconta l'histoire de chacune d'elles, et nous apprit les noms de leurs propriétaires.

Nous traversâmes ensuite le plateau, et, redescendant du côté opposé à celui par lequel nous étions venus, nous nous trouvâmes bientôt sur la grève de l'Écluse, près de l'établissement des bains de mer.

Dinard a deux plages : l'une, la principale, est celle de l'Écluse, située au nord, du côté de la pleine mer, dans une anse admirable ;

c'est là que se trouvent l'établissement, ou plutôt deux petits établissements de bains de mer, et le Casino.

La grève de l'Écluse, dominée à l'est par la pointe de Dinard, cap sur lequel s'élève un château appartenant au duc de Mortemart, et, de l'autre, par la pointe de la Malouine, forme une sorte d'hémicycle au milieu des rochers. La plage est belle et commode ; son sable, doux et fin, la fait grandement apprécier des baigneurs que chaque saison ramène plus nombreux à Dinard, « par la raison bien simple qu'il est peu de personnes qui, ayant habité ce charmant pays, n'y reviennent tôt ou tard, » nous fit observer mon oncle, qui semblait disposé à faire comme tout le monde.

En quittant la plage, nous suivîmes un fort beau boulevard, au bout duquel nous nous trouvâmes devant l'église, située à l'extrémité du pays, en face de Saint-Servan. Cette église est peu remarquable, mais la situation qu'elle occupe est fort belle. A l'intérieur, une assez jolie chaire en bois sculpté attira seule notre attention.

A peine étions-nous sortis de l'église que nous arrivions à la grève du Prieuré, la seconde plage de Dinard, plage fort agréable, mais où ne se baignent que les riverains.

— Vous avez vu le nouveau Dinard, nous dit mon oncle, le Dinard élégant et coquet, je vais vous montrer maintenant l'ancien Dinard, le Dinard maritime et pittoresque ; celui-ci vaut bien l'autre.

— Je le crois, répondis-je. Mais c'est tout près d'ici, ce me semble, que nous avons débarqué ce matin.

— Certainement. Nous voilà, en effet, au Bec de la Vallée ; voici le petit port où débarquent les bateaux.

— Il me semblait aussi me reconnaître. Alors nous sommes tout près de chez vous ?

— Assurément.

— Ton oncle, me dit ma tante, a tenu absolument à habiter ce côté du pays. Il se plairait bien moins, dit-il, dans une des jolies villas du nouveau Dinard que dans la vieille maison que tu connais.

— Et vous n'êtes pas de l'avis de mon oncle ?

— Oh ! si ; j'aime l'animation du port. Puis les bords de la Rance sont charmants.

— On le dit.

— Et l'on a bien raison, reprit Juliette; vous pourrez vous en assurer.

— Je vous crois.

Nous rentrâmes bientôt, et, jusqu'à l'heure du dîner, nous restâmes à causer dans le salon. Les fenêtres ouvertes laissaient entrer une tiède brise de mer; une bonne et saine odeur de goudron arrivait jusqu'à nous; nous assistions de loin aux arrivées et départs de bateaux et suivions tout le mouvement du port.

— Que l'on est bien ici! m'écriai-je tout à coup.

— N'est-ce pas? reprit Juliette.

— Je ne suis pas aussi enthousiaste que vous, dit mon oncle, et pourtant j'avoue me plaire beaucoup à Dinard. Ce pays d'ailleurs, ajouta-t-il, est un pays privilégié; le climat y est excellent; sa position entre la mer et la Rance fait qu'on n'y manque jamais d'air ni de soleil, et la température y est si douce qu'on en a fait une station d'hiver.

Après le dîner, ma tante, fatiguée de la promenade que nous avions faite dans la journée, ne se sentit pas le courage de ressortir.

— Que cela ne vous empêche pas d'aller vous promener, nous dit-elle; mon mari et Juliette vous accompagneront.

— Je ne te laisserai pas seule, dit Juliette à sa mère.

— Nous resterons tous, repris-je, à moins que mon oncle ne tienne absolument à sortir. Nous avons beaucoup marché les jours derniers, nous nous fatiguerons encore demain, une soirée de repos ne nous fera pas de mal, n'est-ce pas, Charles?

— Je suis absolument de cet avis.

Nous passâmes la soirée tranquillement, en famille. Juliette se mit au piano. Ma cousine est très bonne musicienne; elle exécuta plusieurs morceaux avec beaucoup de brillant et surtout un goût parfait; puis nous la priâmes de chanter. Je ne l'avais jamais entendue. Je fus étonné de l'ampleur de sa voix, autant que charmé de la justesse et de la grâce de sa diction.

— Vous êtes une véritable artiste, Juliette, lui dis-je.

— Une artiste, moi!

— Vous vous en défendez?

— Oh! non, fit-elle vivement.

La soirée me parut bien courte. Au dernier coup de dix heures, ma tante se leva. Nous rappelant les habitudes de la maison, nous en fîmes autant. Nous souhaitâmes le bonsoir à nos hôtes, et l'on se sépara, après être convenus de se retrouver le lendemain à sept heures dans la salle à manger, afin d'avoir le temps de prendre une tasse de chocolat avant le départ du premier bateau, lequel avait lieu à huit heures moins un quart. Ce n'était pas trop d'une journée bien complète pour visiter Saint-Malo, et nous ne savions pas si nous pourrions en consacrer une seconde à l'intéressante cité malouine, tant nous avions fait de projets d'excursions pour le temps, trop court d'ailleurs, que nous devions passer à Dinard.

CHAPITRE XXII

SAINT-MALO

Notions historiques.

Avant de raconter notre voyage à Saint-Malo, je crois utile de donner ici quelques renseignements sur les origines d'une ville qui fournit tant de grands hommes à la France, de retracer à grands traits les principaux faits historiques qui s'y passèrent, enfin de faire assister le lecteur aux rapides développements de cette cité.

Les origines de Saint-Malo sont très obscures. D'après la légende, aux ve et vi^e siècles, de pieux solitaires, venus de l'Irlande, de l'Angleterre et de l'Écosse, s'étaient établis en Bretagne où ils se livraient aux rigueurs de la pénitence. L'un d'eux, nommé Aaron, fonda dans une île, située près de la cité d'Aleth, un monastère qui prit le nom de son bienfaiteur.

Aleth, ville d'origine gallo-romaine et l'une des plus anciennes de l'Armorique, était placée où est aujourd'hui Saint-Servan. Le terrain sur lequel fut bâti Saint-Malo était une île à cette époque.

Parmi les disciples d'Aaron se trouvait Malo, fils d'un gentilhomme irlandais, nommé Went ou Guent.

Toujours suivant la légende, au commencement du vi^e siècle, les habitants d'Aleth, trouvant leur cité trop accessible aux pirates, transportèrent leurs foyers sur le rocher d'Aaron, où ils se fortifièrent (520). Hoc le Grand fut le fondateur de la ville nouvelle, qui eut pour premier évêque le compagnon d'Aaron Malo ou Mac Law, qui devint plus tard son patron.

D'après une autre tradition, ce ne fut qu'au xe siècle que les habitants d'Aleth, fuyant l'invasion normande, se réfugièrent sur le rocher d'Aaron, où ils pensaient être plus en sûreté, et où ils fondèrent une ville qui fut appelée Saint-Malo, du nom du pieux solitaire qui avait longtemps édifié la contrée.

Les voiles de l'histoire ne se déchirent véritablement pour Saint-Malo que vers la moitié du xiie siècle. Jean de Châtel, évêque d'Aleth, doit être regardé comme son fondateur; il y transporta son siège épiscopal en 1152. L'église cénobitique devint église cathédrale. Cette église, incendiée au ixe siècle, soit par les Normands, soit par les soldats de Charlemagne, fut relevée, et une ville ne tarda pas à se construire autour d'elle. Sous l'administration de Jean de Châtel furent construits les premiers remparts; des officiers militaires, municipaux et de justice furent créés, sous l'autorité de l'évêque et du chapitre, et le commerce maritime commença à prendre son essor.

Les ducs de Bretagne et les rois francs se disputèrent longtemps la souveraineté de Saint-Malo et s'en emparèrent tour à tour; mais qu'ils appartinssent aux uns ou aux autres, les Malouins conservèrent toujours leur indépendance, formant une sorte de république dont le pouvoir exécutif appartenait à l'évêque et au chapitre, et le pouvoir effectif au peuple. La ville de Saint-Malo portait bien sa fière devise : « Point Bretonne, Malouine suis. »

Les Malouins entrèrent dans la ligue anséatique dont les villes de Lubeck et de Hombourg avaient jeté les fondements, et firent avec l'Espagne un grand commerce, ayant surtout pour objet les toiles de Bretagne, les étoffes d'or et d'argent, les satins de Lyon, les étoffes de laine d'Amiens et de Reims.

En 1234, les Malouins allèrent en course contre les Anglais. Sur la demande de saint Louis, ils se rendirent à la rencontre de Dubourg, qui portait secours à Henri III alors à Bayonne; celui-ci eut plusieurs de ses vaisseaux détruits, le parti anglais fut ruiné en Gascogne, et l'Angleterre dut faire la paix avec la France.

Les Malouins prirent part aux croisades.

CHAPITRE XXII

Lors de la guerre de succession de Bretagne, ils se déclarèrent pour Charles de Blois contre Montfort. Cependant, quand, après la mort de Jean III, ils durent se rendre à ce dernier, ils conservèrent par stipulation leurs franchises commerciales. Dès lors, ils demeurèrent neutres entre les partis.

Mais un peu plus tard, Jean, triomphant de son compétiteur, s'étant brouillé avec Charles V, et ayant appelé les Anglais, Salisbury vint en rade de Saint-Malo, et, sans égard pour les immunités du port, brûla les navires espagnols qui s'y trouvaient. Le duc, chassé de ses États par le peuple mécontent, se réfugia en Angleterre, et Saint-Malo se rendit à Charles V, qui, en récompense des services que lui rendirent les Malouins, leur confirma par lettres patentes le droit de se garder eux-mêmes, sous l'autorité immédiate de leurs seigneurs ecclésiastiques.

Ils eurent à soutenir un siège opiniâtre contre le duc de Lancastre, lequel employa contre eux l'artillerie, alors d'invention récente, et le repoussèrent vigoureusement. Trois boulets, scellés dans le mur du donjon, rappellent cette belle résistance. Ils ne se défendirent pas moins bien contre Jean de Montfort, qui, rappelé, vint bloquer Saint-Malo. La paix conclue, pour échapper au duc, les Malouins se livrèrent au pape d'Avignon, qui les donna au roi Charles VI, lequel confirma les franchises de leur port et les privilèges de leur ville. Cependant, après la défaite d'Azincourt, Charles VI rendit Saint-Malo au duc de Bretagne.

Alors que, sous Charles VII, les Anglais étendaient leur domination sur une grande partie de la France, ils vinrent attaquer le mont Saint-Michel. Les Malouins, commandés par leur évêque, Guillaume de Montfort, armèrent leur flotte et portèrent un secours efficace à la garnison menacée. Pour indemniser la ville de Saint-Malo des frais que lui avait occasionnés cette guerre, Charles VII rendit un édit par lequel les vaisseaux malouins devaient être, pendant trois ans, exempts de toutes impositions, anciennes et nouvelles, dans les ports soumis à son autorité.

Après la bataille de Saint-Aubin-des-Cormiers, le vainqueur, La Trémouille, étant venu assiéger Saint-Malo, cette ville, après une vigoureuse résistance, dut capituler; mais, pour retenir les

Malouins sous son obéissance, Charles VIII confirma, lui aussi, leurs privilèges.

Anne, duchesse héritière de Bretagne, ayant quelque temps après épousé le roi, Saint-Malo, comme toute la province, passa définitivement sous l'autorité du roi de France; mais sous sa domination, comme sous celle des ducs de Bretagne, ils surent rester indépendants.

Dès 1494, les bourgeois de Saint-Malo avaient cherché à organiser une administration municipale; en 1513, ils devaient obtenir du roi une maison de ville.

Dans la même année naissait à Saint-Malo un homme destiné à porter loin la gloire de cette cité; c'était Jacques Cartier.

Jusque-là Saint-Malo s'était surtout fait remarquer par son esprit d'indépendance et par la hardiesse de ses navigateurs; mais négociants pendant la paix, les Malouins, au premier cri de guerre, devenaient soldats, et ses marchands avaient peu de peine à se faire pirates. Quand la paix ne leur permettait plus de s'enrichir par le commerce, ils écumaient la mer. On l'a dit avec justesse, les Malouins étaient alors « les chevaliers de l'Océan. » Calmes au milieu des bouleversements de l'univers, ils se jouaient des princes qui s'exposent au hasard des batailles pour des conquêtes illusoires.

Charles IX et Catherine de Médicis visitèrent Saint-Malo en 1570. Les Malouins leur firent une magnifique réception, mais ils n'en refusèrent pas moins de prêter leur concours à la Saint-Barthélemy.

L'année suivante, ils aidèrent le roi à reconquérir Belle-Ile, où commandait Montgomery.

Pendant la Ligue, le comte de Fontaine ayant occupé le château de Saint-Malo, cinquante-cinq jeunes gens, choisis et résolus, escaladèrent, une nuit, la tour de Quiquengrogne, et en chassèrent les partisans de Henri IV. Les Malouins, ayant ainsi recouvré leur indépendance, fermèrent leurs portes aux partis et vécurent libres chez eux; mais ils fournirent au ravitaillement de toutes les places qui tenaient pour le *saint parti* depuis Avranches jusqu'à Morlaix. Jamais les Malouins ne voulurent reconnaître Henri IV avant sa conversion. « Pas de messe, pas de Saint-Malo. » Jamais Henri IV ni le parlement de Rennes ne purent les faire changer d'avis. « Nous

MAISON DE DUGUAY-TROUIN A SAINT-MALO

mourrons dans la religion catholique, apostolique et romaine, » disaient-ils toujours.

Pendant que les partis se déchiraient entre eux, Saint-Malo étendait sa navigation jusqu'au Havre et aux autres villes du nord, ainsi qu'en Espagne et en Portugal. Les Malouins avaient obtenu du vieux duc de Bourbon des lettres de recommandation pour les princes catholiques; aussi leurs affaires prospéraient-elles si bien que, pendant la Ligue, ils purent, malgré les dépenses qu'ils firent pour soutenir ce parti, augmenter d'une aile leur église cathédrale.

Cependant, Henri IV ayant abjuré, les Malouins le reconnurent aussitôt, et non seulement ils se soumirent à son autorité, mais ils devinrent ses chauds partisans et l'aidèrent à reprendre Dinan. En reconnaissance de ce service, le roi leur accorda sa protection et leur promit d'intervenir directement pour eux auprès de la reine Élisabeth, afin qu'elle les protégeât contre les pirateries des Anglais.

La ville de Saint-Malo, au commencement du xvii° siècle, était donc dans une situation des plus florissantes. Après Henri IV, Louis XIII confirma ses privilèges.

Une grande vertu des Malouins, c'est le désintéressement. Depuis le siège de La Rochelle jusqu'à la moitié du xvii° siècle, ils fournirent, en numéraire et en armements, plus de 100,000,000 de francs aux rois de France, qui n'eurent pas à cette époque de meilleurs défenseurs. Ils équipèrent à leurs frais vingt-trois navires pour le siège de La Rochelle (1628).

En 1640, Saint-Malo fut doté d'un siège d'amirauté.

Pendant la grande disette de 1643, Saint-Malo fournit à la France des quantités considérables de seigle.

Saint-Malo, avec Saint-Brieuc et Granville, armaient à cette époque six mille navires pour Terre-Neuve, et la pêche de la morue produisait des gains énormes.

La marine de Saint-Malo se composait de cent cinquante navires. Les Malouins prirent une grande part aux guerres de Louis XIV. En 1655, le roi décida qu'ils formeraient seuls l'équipage du vaisseau-amiral.

C'est du règne de Louis XIV que date la ville moderne de Saint-Malo. De 1620 à 1700, de nombreux monuments de granit s'élevèrent, les remparts furent construits, et, sur les écueils de la rade, Vauban plaça des forts.

Mais, en 1693, la florissante ville n'échappa que par miracle à une destruction complète. Les Anglais, qui avaient déclaré aux Malouins, leurs terribles ennemis maritimes, une haine implacable, lancèrent contre leur ville une machine infernale, qui l'eût détruite entièrement si, selon leur calcul, elle eût éclaté dans les murs de la poudrière ; heureusement un coup de vent providentiel la lança sur un rocher, à quatre lieues des remparts. La ville de Saint-Malo fut sauvée.

Deux ans plus tard, une flotte anglo-hollandaise tenta inutilement de la bombarder, et dut reculer devant le feu plus fort des Malouins.

Durant la paix qui suivit le traité de Nimègue, le commerce de Saint-Malo prit encore un accroissement considérable.

En 1688, Louis XIV enleva aux Malouins leurs privilèges. Ceux-ci ne se révoltèrent pas ; et, lors des défaites du roi, ils oublièrent leurs griefs contre lui, et se montrèrent les plus acharnés antagonistes de l'Angleterre, dont ils interceptèrent partout les vaisseaux.

Le commencement du XVIIIe siècle, ce temps si malheureux pour la France, fut celui de la plus grande prospérité de Saint-Malo ; ses escadres étaient alors commandées par les marins les plus habiles, à la tête desquels Duguay-Trouin. Pour Saint-Malo, c'était le bon temps.

« Tout, dit Duclos, y était commerçant ou corsaire. Au milieu des malheurs publics, les armateurs malouins voyaient leurs entreprises réussir sur toutes les mers. »

Jamais Saint-Malo ne fut dans un état plus brillant.

En 1709, les Malouins, en même temps qu'ils commençaient la construction de leurs remparts, d'après les plans de Vauban, prêtaient 30 millions à l'État. Pendant la guerre de succession, ils équipèrent un grand nombre de vaisseaux du roi. Cependant ils envoyaient leurs navires au Chili et au Pérou, ouvraient le commerce de Moka, et fondaient les comptoirs de Surate, Calicut et Pondichéry ; ils s'associaient à la fameuse expédition de Rio-Janeiro, ils prenaient possession de l'île Maurice, à laquelle ils donnaient le

CHAPITRE XXII

nom d'Ile de France, et Mahé de la Bourdonnais fondait l'île Bourbon.

En 1758, une flotte anglaise, commandée par lord Marlborough, assiégea Saint-Malo. Sommé par l'ennemi d'ouvrir ses portes, son maire répondit :

DUGUAY-TROUIN

— La ville est occupée par les troupes du roi, je n'ai pas le droit d'en disposer. Je puis seulement vous dire que nous avons de bons canons et de bons bras pour nous défendre.

Le gouverneur, M. de la Châtre, ajouta que sa réponse était dans un canon. Les ennemis durent se retirer après avoir brûlé soixante et onze vaisseaux dans le port. Le gouvernement fit construire l'année suivante le fort de la Cité, afin de protéger Saint-Malo.

Le commerce de Saint-Malo diminua d'importance sous Louis XV, mais se maintint sous Louis XVI et pendant la Révolution. On connaît les exploits du célèbre Surcouf, la terreur des Anglais. Sous la république, le consulat et l'empire, les Malouins se signalèrent par la course. Après 1814, elle convertit ses corsaires en bâtiments marchands.

Depuis cette époque, de grands embellissements ont été faits à Saint-Malo. Son port de marée a été remplacé par un superbe bassin, entouré de quais magnifiques et de belles calles de construction, et bordé, à l'est, par une route qui met Saint-Malo en communication avec le midi. Une chaussée, construite sur ce bassin, réunit Saint-Malo à Saint-Servan, son ancien faubourg, si bien que les deux villes n'en font plus qu'une, quoique ayant réciproquement conservé leur nom particulier.

Un grand nombre d'hommes célèbres illustrèrent Saint-Malo ; les principaux sont : Jacques Cartier qui, avec un navire que lui avait confié François Ier, entra le premier dans le golfe Saint-Laurent et découvrit le Canada en 1534; Duguay-Trouin, né à Saint-Malo en 1673, d'un riche armateur malouin, Duguay-Trouin dont la vie fut « une guerre perpétuelle, » et auquel sa patrie doit la prise de Rio-Janeiro et les richesses qui en furent la conséquence ; le malheureux Mahé de la Bourdonnais, qui, après avoir relevé le nom français dans les Indes et forcé la confiance des Anglais, ne trouva à son retour en France que la prison et la misère; le savant docteur Broussais, La Mennais, enfin Chateaubriand.

CHAPITRE XXIII

SAINT-MALO (suite)

Aspect de Saint-Malo. — Le château. — Les remparts. — La chambre de Chateaubriand. — Le port. — La cathédrale. — Le Grand-Bey et la tombe de Chateaubriand. — Le Petit-Bey. — La plage et le Casino.

Le lendemain avant huit heures, nous prenions place sur le bateau qui fait le service régulier de Dinard à Saint-Malo. Le temps était splendide, et tout nous promettait une agréable journée. Dix minutes plus tard, nous étions devant la vieille cité malouine. On a beaucoup vanté Saint-Malo, mais les éloges qu'on a faits sont restés, selon nous, au-dessous de la vérité.

« Par sa position topographique, dit un de ses historiens, par le caractère exceptionnel de ses habitants, par les aventures étranges dont elle fut le théâtre, elle est peut-être la ville la plus fantaisiste qu'il y ait au monde. »

Bâtie à l'embouchure de la Rance, au fond du golfe formé par les côtes normandes et bretonnes, sur un rocher de granit sans cesse battu par les flots, ne tenant à la terre que par un seul point, la chaussée du Sillon, la vieille ville, on l'a dit souvent, mais on ne saurait trouver comparaison plus juste, semble un navire à l'ancre, prêt à être lancé sur l'une ou l'autre des deux mers dont les eaux baignent ses pieds. Cette position seule est admirable. Mais sur ce rocher, placez un château gothique avec ses tours et son donjon, une magnifique ceinture de murailles du plus sévère aspect ; dans cette enceinte, imaginez des rues étroites et tortueuses, de vieilles maisons noires, pittoresquement groupées, de splendides hôtels parfaitement alignés, et, dominant tout cela, l'élégant et svelte clocher de la cathédrale, surmonté de sa belle flèche à jour ; figurez-vous, au dehors de l'enceinte, voir un port magnifique et commode, et vous n'aurez qu'une faible idée de l'aspect que présente Saint-Malo, cette ville à part dont la nature elle-même fixa la destinée.

A la vue de Saint-Malo, je fus saisi d'une indéfinissable émotion.

— Qu'en dites-vous, Maurice ? me dit ma cousine, à laquelle n'avait pas échappé l'impression produite sur moi par le merveilleux spectacle que nous avions sous les yeux.

— C'est magnifique !

— N'est-ce pas ? Voilà deux ou trois fois déjà que je fais le voyage, et chaque fois j'ai éprouvé le même sentiment d'admiration.

— Cela ne m'étonne pas.

Dès que nous fûmes débarqués :

— Par où commençons-nous la visite de la ville ? demanda mon oncle.

— Oh ! père, montons aux remparts, dit Juliette. Nous avons le temps d'en faire le tour avant le déjeuner.

— Tu as raison, reprit son père ; pendant que nous ne sommes pas encore fatigués, montons aux remparts.

Nous nous mîmes aussitôt en route. Nous passâmes devant la Bourse et le pont tournant, qui met en communication Saint-Malo et Saint-Servan ; nous suivîmes les quais Saint-Louis et Saint-Vincent, et arrivâmes bientôt sur la place Chateaubriand, près du château et des remparts.

Le château de Saint-Malo, situé à l'extrémité de la chaussée du Sillon, est une construction carrée, flanquée de quatre tours principales, en avant de laquelle se projette, en forme d'éperon, un ouvrage composé d'une double muraille, la Galère. Au milieu de l'enceinte se dresse la grosse tour du *grand donjon,* plus ancienne que le reste de l'édifice. On appelle *petit donjon* une autre tour

SAINT-MALO. — LE PORT ET LE SILLON

placée du côté de la mer. Les deux tours d'angle, du côté de la ville, furent construites par la reine Anne, en 1498, ce sont les tours Générale et Quiquengrogne.

— Savez-vous, ma cousine, dis-je à Juliette, l'origine du nom étrange de Quiquengrogne donné à cette tour?

— Non.

— La reine Anne, ayant eu des démêlés avec l'évêque, avait, malgré son opposition, ajouté de nouveaux ouvrages aux fortifications de son château. Les Malouins murmuraient. Pour montrer qu'elle était et voulait être maîtresse de Saint-Malo, elle fit graver en relief, sur la muraille d'une des tours :

QUI QU'EN GROGNE

AINSI SERA :

C'EST MON PLAISIR.

Et la tour porta et porte encore le nom de Quiquengrogne.

Après avoir visité le château, nous montâmes sur les remparts. Un petit escalier nous y conduisit.

Les remparts de Saint-Malo, assis sur le roc et flanqués de tours et de bastions, sont magnifiques. On y a fait une belle promenade, longue de deux kilomètres environ, d'où l'on jouit d'un des plus grandioses panoramas qu'il soit possible de rêver. Nous nous arrêtâmes pour admirer à l'aise un si magnifique tableau.

Au nord, la mer, décrivant un arc entre les falaises du cap Fréhel et, dans la mer, de nombreux écueils submergeant du sein de la vague ; des îlots détachés, dont quelques-uns plus considérables supportent des forts ; la Couchée, dont les constructions remontent à 1689 et furent faites par Vauban ; le Grand-Bey et le Petit-Bey ; l'île de Cézembre ; au loin, à perte de vue, la mer.

A l'ouest, en face de l'embouchure de la Ramée, le fort et l'île de Harbourg.

A l'extrémité est de la grande grève, celui de la Varde ; enfin devant Saint-Malo, à deux cents mètres au nord des remparts, le fort National complétant les avant-postes de la place.

— Peut-on facilement se rendre au Grand-Bey? demandai-je à mon oncle.

— Rien de plus facile; nous irons à mer basse, si cela peut t'être agréable.

— Cela me fera grand plaisir.

— Alors c'est entendu.

Nous suivîmes les remparts; bientôt le spectacle changea. En face de la rade de Saint-Malo, nous aperçûmes les côtes de Saint-Égonat et de Dinard, hérissées de roches et de caps, entremêlées de criques, d'anses et de petites grèves sablonneuses, tandis que, plus près de nous, vers le sud, du même côté de la Rance, se dressait le fort de la Cité, qui, avec le brise-lames jeté en avant du bastion de Saint-Louis, protège l'entrée du port, et qu'à l'arrière-plan apparaissait Saint-Servan, dont les larges rues entrecoupées de jardins s'étendent du bassin à flot au port Solidor; à l'est, étaient l'arsenal maritime et de nombreuses usines; plus loin, la gare du chemin de fer, les nouveaux bassins; enfin des hameaux et des villages dominés par la colline, au pied de laquelle passe le chemin de fer, la montagne Saint-Joseph.

A chaque instant, nous nous arrêtions pour jouir d'un nouveau spectacle.

Enfin nous nous retrouvâmes à la place où nous avions commencé notre promenade; nous descendîmes des remparts et rentrâmes dans la ville, par la porte Saint-Vincent.

La porte Saint-Vincent est une des quatre portes principales de Saint-Malo. Les autres sont : la Grande-Porte, la porte Saint-Louis et la porte de Dinan; toutes quatre donnent sur les quais. Une cinquième, la porte Saint-Thomas, est placée près du château; c'est par elle que l'on se rend à la plage.

— La promenade m'a donné de l'appétit, dit tout à coup mon oncle; si vous êtes comme moi, je crois que ce que nous aurions de mieux à faire maintenant serait de déjeuner.

— Je ne demande pas mieux, dit Charles.

— Ni moi non plus, ajoutai-je.

Les dames ne faisant, de leur côté, aucune opposition, il ne s'agissait plus que de savoir où nous déjeunerions. Mais mon oncle eut bientôt tranché la question.

— Nous sommes tout près de l'*Hôtel de France,* dit-il;

PORTE SAINT-VINCENT ET PLACE SAINT-THOMAS

allons-y, nous nous ferons montrer la chambre de Chateaubriand.

— La chambre de Chateaubriand? fis-je.

— Mais oui; ne sais-tu pas que la chambre où est né le grand écrivain est maintenant une chambre d'hôtel?

Nous nous dirigeâmes vers la place Chateaubriand, et entrâmes à l'*Hôtel de France*.

Mon oncle commanda le déjeuner.

— Pendant qu'on va mettre le couvert, dit-il à l'hôtelier, ces Messieurs, qui viennent à Saint-Malo pour la première fois, seraient bien aises de voir la chambre de Chateaubriand.

— C'est facile; elle n'est pas occupée.

Un instant après, nous franchissions le seuil de la chambre où le grand homme vint au monde. Je ne saurais dire quelle impression j'éprouvai en entrant dans cette pièce, une chambre d'hôtel portant le n° 8. Je me sentis saisi de respect, comme si l'homme de génie, le noble gentilhomme eût été là pour en faire les honneurs. La fenêtre de cette pièce, une vieille fenêtre à petits carreaux comme il y en avait autrefois partout, même dans les châteaux, donne sur une terrasse de verdure allant à un belvédère d'où la vue est magnifique; en face, l'île de Césembre et les falaises bleuâtres des Côtes-du-Nord; à droite, le fort National; à gauche, le Grand-Bey. « C'est par cette fenêtre, dit Pitre-Chevalier, que le premier rayon du jour frappa les yeux de Chateaubriand. »

C'est au bruit des vagues que fut bercé celui dont les vagues viennent aujourd'hui frapper la tombe. Les mugissements de l'Océan ne sauraient troubler le dernier sommeil de celui qu'ils endormirent enfant.

Un portrait de l'illustre écrivain et une gravure représentant Atala et René, d'après Schopin, ornent les murs de la chambre; on y voit également les armes de Chateaubriand avec la devise : « Mon sang teint les bannières de France. »

— Cette chambre est-elle souvent visitée? demandai-je au maître d'hôtel.

— Oh! oui, Monsieur, tous les étrangers veulent la voir, et moi je suis bien heureux de la leur montrer. Chateaubriand est un grand homme, et notre ville est fière de le compter au nombre de ses enfants.

— Et elle a raison, lui répondis-je.

En redescendant, nous trouvâmes notre déjeuner servi. Nous nous mîmes aussitôt à table.

A midi, nous quittions l'hôtel.

— Maintenant, dit mon oncle, je propose d'aller visiter le port; nous monterons ensuite à la cathédrale, après quoi nous pourrons, je pense, aller au Grand-Bey.

Nous reprîmes le chemin que nous avions suivi en sens inverse le matin, passâmes devant l'embarcadère de Dinard, et suivîmes les quais jusqu'à une belle jetée que mon oncle nous dit être le Môle-des-Noirs, et qui protège l'avant-port, la seule partie intégralement conservée des anciens ouvrages du port.

Actuellement le port de Saint-Malo n'occupe que le douzième rang parmi les ports de commerce français, mais il est le premier au point de vue de l'inscription maritime.

Le bassin à flot fut commencé en 1836; un décret de 1860 affecta cinq millions à son achèvement. Il est situé dans l'anse qui sépare Saint-Malo de Saint-Servan.

Les travaux exécutés jusqu'ici comprennent, en outre du bassin proprement dit, une digue intérieure de réduction; le quai Duguay-Trouin, où se trouve la voie de raccordement avec la gare des marchandises; des pertuis d'introduction, passes voûtées servant à l'introduction ou à l'écoulement des eaux; enfin le Môle-des-Noirs dont avons déjà parlé.

De nouveaux fonds, votés en 1879, ont servi à l'établissement de deux bassins à flot, l'un pour Saint-Malo, l'autre pour Saint-Servan. La surface de celui de Saint-Malo est de dix-sept hectares; celle de l'avant-port, de quatorze hectares.

Aux grandes marées, le port de Saint-Malo reçoit neuf mètres d'eau; ses quais ont un développement de mil huit cents mètres.

Un feu de quatrième ordre, de dix mètres de portée, est placé sur le Môle-des-Noirs; les feux du cap Fréhel et des îles Chausey servent également à indiquer les atterrages de Saint-Malo.

Quoique l'importance maritime et commerciale de Saint-Malo

CHAPITRE XXIII

soit bien moindre qu'autrefois, ses armements pour Terre-Neuve sont très considérables; elle y envoie toujours à peu près le même nombre de navires. Son commerce d'exportation consiste en céréales, en colzas, en cidre, en tabac, en légumes, en fruits, en beurre et même en bétail, qu'elle envoie principalement en Angleterre.

Je dois ces détails à mon oncle. Depuis son arrivée dans le

CHAMBRE OU EST NÉ CHATEAUBRIAND

pays, il était venu souvent à Saint-Malo et les avait recueillis de la bouche des marins, avec lesquels il aime beaucoup à causer.

Quand nous eûmes achevé la visite du port, suivant le plan que nous avions adopté pour l'emploi de notre journée, nous montâmes à la ville.

La cathédrale est située au centre de Saint-Malo, sur le point le plus abrupt de la montagne. Elle date du XIe siècle; mais il ne reste de cette époque que le carré central et la partie inférieure de la nef ; les autres parties ont été rebâties aux xvᵉ, xvɪᵉ, xvɪɪɪᵉ et même xɪxᵉ siècles. La tour centrale, romane à sa base, et continuée au xvᵉ siècle, a été couronnée en 1859 d'une belle flèche en pierre.

A l'intérieur, nous remarquâmes quelques beaux tableaux, et surtout la *Descente de croix* de Santerre.

Près de la cathédrale, sur la place Duguay-Trouin, nous admirâmes, en passant, la statue du célèbre amiral. Cette statue en marbre est de Molchnecht; elle fut érigée en 1829. La place Duguay-Trouin est plantée de tilleuls; l'hôtel de la sous-préfecture, dont la façade est ornée d'un péristyle à quatre colonnes d'ordre dorique, en occupe un côté.

— Maintenant, nous dit mon oncle, la mer est basse; si vous voulez aller au Grand-Bey, c'est le moment.

— Assurément, nous voulons y aller, répondîmes-nous d'une commune voix.

Ma tante elle-même, quoique la promenade dût être un peu fatigante, n'eût voulu pour rien au monde renoncer au pieux pèlerinage que nous avions résolu de faire au tombeau du grand écrivain.

Nous nous rendîmes, par la porte de Saint-Pierre, à la grève de Bon-Secours.

Pendant quelque temps, nous suivîmes la digue, puis nous nous engageâmes sur les sables.

Cinq cents mètres seulement séparent le Grand-Bey de Saint-Malo. Ce grand îlot fait partie d'un amas de rochers autrefois violemment séparés du continent et confusément groupés; on y aperçoit seulement les débris d'un corps de garde et une petite croix de granit « regardant les deux immensités, » suivant l'expression de l'illustre écrivain dont elle signale le tombeau. « Sur ce poste avancé, écrivait Chateaubriand aux Malouins, je recevrai peut-être quelques boulets des ennemis de la France; mais mon âme en tressaillira d'aise, car je suis un vieux soldat. »

En un temps relativement assez court, car la marche n'est pas facile sur les sables, nous arrivâmes au pied du Grand-Bey.

Nous gravîmes un petit chemin, pourvu d'escaliers, qui nous conduisit au sommet du rocher.

C'est sur le point le plus avancé du Grand-Bey que voulut reposer Chateaubriand. Son tombeau, d'une simplicité remarquable, consiste en une pierre sans inscription, entourée d'une grille en fer et surmontée d'une croix de granit. Rien, pas même un nom, n'indique au voyageur quel est celui dont la froide dépouille repose sous cette pierre. Ainsi le voulut Chateaubriand. Pourquoi? Humilité chrétienne? orgueil de poète? Peut-être l'un et l'autre. Ce qu'il y a de certain, c'est que la vue de cette modeste tombe, isolée sur un rocher désert incessamment battu par la vague, produit tout d'abord une vive et profonde impression, et que lorsqu'on songe à l'influence qu'exerça sur les idées de son siècle celui que recouvre cette humble pierre, on sent mieux que jamais combien peu de chose serait l'homme, même l'homme de génie, si sa destinée s'arrêtait à la mort.

Nous restâmes quelque temps silencieux en face de ce tombeau. Saisi à la fois d'un religieux respect et d'une émotion profonde, je regardai ma cousine. Je compris que son cœur battait à l'unisson du mien; je reconnus, au mouvement de ses lèvres, qu'elle priait, et je priai, moi aussi, sur la tombe du poète chrétien.

La petite croix de granit avait, à notre arrivée sur le sommet du rocher, trop vivement captivé notre attention pour que nous pussions en détourner nos regards; quand nous les portâmes enfin du côté de la mer, nous fûmes émerveillés de la vue splendide que l'on a de cette place, et qui sans doute a valu au Grand-Bey l'honneur que lui fit l'illustre écrivain.

Enfin il fallut redescendre. Nous allâmes jusqu'au rocher du Petit-Bey, où s'élève un fort; cela nous demanda peu de temps.

Nous ne devions partir que le soir, à huit heures; de retour à Saint-Malo, vers cinq heures, nous voulûmes, avant le dîner, voir la plage et les bains.

La plage de Saint-Malo commence au pied des remparts, et s'abaisse ensuite, en pente douce, jusqu'à la mer; le sable en est fin et beau. L'établissement de bains et le Casino, très fréquentés, sont insuffisants pendant la belle saison.

Le Casino est situé à l'entrée du Sillon, tout près d'une des tours du château.

Près du Casino est la statue en bronze de Chateaubriand ; cette statue, fort belle, est l'œuvre de Millet.

CHATEAUBRIAND

Nous passâmes une heure sur la plage, puis nous rentrâmes à l'*Hôtel de France*, où nous devions dîner avant de partir.

A huit heures et demie, nous quittions Saint-Malo ; quelques minutes plus tard, nous étions de retour à Dinard.

Nous nous séparâmes de bonne heure, ce soir-là, après avoir décidé que nous irions le lendemain à Saint-Servan.

CHAPITRE XXIV

SAINT-SERVAN

Les ports de Saint-Servan. — La tour Solidor. — La cité d'Aleth. — Ruines de l'ancienne cathédrale. — Le puits des Sarrasins. — L'église de Saint-Servan. — La plage des Sablons. — Les établissements de bains de mer. — Le pont roulant. — Les chiens de Saint-Malo.

Le lendemain, un peu avant neuf heures, nous nous embarquions comme la veille; comme la veille, nous redescendions la Rance, seulement le bateau se dirigeait vers la droite. Un quart d'heure plus tard, nous arrivions au port Saint-Pair, au pied de la tour Solidor.

Le port de Saint-Servan se compose en quelque sorte de deux ports, d'un mouillage également sûr.

Le premier, situé au delà de la passe, est destiné aux navires de commerce. Le second, le port militaire, est placé à l'embouchure de la Rance, plus près de la tour Solidor; on y pourrait construire des frégates de premier ordre; malheureusement on doit constater qu'il est sans mouvement et sans vie. L'anse de Solidor ne reçoit guère que les bâtiments de la station de Granville.

L'État a consacré, à différentes reprises, des sommes considérables aux constructions et à l'aménagement du port Solidor, qui, après avoir été abandonné, fut rétabli en 1831, sur la demande du conseil d'amirauté.

« Placé en face de l'Angleterre, disait le rapport, le port de Saint-

Servan est le seul qui, sur toute l'étendue de la côte comprise entre Brest et Cherbourg, puisse offrir une retraite sûre aux bâtiments battus par la tempête ou poursuivis par un ennemi supérieur en forces. Les frégates de tous les rangs, même les vaisseaux de ligne, peuvent y trouver un abri. Ce port possède en outre des ressources importantes pour la construction des grands bâtiments de guerre ou pour une réunion de bateaux à vapeur; il a d'habiles ouvriers dans toutes les professions maritimes. Les bois des environs sont tous de bonne essence, et l'on a remarqué que la plupart des frégates qu'on y a construites dans la dernière guerre ont été distinguées par leurs qualités. »

L'amiral Duperré, président du conseil, demandait que l'on fît pour Saint-Servan de nouveaux sacrifices; son avis ne fut pas pris en considération, et le port Solidor continua à languir comme par le passé.

La tour Solidor, bâtie sur un rocher, à l'embouchure de la Rance, fut construite par Jean IV, duc de Bretagne, en 1384, dans le but de réduire les Malouins; elle se compose de trois tours, réunies en triangle par des courtines percées de meurtrières et que surmontent des mâchicoulis. Elle est admirablement conservée.

Prenant la route nationale, qui traverse la ville dans toute sa longueur et réunit la vieille Aleth à sa jeune sœur, nous traversâmes le quartier populaire de la Cité, et arrivâmes bientôt devant les murailles du fort qui sépare l'embouchure de la Rance et le port de Saint-Malo.

C'est sur l'emplacement occupé aujourd'hui par la Cité, entre Solidor et les Sablons, que s'élevait autrefois la villa gallo-romaine d'Aleth. Le christianisme y pénétra dans le IVe siècle, et Aleth devint évêché, comme les autres chefs-lieux de cités gauloises conservés par l'administration romaine. Saint Malo en fut évêque pendant quinze ans, mais il y résida peu; exilé par les princes bretons, puis rappelé par les habitants d'Aleth, il finit par aller mourir à Saintes. Ses successeurs furent parfaitement tranquilles jusqu'en 965, époque à laquelle les Normands détruisirent Aleth, dont l'évêque Salvador s'était réfugié à Paris en emportant le trésor de la cathédrale. Aleth ne s'était pas relevée de ses ruines, quand Jean de Chatel, son

CHAPITRE XXIV

évêque, en transportant, en 1135, son siège épiscopal à Saint-Malo, porta le dernier coup à la cité gauloise.

Vers l'an 1100, une église avait été construite sur les bords de la Rance ; autour de cette église, une ville nouvelle était née ; cette fille de l'antique Aleth, c'était Saint-Servan. Elle avait pris le nom du patron auquel l'église était dédiée.

SAINT-SERVAN

Sur le glacis du fort de la Cité, on voit encore les ruines de l'ancienne cathédrale, Saint-Pierre d'Aleth. Les parties les mieux conservées de ces ruines consistent en une abside romaine et un transept moins ancien, qu'une large arcade réunit à cette abside.

Comme nous venions d'achever la visite de ces curieuses ruines, nous aperçûmes un puits qui, lui aussi, paraissait dater de fort longtemps.

Un paysan passait.

— C'est là le puits des Sarrasins? lui demandai-je.

— Oui, Monsieur. D'après la légende, ce puits aurait été creusé par les Sarrasins échappés à Charles Martel.

— Je le veux bien.

Nous avions commencé notre promenade par la visite des ruines de l'antique cité qui a donné naissance à Saint-Servan. Il nous restait à parcourir la ville moderne. Ses monuments sont peu nombreux, nous n'avions guère à voir que son église; c'est vers elle que nous nous dirigeâmes. De loin, son dôme que termine une tour en granit bleu, à trois étages, fait un assez bon effet; mais elle n'a rien de bien remarquable. Commencée en 1532, cette église ne fut terminée qu'en 1844; sa forme est celle d'une basilique sans transept, terminée en hémicycle. A l'intérieur, une chaire sculptée, un bel autel en marbre blanc, la balustrade du chœur et quelques vitraux attirent seuls l'attention du voyageur.

En sortant de l'église, nous nous dirigeâmes vers la plage des Bas-Sablons, située au pied de la Cité, au centre de Saint-Servan moderne, la ville de bains fréquentée chaque année par un nombre considérable d'Anglais et aussi de Français, qui, attirés par la beauté du pays et la douceur du climat, viennent y chercher le repos et la santé. Comme il était déjà tard, nous nous informâmes d'un hôtel où nous déjeunâmes, après quoi seulement nous nous rendîmes à l'établissement des bains. Il faisait beau et la mer était pleine; un assez grand nombre de baigneurs, presque tous Anglais, s'y trouvaient réunis; nous nous reposâmes quelques instants, nous amusant à regarder les exploits des nageurs, puis nous nous dirigeâmes vers le second établissement, placé à cinq cents mètres de la ville, et certainement moins fréquenté que celui des Bas-Sablons, mais dont on nous avait, et avec raison, beaucoup vanté la position à l'embouchure de la Rance, au pied de rochers très pittoresques. Nous y fîmes une autre station avant de rentrer en ville. Voulant retourner à Dinard par Saint-Malo, nous prîmes le pont roulant qui fait communiquer les deux villes et que nous avions seulement aperçu la veille.

Ce pont, dû à M. Leroyer, repose sur deux rails immergés au fond de la mer ; il est amené alternativement sur chaque rive par un système de chaînes sans fin, mû par une machine à vapeur placée du côté de Saint-Servan.

La plate-forme qui porte les passagers est élevée de douze mètres au-dessus des rails.

En quelques instants nous fûmes à Saint-Malo. Nous y rencon-

LA TOUR SOLIDOR

trâmes un négociant malouin dont le père avait des propriétés à Dinard et avec lequel mon oncle avait eu quelques rapports. Il nous accompagna jusqu'au bateau.

— Saint-Servan n'est véritablement qu'un faubourg de Saint-Malo, lui dit ma tante.

— Saint-Servan et Saint-Malo, reprit Juliette, me font l'effet de deux quartiers d'une même ville.

— Saint-Malo et Saint-Servan ont cependant vécu bien longtemps isolées et rivales.

— Aujourd'hui elles vivent en bonne intelligence ?

— Oui.

— Il me semble, repris-je, qu'elles ont tout intérêt à cela.

— Certainement. Réunies, elles possèdent des éléments incalculables de richesse, de bien-être et de prospérité. Saint-Malo semble faite pour défendre Saint-Servan et s'enrichir par le commerce ; Saint-Servan, pour approvisionner Saint-Malo et lui offrir le repos de ses fraîches campagnes.

Tout en causant, nous arrivâmes à l'embarcadère. Il était temps, le bateau allait partir. Nous prîmes congé de M. Leroyer, et embarquâmes vivement.

Il y avait beaucoup de femmes ce jour-là sur le bateau, des femmes du peuple.

— Quelles sont ces femmes? demandai-je à mon oncle; elles semblent en deuil.

— Ce sont des Malouines; elles s'habillent presque toujours de noir, et elles ont raison, c'est ce qui leur sied le mieux.

— Elles sont jolies, dit Charles.

— Elles ont des yeux magnifiques, observa ma tante.

— Et une superbe carnation.

— Avez-vous remarqué quelle abondante chevelure elles ont presque toutes? ajouta Juliette.

— Oui, vraiment.

Le temps était beau ; mais la mer, assez forte ce jour-là, battait violemment le rocher de Saint-Malo, dont le vieux château profilait sur le ciel son ombre gigantesque. Je songeais à tous ceux qui ont habité l'antique donjon, j'admirais en silence la sauvage beauté de ce tableau; de son côté, Juliette, assise près de sa mère, à quelques pas de moi, semblait rêver, elle aussi ; mon oncle causait avec le capitaine ; ma tante... je ne sais ce que pensait ma tante. Tout à coup nous entendîmes fredonner :

Bon voyage, monsieur Dumolet!

— Farceur! dit mon oncle en se retournant vers Charles;

connaissez-vous l'origine de la chanson que vous chantez si bien?

— J'avoue que non.

— Elle fait allusion à la lamentable aventure d'un pauvre officier de marine mis en pièces, puis dévoré par les chiens de Saint-Malo.

— Quelle est donc cette histoire?

— Je vais vous la dire.

— Oh! oui, mon oncle.

— Il faut nous conter cela, mon père.

— Nous sommes arrivés, fit ma tante.

— Eh bien; alors, vous garderez votre histoire pour plus tard, je ne vous en tiens pas quitte, mon oncle.

— C'est convenu.

Voici ce que mon oncle nous conta, le soir, à la veillée.

C'était en 1829; les quais actuels de Saint-Malo n'existaient pas encore. Lorsque la mer était haute, elle atteignait presque au seuil des portes de Dinan et de Saint-Vincent; seulement, à mer basse, le passage se trouvant libre entre Saint-Malo et Saint-Servan, les bateaux du port étaient par suite exposés aux déprédations des rôdeurs de nuit. Pour obvier au danger, il fallait des gardiens sûrs et intelligents; on s'adressa, pour en obtenir, à la ville et au chapitre, et vingt-quatre dogues, de la plus belle encolure, furent préposés au maintien de la morale et de la sûreté publique.

A dix heures, on lançait dans le port les intelligentes bêtes, qui s'attirèrent bientôt, par leur incorruptible fidélité, l'estime générale des habitants de Saint-Malo. Hélas! un excès de zèle causa leur perte.

Un soir d'été, la mer s'était retirée menaçante, on l'entendait rugir au loin; le vent soufflait avec violence, le tonnerre mêlait sa voix à celle de l'Océan; par instant, les éclairs sillonnaient le ciel noir, marqué seulement par place de taches rouges et sanglantes; des nuages sinistres s'avançaient rapidement au-dessus de Saint-Malo, l'eau commençait à tomber; la nuit était sombre et sinistre. Un des braves gardiens du port, ayant entendu marcher quelqu'un, accourut vers celui qui, à la faveur de cette affreuse nuit, préparait sans doute un mauvais coup; plusieurs de ses compagnons, mis en éveil, se jetèrent à leur tour sur l'inconnu...; en quelques secondes, ils l'eurent déchiré et mis en pièce, malgré ses jurons et ses cris.

Ils soupèrent de leur prise. N'en avaient-ils pas le droit?

Mais le lendemain, on reconnut que la victime n'était autre qu'un officier de marine attardé qui regagnait son navire.

PONT ROULANT DE SAINT-MALO A MARÉE HAUTE

Le zèle intempestif des braves gardiens du port leur fut imputé à crime; des juges sans pitié les condamnèrent tous, sûrs ainsi d'atteindre les coupables. Les vingt-quatre dogues de Saint-Malo furent éventrés. Les malfaiteurs et les rôdeurs durent applaudir à ce jugement, car ils ne furent pas remplacés.

CHAPITRE XXV

CANCALE ET PARAMÉ

Cancale. — La Houle. — La pêche aux huîtres. — Les parcs. — La ville. — Panorama. — Paramé. — Son origine. — Son histoire. — Son importance actuelle. — La terrasse. — Le Casino, le Grand-Hôtel.

Nous avions décidé, en revenant de Saint-Servan, que le lendemain nous visiterions Cancale et Paramé. Malheureusement, nous n'y pouvions aller directement de Dinard. Il fallut donc nous rendre de bonne heure à Saint-Malo afin d'y prendre la voiture publique, qui, deux fois par jour, fait le service de Cancale.

La voiture suivit la belle chaussée du Sillon, et traversa le faubourg de Rocabey. Nous côtoyâmes les anciennes dunes de sable appelées les Mielles, et arrivâmes à Paramé. Nous ne devions visiter ce village qu'au retour ; nous nous contentâmes de constater qu'il semblait mériter sa réputation. Nous traversâmes encore Saint-Coulomb. Enfin, nous découvrîmes, à droite, la pointe de la Houle ; nous arrivions à Cancale.

Cancale est un chef-lieu de canton admirablement situé sur une colline escarpée, d'où l'on domine la baie qui porte son nom, et au delà de laquelle se déroule un magnifique panorama des côtes normandes, ayant pour point culminant le mont Saint-Michel.

La Houle est le port de Cancale ; bâti au fond de la petite anse, il forme au bord de la mer un second village presque aussi important que son chef-lieu de canton, et principalement habité par des pêcheurs.

En arrivant, notre premier soin fut de chercher à déjeuner; nous avions bien pris une tasse de café au lait avant de quitter Saint-Malo, mais il y avait trois heures de cela; puis, en déjeunant de bonne heure, nous gagnions du temps, ce qui faisait parfaitement notre affaire. Comme je l'ai dit, nous voulions, en revenant, visiter Paramé, et nous devions être à Saint-Malo à huit heures au plus tard, au risque de ne pouvoir rentrer le soir à Dinard, ce qui eût beaucoup contrarié ma tante.

Naturellement les huîtres composèrent, sinon la partie solide, du moins une importante partie de notre déjeuner. Tout le monde connaît et apprécie les huîtres de Cancale, la principale richesse de ce pays. Les huîtrières de la baie du mont Saint-Michel, d'où elles proviennent, sont les plus fertiles de la Manche, et la délicatesse de ces précieux mollusques explique facilement leur renommée européenne.

Aussitôt après le déjeuner, nous nous rendîmes au port.

Classé au dernier rang des ports de commerce, comme port de pêche Cancale occupe le premier. Son échouage est un des plus vastes que l'on connaisse. Il peut mettre à la mer deux cent cinquante embarcations, qui pêchent annuellement environ quinze millions d'huîtres, valant 750,000 francs.

Trois fois par semaine, du mois de septembre au mois d'avril, d'innombrables bateaux partent de la Houle, avec le flot, pour aller draguer les huîtres en pleine mer; la mer montante les ramène au port. En approchant de la côte, chaque bateau s'arrête, et le pêcheur, qui, grâce à des points de repère, sait quand il arrive au-dessus de son parc, jette dans le fleuve sa précieuse cargaison; les huîtres ainsi jetées s'entassent sur celles qui déjà gisent dans le parc alors recouvert par la mer, où les femmes et les enfants vont les chercher à l'heure du reflux.

Tous ces renseignements nous furent donnés par un brave pêcheur que mon oncle avait questionné, suivant son habitude.

— Mais, observa M. de Lussac, la pêche aux huîtres, quelque importante qu'elle soit, n'occupe pas exclusivement, je suppose, les pêcheurs de Cancale?

— Non, Monsieur; nous pêchons aussi du poisson, principalement

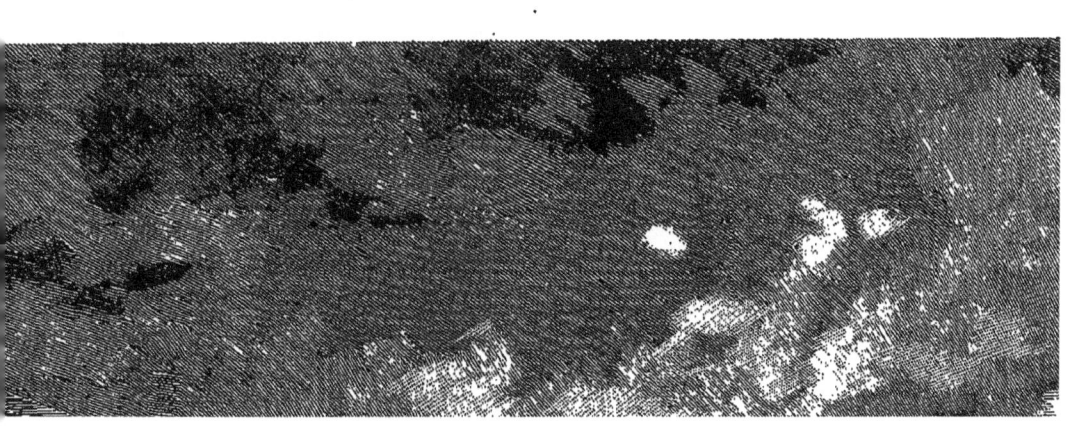

des soles très renommées. Je vous l'ai dit, l'huître ne se drague que de septembre en avril.

— Qu'entendez-vous par draguer les huîtres ?
— Ne savez-vous pas comment les huîtres sont recueillies ?
— J'avoue mon ignorance.
— Eh bien, je vais vous le dire. Vous devez d'abord savoir, Messieurs, que la pêche des huîtres est parfaitement réglementée. De temps immémorial, l'exploitation de la baie est interdite aux bateaux pontés. L'espace compris entre Chausey, Cancale et Granville est le meilleur gisement d'huîtres des environs ; des conflits s'étant élevés entre les deux ports de Granville et de Cancale, on surpêcha les bancs, et l'administration fut obligée de partager elle-même ces bancs entre les deux ports rivaux. Voici maintenant comment les choses se passent.

» La pêche des huîtres ne se fait qu'en grand ; le commissaire de la marine désigne les bancs sur lesquels on peut pêcher. Les bateaux, armés chacun d'une drague, s'y rendent en flottille. A un signal donné, les dragues tombent à la mer ; les bateaux se croisent, se mêlent, cherchent à s'éviter ; les dragues remontent et redescendent sous l'eau, jusqu'à ce que les bateaux soient entièrement remplis ou que la marée montante rende la manœuvre trop pénible. Un nouveau signal est donné, celui du retour, et, avec le flot, tous les bateaux rentrent au port.

— Vous avez des parcs d'élevage ?
— Oui, Monsieur ; depuis le moment où l'huître est recueillie jusqu'au moment où elle est livrée à la consommation, elle est l'objet de grands soins. Les petites sont mises dans des clayonnages, elles y restent jusqu'à ce qu'elles soient transportées dans les parcs où on achève leur éducation.

— Et vos parcs sont assez grands pour mettre à l'élevage toutes les huîtres recueillies ?
— Toutes ne s'élèvent pas ici ; les biskines en emportent de grandes quantités pour Saint-Waast, Courseulles et Dieppe.
— Qu'est-ce qu'une biskine ? demanda ma tante.
— Une barque d'environ quarante tonneaux.

Nous remerciâmes le pêcheur des renseignements qu'il nous

avait donnés avec tant de complaisance, et nous nous dirigeâmes vers un chemin fort raide qui devait nous conduire à la ville.

Nous avions peu de chose à y faire. Cancale ne possède aucun monument intéressant ; nous voulions seulement juger de l'admirable situation de cette petite ville, qu'on nous avait beaucoup vantée. Nous nous dirigeâmes vers l'est, jusqu'à la pointe de la Chaîne, située tout en face des célèbres rochers de Cancale ; là se déroula devant nos yeux le plus magnifique panorama.

Au milieu des flots, deux îlots apparaissent, un îlot rocheux et un second îlot couvert de verdure, rattachés l'un à l'autre par de grosses roches noires en partie éboulées ; ce sont les célèbres rochers. Derrière on aperçoit l'île de Rimains, dans laquelle s'élève le fort du même nom ; à quelques kilomètres au sud, le fort Richeux. A droite et à gauche, le regard plonge dans l'immense baie de Cancale, au-dessus de laquelle on peut voir se détacher le mont Saint-Michel, le rocher de Tombelaine, le mont Dol, les clochers d'Avranches, le fort de Granville et les îles Chausey.

Ce tableau magique, éclairé par un soleil splendide, et ayant pour fond un ciel limpide et bleu, eût forcé l'admiration de l'homme le moins accessible aux émotions causées par les grands spectacles de la nature.

— Que c'est beau ! dit Charles.

Ma cousine et moi nous restâmes longtemps muets ; émerveillés, éblouis, nous jouissions en silence ; il n'y a pas de mots pour exprimer ce que nous ressentions. Je dis *nous*, car nos impressions étaient les mêmes, je n'en saurais douter.

Mon oncle dut nous rappeler que nous ne pouvions passer à cette place la journée tout entière. Nous retournâmes sur nos pas, et redescendîmes à la Houle. Le maître d'hôtel, chez lequel nous avions déjeuné, nous avait promis une voiture pour trois heures ; il en était deux et demie.

A l'heure dite, nous quittions Cancale ; à quatre heures et demie, nous arrivions à Paramé.

Paramé est un joli village situé sur une colline, dans une position délicieuse.

On ne connaît pas exactement l'origine du nom de Paramé, aussi lui en prête-t-on plusieurs. La plus simple est celle qui le fait venir de *Paramé,* contre mer ; mais des érudits prétendent que Paramé s'est appelé autrefois *Passus Ramala,* d'où *Paramé;* d'autres font venir le nom de ce village de *Pas ramé, un pas à la rame,* c'est la distance qui sépare Paramé de Saint-Malo, et d'autres encore, de *Paramaich,* avenue.

Paramé occupe peu de place dans l'histoire.

Des pêcheurs de l'anse de Lupin à Paramé, d'après un contemporain, aperçurent en 1693 la flotte anglaise qui manœuvrait sur l'atterrage de Roteneuf, et en signalèrent la présence aux autorités malouines.

En 1758, une nouvelle flotte anglaise vint stationner près de la pointe de Vardes, sur la côte de Paramé, et débarquèrent à Cancale une armée, qui se retira, au bout de quelques jours, en ravageant le pays et principalement Paramé, qui avait donné asile aux habitants de Saint-Malo, expulsés de cette ville dans l'expectative d'un siège.

Voilà à peu près tout ce que l'histoire nous apprend de Paramé.

Aujourd'hui, Paramé est une des stations balnéaires les plus suivies de Bretagne. Un nouveau Paramé, qu'un boulevard relie à l'ancien village, lequel est mis lui-même en communication directe avec Saint-Malo par une chaussée magnifique, s'est élevé sur la plage ; il se compose de nombreuses villas : les unes, très luxueuses, sont la propriété de riches financiers ; d'autres, plus modestes, sont habitées par des artistes et des littérateurs, attirés par le site admirable et le délicieux climat de Paramé. Ces villas bordent une terrasse, dominant la plage sur une longueur de deux kilomètres, d'où l'on jouit d'un admirable panorama.

Aussitôt descendus de voiture, nous nous étions rendus sur la plage.

— C'est un véritable décor d'opéra ! s'écria mon oncle, se servant de la même expression qui, une fois déjà employée par Charles, plus improprement, il est vrai, avait, on s'en souvient, soulevé mon indignation.

— C'est mieux que cela, dit Juliette.

— Oui, repris-je. Les hommes sont de bien pâles imitateurs de la nature.

Comment, en effet, la plume ou le pinceau parviendraient-ils à rendre ce que nous avions devant les yeux ?

A nos pieds, Saint-Malo, son château, ses vieux remparts ; Saint-Malo avec ses brisants battus par la vague ; l'île de Césembre, les côtes de Dinard et, bien loin, à l'horizon, la silhouette du cap Fréhel se dessinant vaguement sur le ciel ; à droite, les côtes de la Manche, et dans le lointain celles des îles anglaises, qu'un temps exceptionnellement clair permettait d'apercevoir, ce jour-là, se détachant en blanc sur l'azur du ciel.

— Penser, dis-je à Charles, au moment où, suivant la terrasse, nous nous rendions au Casino, qu'il y a quelques années à peine un si beau pays n'était connu que des seuls habitants de Saint-Malo, et que, si quelques financiers, aidés d'artistes et de littérateurs, ne s'étaient avisés de le mettre à la mode, il serait encore complètement ignoré !

— Ce serait vraiment dommage, reprit ma cousine ; d'autant plus que ceux qui l'habitent semblent dignes de la chance heureuse qui les y a conduits. Avez-vous remarqué comme ils sont simples ? Les baigneurs de Paramé ne ressemblent guère à ceux de Trouville.

— Jusqu'à présent, en effet, le luxe n'a pas encore envahi Paramé, et l'on y jouit d'une entière liberté, reprit Charles ; je le sais par des propriétaires du pays, amis de ma famille.

— Dieu veuille qu'il en soit longtemps ainsi ! dit ma tante.

— L'étendue de la grève favorisera la réalisation de votre vœu, Madame ; il n'en est pas ici comme dans les stations balnéaires où une plage restreinte réunit nécessairement tous les baigneurs à certaines heures du jour, et établit entre eux des rapports qui souvent amènent des luttes d'amour-propre regrettables à tous égards.

Nous étions devant le Casino. Après en avoir admiré la belle construction, nous le visitâmes intérieurement, et je dois dire que nous fûmes frappés de son heureux agencement et de sa bonne tenue.

Du Casino, nous nous rendîmes au *Grand-Hôtel*, où nous dînâmes, après quoi nous nous dirigeâmes vers l'omnibus de Saint-Malo. Une femme de Paramé attendait pour monter en voiture avec nous.

— Que le bonnet de cette femme est étrange! dit ma cousine; comme il est plat!

— En effet, lui répondit son père. Il paraît qu'autrefois les femmes de Paramé avaient l'habitude de porter leurs provisions sur leur

LES CANCALAISES AU RETOUR DES BATEAUX

tête, c'est pourquoi elles mettaient cette sorte de bonnet. Les usages survivent souvent aux causes qui les ont amenés.

A neuf heures et demie, nous étions de retour chez mon oncle. Nous nous séparâmes aussitôt. Après une journée si bien remplie, les dames avaient besoin de repos. Le lendemain, nous devions aller à Dinan, et le bateau à vapeur partait à six heures et demie.

CHAPITRE XXVI

DINAN

Son histoire. — Ses établissements. — Son port.

Dinan (*Dinannum*) est une très ancienne ville. Dans le beau pays où s'élève aujourd'hui Dinan, sur un rocher inaccessible, baigné à sa base par la Rance, les Romains avaient élevé une forteresse. Cette forteresse tombait en ruines, suivant la tradition, quand Nominoé autorisa des moines à construire un monastère sur son emplacement. Autour du monastère se forma, comme toujours, une ville; et, comme le rocher de Dinan était une admirable position militaire, sur les anciennes fortifications romaines se dressa un château, flanqué de deux tours énormes et remarquable par l'épaisseur de ses murs. Des fortifications formidables furent aussi construites autour de la ville; elles se composaient de murs de granit, bordés de mâchicoulis et flanqués de tours assez larges pour qu'un chariot à quatre roues pût rouler sur leur sommet.

On ne sait rien de l'histoire de Dinan jusqu'au xie siècle. A cette époque, la domination des seigneurs de Dinan s'étendait jusqu'aux portes de Dol et de Saint-Malo. Mais cette ville, ayant été assiégée par Guillaume le Conquérant, son duc Conon dut en livrer les clefs au vainqueur.

Henri II, roi d'Angleterre, en 1166, et Robert d'Artois, en 1343, ravagèrent les environs de Dinan sans oser l'attaquer.

Pendant la guerre de succession de Bretagne, Dinan, ayant pris

CHAPITRE XXVI

parti pour Charles de Blois, fut incendiée, en 1344, par Thomas d'Agworth, capitaine du parti de Montfort.

Assiégée en 1359 par le duc de Lancastre, elle fut défendue par du Guesclin, alors simple chevalier, qui, avec six cents hommes, était

DINAN

venu lui offrir son appui. Il allait se rendre faute de vivres, quand, pendant une trêve, Thomas de Cantorbéry ayant attiré son frère dans un piège, un combat singulier eut lieu entre lui et du Guesclin, sur la place du Marché et sous les regards du duc de Lancastre.

Du Guesclin remporta sur son ennemi une victoire complète, et ne lui accorda la vie qu'à la prière du duc.

Dinan n'ouvrit ses portes à Jean de Montfort qu'après la bataille d'Auray, où mourut Charles de Blois (1364).

Dinan ayant été plus tard prise par les Anglais, du Guesclin la leur reprit (1373) et, cette fois, y entra avec toute la pompe exigée par son titre de connétable.

Les seigneurs de Dinan contractèrent différentes alliances avec la famille des comtes de Bretagne ; l'un d'eux, Alain, céda son fief au duc Jean de Bretagne, qui le vendit aux seigneurs de Montéfilant ; de ceux-ci, il passa aux Chateaubriand ; le mariage de Françoise de Chateaubriand avec le prince de Laval le transmit plus tard à ce prince.

Enfin les troupes de Charles VIII entrèrent à Dinan, trois ans avant la réunion définitive de la Bretagne à la France. Un siècle plus tard, Henri III céda Dinan, comme place de sûreté, au représentant de la Ligue, Mercœur. Ce ne fut qu'en 1598 qu'elle fut reprise par l'armée d'Henri IV.

Le Malouin Pépin de Remais, ayant été député vers le roi pour lui apprendre cette nouvelle, alla trouver Henri IV au débotter :

— Sire, lui dit-il, j'ons pris Dinan.

— Ah ! ah ! exclama Biron qui se trouvait près du roi, c'est impossible.

— Véez, reprit l'estafette, il le seura mieux que ma qui y étas. On allait l'interroger.

— C'est donc ici comme au paradis, dit-il, qu'on n'y boit ni n'y mange.

— Avant de partir, je te fais duc, dit le roi.

— Je n'en voulons point, répondit Pépin ; chez nous, nous les menons à coups de triques. Mais je vous demanderai un cheval ; car le mien, sauf votre respect, a crevé en route comme un pot.

Le Malouin est tout entier dans cette réponse.

Henri IV, maître de Dinan, confirma aux Dinannais tous leurs privilèges.

A partir de ce moment, Dinan ne joua plus aucun rôle dans l'histoire. Elle n'eut plus d'autre soin que de s'embellir et de s'enrichir. Les fossés comblés furent transformés en promenades, et des quais construits sur les bords de la Rance.

La révolution ne troubla guère la paix de Dinan.

La création du canal d'Ille-et-Vilaine, en faisant communiquer directement son port avec l'Océan, permit à son commerce de prendre une extension nouvelle.

Placée au point de jonction de ce canal et de la Rance, par laquelle elle communique avec Saint-Malo et la Manche, Dinan est aujourd'hui dans une excellente situation pour l'écoulement de ses produits.

Les principales industries de Dinan sont la fabrication de la toile à voile et la préparation des cuirs. Elle exporte des céréales, des graines oléagineuses, du bois et du cidre; son commerce d'importation a principalement pour objet le sel, le goudron, les salaisons et les denrées coloniales.

Une foire importante se tient chaque année à Dinan, qui donne pendant quinze jours à la ville une animation toute particulière. Cette foire est connue sous le nom de foire de Liège.

CHAPITRE XXVII

DINAN (*suite*)

Les bords de la Rance. — Position de Dinan. — Du Guesclin. — La place Du Guesclin. — Le château. — L'église Saint-Sauveur. — La tour de l'Horloge.

Si matinale que fût l'heure du rendez-vous, nous y fûmes tous exacts. A six heures, nous étions réunis dans la salle à manger; nous déjeunâmes en toute hâte, puis nous dirigeâmes vers le port; nous y arrivâmes comme apparaissait, sortant de la rade de Saint-Malo, le bateau qui devait nous conduire à Dinan; bientôt il atterrait devant Dinard, et nous prenions place sur le pont où, fort heureusement, il n'y avait pas assez de monde pour nous forcer à nous séparer.

« Les bords de la Rance, dit Chateaubriand dans ses *Mémoires*, en remontant cette rivière depuis son embouchure jusqu'à Dinan, méritent seuls d'attirer l'attention des voyageurs; mélange continuel de rochers et de verdure, de grèves et de forêts, de criques et de hameaux, d'antiques manoirs de la Bretagne féodale et d'habitations modestes de la Bretagne commerçante : voilà le pays auquel Dinard sert de portique à l'Est. »

Qu'ajouter à ces lignes de l'illustre écrivain breton, sinon qu'elles peignent admirablement ce que j'eusse imparfaitement exprimé, et que les deux heures que durèrent le voyage de Dinard à Dinan nous parurent trop courtes.

Dinan est bâtie sur la rive gauche de la Rance, sur un rocher

PORTE DE JERZUAL A DINAN

dominant la rivière de soixante-quinze mètres. Dinan, avec ses vieux remparts féodaux, sur lesquels croissent l'aubépine et le rosier sauvage, avec ses portes crénelées, ses clochers antiques cachés sous le feuillage et ses modernes villas entourées de jardins, Dinan s'offre aux regards du voyageur qui arrive par la Rance sous un aspect des plus pittoresques.

La porte de Jerzual, par laquelle nous entrâmes dans Dinan, est le plus ancien débris des remparts de la ville, dont malheureusement les fortifications sont maintenant en grande partie détruites. Dinan est la ville gothique par excellence. En la parcourant, on se croirait encore volontiers au temps du bon connétable. En vain cherche-t-on à se reconnaître au milieu de ces rues et de ces ruelles enchevêtrées les unes dans les autres, dans un incroyable désordre, heureux cependant de rencontrer partout des choses dignes de fixer les regards du voyageur et de le dédommager du chemin inutilement parcouru par rapport au but qu'il se proposait d'atteindre : maisons à porches et à piliers, fenêtres à guillotines dont les vitres pleines sont entourées de plomb. Dinan, avec sa ceinture de remparts, son château, ses portes lourdes et massives, est bien encore aujourd'hui la ville de Du Guesclin.

Celui qui devait être le grand connétable naquit à la Motte-Broons, près de Dinan. Toute la contrée est pleine du souvenir de celui qui vendit ses biens pour payer son armée, qui aida les faibles et les pauvres, de celui qui fut la providence et la gloire de son pays, et dont les restes reposèrent dans le tombeau des rois.

« Le bon connétable, dit Mézeray, n'estoit plaisant ni de visaige ni de corsaige, ayant le visaige moult brun et le nez camus, et avec cela estoit rude aussi en maintien et en paroles, et se laissant avec peine doctriner. »

Mais le même Mézeray raconte que les Anglais n'osaient le regarder que par les créneaux de leurs murailles.

L'aspect sévère de l'intérieur de Dinan contraste sensiblement avec la fraîcheur et la grâce des paysages au milieu desquels est située cette ville, et dont on jouit en suivant, comme nous le fîmes, les boulevards qui l'entourent.

La seule partie moderne de Dinan est la place Du Guesclin. De forme triangulaire, elle est plantée de tilleuls et bordée d'un parapet. Au milieu a été placée, en 1823, une statue du connétable, malheureusement peu remarquable.

C'est à une extrémité de la place Du Guesclin que s'élève le château, séparé de la ville par un ravelin et deux fossés profonds. Comme nous l'examinions et semblions disposés à le visiter,

— J'espère bien, dit mon oncle, qu'avant tout nous allons déjeuner. Voici justement un restaurant convenable, j'y entre; qui m'aime me suive.

Nous entrâmes; pouvions-nous faire autrement?

Mais aussitôt après le déjeuner, nous nous rendîmes au château. Mon oncle s'était pourvu d'avance de la permission nécessaire pour le visiter; car comme il sert aujourd'hui de prison, les étrangers n'y peuvent pénétrer sans l'autorisation de la sous-préfecture, et encore les parties les plus intéressantes du monument leur restent-elles interdites.

Un pont de trois arches nous conduisit au portail et à la première cour. Sur la gauche de celle-ci, est la tour de Coëtquen, l'une des plus fortes de l'ancienne enceinte de Dinan et parfaitement conservée. Avant de pénétrer dans le château, le gardien chargé de nous y conduire nous fit descendre dans une cour basse, dans laquelle s'ouvrait l'entrée principale; de là seulement on peut examiner le bâtiment dans son entier. Il nous montra ensuite, au premier étage, les cuisines et la salle à manger des ducs de Bretagne; au second, la salle du duc, vaste pièce ayant dix-sept mètres d'élévation; celle des Gardes, et la chapelle, où se trouve le fauteuil de la duchesse Anne; au troisième, la chambre du connétable servant, ainsi que la salle d'armes placée au quatrième, de dortoir aux détenus. De cette dernière pièce nous montâmes, par un petit escalier en spirale, au donjon ou tour de la reine Anne.

De ce donjon, dont la hauteur est de trente-quatre mètres, on jouit d'une vue magnifique. En y arrivant, j'éprouvai un sentiment de bien-être indéfinissable. Je me sentais maintenant respirer à l'aise; j'étouffais sous les murs épais et noirs du vieux château hanté par le spectre de Gilles de Bretagne, et habité par des hommes que la société a rejetés de son sein.

Nous avions achevé la visite du château. Quelques minutes plus tard, nous nous dirigions vers l'église Saint-Sauveur.

Cette église, bâtie à différentes époques, offre un mélange de roman et d'ogival. Son portail principal, du premier de ces styles, est surtout remarquable par les bas-reliefs du xii⁰ siècle, dont

CHATEAU DE DINAN

il est couvert de haut en bas, et par ses beaux chapiteaux sculptés. Au-dessus des arcades, se détachent en relief le lion de saint Marc et le bœuf ailé de saint Luc.

Le fronton qui surmonte la façade et qui est percé d'une grande fenêtre flamboyante, date seulement du xvi⁰ siècle, ainsi que le chœur et les piliers qui supportent la tour. La flèche qui surmonte cette tour fut reconstruite vers 1779.

Dans l'intérieur de l'église, composé d'une nef et d'un seul bas-côté, d'un transept voûté en bois et d'un chœur gothique, nous remarquâmes spécialement les sculptures et les belles nervures des voûtes, un bénitier à cariatides du XIIe siècle, fort curieux, et un tableau qui fut donné, dit-on, par saint Bonaventure à Henri d'Avaugour. Mais ce qui attira toute notre attention, c'est le cénotaphe en granit où est enfermé le cœur de Du Guesclin. Fils adoptif de Dinan, Du Guesclin avait demandé à être enterré dans la ville qu'il avait tant aimée. Charles V, ayant décidé que le corps du connétable reposerait dans les caveaux de Saint-Denis, son cœur fut envoyé aux Dinannais; on le déposa dans la chapelle des Carmes, et ce ne fut qu'en 1820, quand cette chapelle changea de destination, qu'on le transféra dans l'église Saint-Sauveur.

Le vent des révolutions a dispersé les cendres du célèbre compagnon de Charles V, avec celles des maîtres qu'il avait servis; mais sa bonne ville de Dinan a respectueusement conservé son cœur. Cette précieuse relique est encore aujourd'hui, de la part des fidèles Bretons, l'objet d'une touchante et pieuse vénération. La Bretagne est la terre du souvenir et de la fidélité.

Le château et l'église Saint-Sauveur sont les monuments les plus remarquables de Dinan; nous voulûmes pourtant voir une autre église, Saint-Malo, qu'on nous avait dit être assez curieuse, ainsi que la tour de l'Horloge.

Nous commençâmes par l'église.

Le chœur et le transept, de style ogival, dernière période, sont assez remarquables; mais la nef a été reconstruite entre 1855 et 1865.

La tour de l'Horloge, qui fut donnée à la ville par la reine Anne, en 1507, est une tour massive et carrée, surmontée d'une flèche étamée; elle renferme la cloche primitive.

Nous avions encore bien des choses intéressantes à voir à Dinan; mais le chemin de fer de Dinan à Dinard n'étant encore qu'en projet, nous devions prendre la voiture publique, et elle partait à quatre heures.

Nous sortîmes de Dinan par la porte Saint-Malo, et après avoir traversé la rue et le faubourg du même nom, nous nous trouvâmes sur une magnifique route plantée de tilleuls, c'est celle de Dinard. Peu après, nous croisions une belle avenue qui conduit à la fontaine minérale.

La fontaine ferrugineuse de Dinan, autrefois très suivie et aujourd'hui presque abandonnée, est située dans un délicieux vallon, encadrée de magnifiques collines granitiques, de beaux arbres et de vertes prairies.

Cette fontaine est un but de promenade très vanté; mais nous n'avions pas eu le temps de faire cette petite excursion *extra-muros*.

Nous rentrâmes de bonne heure à Dinard.

CHAPITRE XXVIII

ENVIRONS DE DINARD

Important entretien. — Egonat. — Saint-Lunaire. — Saint-Briac. — Fiancés.

Le lendemain était un dimanche. Nous n'avions plus que deux jours à rester chez mon oncle, et nous avions projeté, pour le lundi, veille de notre départ, une promenade à Saint-Briac. Ce fut sans le moindre regret que je passai tranquillement en famille cette journée qui devait être sitôt suivie d'une pénible séparation. Plus je connaissais mon oncle, plus sa société m'était agréable; plus je voyais de près ma tante, plus je comprenais combien elle était bonne. Quant à Juliette..., le lecteur a depuis longtemps deviné la nature du sentiment que j'éprouvais pour elle. J'en avais fait la confidence à ma mère, à l'époque du mariage d'Hélène; elle en avait instruit mon père, et tous deux avaient approuvé mon choix, mais en même temps m'avaient fait observer que j'étais bien jeune pour le mariage et ferais mieux d'attendre encore avant de déclarer mes intentions à mon oncle. J'avais promis à mes parents de me conformer à leur avis. Mais après trois jours passés à Dinard, j'avais écrit à mon père pour lui demander la permission d'ouvrir mon cœur à M. de Lussac. Au moment de quitter ma cousine, pour longtemps sans doute, il fallait que je parle.

Je parlai.

C'était le dimanche soir, nous avions passé la journée tout entière à Dinard. Le matin, j'avais accompagné à l'église ma tante et ma cousine ; une petite promenade sur les bords de la Rance et une longue station sur la plage avaient occupé notre après-midi. Mon oncle, Charles et moi n'avions eu que le temps de fumer une cigarette, sur la terrasse, depuis que nous étions sortis de table, et déjà M. de Lussac s'apprêtait à rentrer dans le salon ; je m'approchai de lui :

— Mon oncle, lui dis-je, pouvez-vous m'accorder un quart d'heure d'entretien ?

— Une heure si cela te fait plaisir.

Le lundi 22 août, dès sept heures du matin, nous entreprenions la dernière promenade que nous dussions faire avant notre départ. Mon oncle avait retenu la veille une voiture particulière. Les pays que nous devions parcourir étant très pittoresques, nous désirions pouvoir nous arrêter où bon nous semblerait.

Nous nous dirigeâmes d'abord vers Saint-Egonat, village assez suivi, depuis quelques années, comme station balnéaire, et auquel un boulevard conduit directement de Dinard.

La plage de Saint-Egonat est belle ; il n'y a pas autre chose à y voir. Nous n'y fîmes pas long séjour. Nous nous arrêtâmes davantage à Saint-Lunaire.

Étant descendus de voiture pour visiter l'église, nous y remarquâmes plusieurs curieux tombeaux des XIIIe et XVe siècles. Celui de Saint-Lunaire, cercueil du XIIIe ou XIVe siècle, attira principalement notre attention ; il est en granit et a la forme d'une auge.

Saint-Lunaire est une station balnéaire qui n'est pas sans avenir. Un village nouveau, destiné à loger les baigneurs qui s'y rendent chaque année, est en train de se construire ; des villas commencent à s'élever au bord de la mer, fort belle en cet endroit.

Saint-Lunaire a deux plages, séparées par des rochers, percées de grottes assez curieuses. On a élevé, il y a quelques années, sur ces rochers, une croix de granit ; c'est là aussi que se trouve le sémaphore. Ces rochers portent le nom de rochers du Décollé. D'où leur vient ce nom, je l'ignore. J'ai interrogé à ce sujet plusieurs habitants de Saint-Lunaire et des environs, et n'ai pu obtenir aucun renseignement.

A dix heures, nous arrivions à Saint-Briac, but de notre voyage.

Saint-Briac est un village de pêcheurs, situé au fond de l'anse du même nom, à l'embouchure du Frémur, petite rivière qui se jette dans la mer, en face des récifs de l'île Ago.

Saint-Briac possède un petit port de cabotage, autrefois célèbre par la pêche du maquereau. J'ai entendu raconter à ce sujet un fait assez curieux. Au xiv° siècle, les habitants de Saint-Briac, voulant reconstruire leur église et n'ayant pas l'argent nécessaire, avisèrent un ingénieux moyen de se le procurer. Chaque bateau qui rentrait de la pêche offrit un lot de poisson, et le produit de cet impôt volontaire, accumulé pendant plusieurs années, servit à la reconstruction de l'église de Saint-Briac.

Lorsque nous visitâmes l'église moderne qui a remplacé celle dont nous parlons, nous remarquâmes sur les murs de nombreuses figures du poisson qui fut longtemps la seule richesse du pays; elles proviennent de l'ancien édifice.

Aujourd'hui, la visite des étrangers a procuré à Saint-Briac, comme à tous les villages de nos côtes, une abondance relative; malheureusement, si ses grèves sont fort belles, surtout celle de la Chapelle, elles sont trop dangereuses pour que les baigneurs s'y portent jamais en grand nombre.

La baie de Saint-Briac est un échouage sûr pour les bâtiments d'un moyen tonnage, mais elle est remplie d'écueils.

Les sires de Pontbriand, anciens seigneurs de Saint-Briac dont le château-fort, en ruines aujourd'hui, s'élevait sur les bords du Frémur, dans lequel baigne encore le pied de ses vieux remparts, jouèrent un rôle important dans l'histoire des xv° et xvi° siècles. L'un d'eux, le duc François II, défendit Châteaubriand contre les Français, au temps de Charles VII. Le château de Pontbriand, assiégé par les Malouins, fut forcé de capituler, et Mercœur en fit raser les fortifications.

En 1758, dix mille Anglais débarquèrent devant Saint-Briac et formèrent un camp. C'est de là qu'ils se dirigèrent vers le Guildo de Saint-Cast, où ils devaient être défaits.

Après le déjeuner, nous montâmes au lieu dit la pointe de Guérin. Sur le chemin, nous remarquâmes plusieurs groupes de pierres, qui nous parurent des monuments mégalithiques; je me suis assuré depuis que nous ne nous étions pas trompés. Quand, arrivés à la pointe de Guérin, nous regardions le magnifique panorama dont on jouit de cette place, une société, composée de trois ou quatre messieurs, y arrivait. L'un d'eux, s'approchant, salua ma tante et ma cousine, et, tendant la main à mon oncle,

— Je ne croyais pas vous rencontrer ici, dit-il. Je promène des amis arrivés de Paris il y a deux jours; nous sommes venus passer la journée à Saint-Briac.

— Et nous aussi.

Ce monsieur était un Parisien, qui habitait tous les étés Dinard, et avec lequel mon oncle avait eu quelques relations de voisinage.

Un quart d'heure plus tard, nous nous disposions à redescendre par le chemin que nous avions suivi pour venir. Comme mon oncle prenait congé de M. D***,

— Attendez-nous, dit celui-ci; nous allons descendre tous ensemble par le chemin des douaniers, à moins toutefois que ces dames ne le trouvent trop fatigant.

— Nous ne le connaissons pas, dit ma tante.

— Si vous aviez le courage de venir avec nous, je suis sûr que vous vous applaudiriez d'avoir fait sa connaissance.

Juliette ne disait rien; elle craignait que la course ne fatiguât sa mère, mais on lisait sur sa figure l'envie qu'elle avait de prendre le chemin tant vanté.

— Eh bien, allons, fit ma tante; si cela vous convient à tous, je suis de force à vous suivre.

Nous nous engageâmes, guidés par M. D***, dans un sentier tracé sur la côte, dont il suit toutes les sinuosités et d'où l'on domine une foule de délicieuses petites baies formées par les échancrures de la falaise. Sur la plage du Port-Hue, nous vîmes des traces d'arbres découverts par la mer, qui viennent, dit-on, d'une forêt submergée. Nous ramassâmes, sur le port, des galets si jolis que je n'en avais jamais vu de semblables. Nous passâmes, sans nous y arrêter, devant le village de La Chapelle; mais, en revanche, nous nous extasiâmes sur la beauté de la falaise qui va de ce village à la toute petite plage de Nicée, et sur laquelle nous aperçûmes, dans de hautes herbes, deux canons, couchés là sans doute depuis bien longtemps. Nous arrivâmes enfin à Saint-Briac, enchantés de la promenade.

— Quel joli chemin vous nous avez fait parcourir, Monsieur, dit ma cousine à M. D***, comme nous le quittions pour rentrer à l'hôtel, où nous attendait notre voiture.

— Nous comptons le continuer jusqu'à Dinard, répondit-il.

— Vous êtes bien heureux, reprit-elle d'un ton de regret.

— Pour vous, Mademoiselle, je crois que la promenade que vous venez de faire est suffisante.

— Certainement, dit ma tante.

Notre hôtel était situé sur la plage; nous attendîmes sur la terrasse l'heure de la table d'hôte.

Aussitôt après le dîner, nous demandâmes notre voiture et regagnâmes Dinard.

Nous partions le lendemain matin. Nous causâmes longtemps avant de nous séparer pour la nuit. J'eusse voulu que cette soirée durât toujours.

Dans la journée, profitant d'un moment où Juliette n'était pas avec nous,

— Maurice, m'avait dit ma tante, ton oncle m'a fait part de la conversation que vous avez eue ensemble. Il y a longtemps, je te l'avoue, que j'ai pour la première fois pensé que tu pourrais bien, un jour, devenir mon gendre; mais, comme tes parents et ton oncle, je te trouve un peu jeune pour le mariage. Fais-toi une position dans le monde, et, dans deux ans, Juliette sera ta femme, si toutefois elle y consent, ajouta-t-elle en souriant.

— Ma tante!

— Je te permets de lui demander ce qu'elle en pense.

Toute la journée, Juliette avait été d'une exceptionnelle gaieté.

Quand, le lendemain matin, nous quittâmes Dinard, j'étais l'heureux fiancé de ma cousine; seulement, jusqu'à l'époque fixée par ses parents, rien ne devait transpirer au dehors des projets formés entre nos deux familles.

CHAPITRE XXIX

DE DINARD A PLÉNEUF

Ploubalay. — La coiffure des femmes de Saint-Jacut. — Le château de Guildo. — Matignon. — Saint-Cast. — Le combat de 1758. — Le cap Fréhel. — Le fort de la Latte. — Le château de la Roche-Goyon. — Erquy. — Le Val-André. — Pléneuf.

En quittant Dinard, nous reprîmes notre bâton de voyage ; autrement dit, nous recommençâmes nos pérégrinations pédestres.

Sortis de Dinard par la route de Plancoët, nous traversâmes le bois de la ville Revaut, et, après deux heures de marche, arrivâmes à la petite ville de Ploubalay, où nous devions déjeuner. Là, nous rencontrâmes, à l'hôtel, une femme dont la coiffure me frappa par sa forme toute particulière, celle d'un casque romain. Je m'informai, et appris qu'elle était de Saint-Jacut-sur-Mer, petit village peu distant de Ploubalay. J'eusse voulu pouvoir aller à Saint-Jacut, je m'y fusse certainement procuré un bonnet semblable à celui que portait cette femme ; il eût si bien fait sur la tête de certain modèle dont elle m'avait justement rappelé le type. Mais le temps nous pressait.

Dès que nous fûmes un peu reposés, nous nous remîmes en marche.

Nous marchions depuis longtemps quand nous aperçûmes, à notre gauche, sur le sommet d'un rocher dont la base est baignée par la marée, le château de Guildo, vieille forteresse démantelée, comme tant d'autres, par Richelieu, dont la forme a été comparée à celle d'un trapèze et dont l'ensemble ne laisse pas que de présenter une masse imposante.

On ne sait ni par qui, ni même à quelle époque, fut bâti le château de Guildo, mais sa vue éveille de tragiques souvenirs. Ce fut dans ses murs qu'en 1446 François Ier de Bretagne fit étrangler Gilles, son frère, sous l'accusation de s'être vendu aux Anglais.

Bientôt nous franchîmes l'Arquenon, nous arrivions à Matignon; nous y fûmes en peu de temps. Nous devions y passer la nuit et aller seulement le lendemain à Saint-Cast; mais comme il était de bonne heure et que nous n'avions rien à y faire, nous décidâmes de ne pas nous y arrêter et de nous diriger immédiatement vers Saint-Cast.

Saint-Cast est un village bâti sur une hauteur qui domine la grève, à un kilomètre de l'anse dont il porte le nom. Nous y arrivâmes à six heures; nous dînâmes et nous couchâmes presqu'aussitôt. Le lendemain, dès que nous fûmes levés, nous nous rendîmes sur la plage où eut lieu le glorieux combat de 1758 livré aux Anglais, commandés par Howe, par le duc d'Aiguillon, gouverneur de Bretagne, et à la suite duquel ils durent prendre la fuite et se rembarquer à la hâte. Une colonne de granit a été élevée, à l'occasion du centenaire de cette victoire, sur l'emplacement où le combat fut livré ; elle est surmontée d'un groupe en fonte représentant un léopard terrassé par un lévrier.

Saint-Cast a un petit port de cabotage avec quelques barques qui transportent du poisson et des huîtres ; il fait aussi le commerce de grains et celui de pierres plates, connues sous le nom de pierres de Saint-Cast.

Nous ne demeurâmes pas longtemps à Saint-Cast. Suivant la grève, nous nous rendîmes à la pointe qui sert de limite à la baie du même nom et à celle de la Fresnaie. Le mouillage de la Fresnaie est commandé par le fort de la Latte.

Le château de la Latte, construit, en 937, par le fameux de Goyon, s'appelait autrefois château de la Roche-Goyon. Bâti sur des rocs à pic, il est isolé de la terre par une coupe profonde d'environ cent mètres, faite primitivement par le retrait du rocher, mais élargie par la main des hommes, et sur laquelle ont été jetés un pont de pierre et un pont-levis.

CHAPITRE XXIX

A quatre kilomètres de la pointe de Saint-Cast est celle de la Latte. De la pointe de la Latte au cap Fréhel, le chemin est difficile et même dangereux. Ce cap, placé au-dessus de rochers inaccessibles et coupé brusquement à pic, domine une immense étendue de mer semée d'une quantité considérable d'îles et d'îlots. Il est surmonté d'un beau phare à éclipse, destiné à éclairer, à l'est, l'atterrissement de Saint-Malo; à l'ouest, celui de Saint-Brieuc. La tour de ce phare est haute de vingt-deux mètres. Nous montâmes jusqu'à la lanterne, de laquelle on découvre, dit-on, un magnifique horizon — on n'en saurait douter; — mais malheureusement la brume, trop épaisse ce matin-là, ne nous permit guère d'en juger.

Étant descendus du phare, nous regagnâmes la route de Matignon, que nous suivîmes jusqu'à Port-au-Duc, où nous nous arrêtâmes pour déjeuner dans une mauvaise auberge, et nous nous reposâmes une heure ou deux avant de continuer notre chemin. Il nous fallut faire encore près de trois lieues, par un temps lourd et chaud, sur une route où nous ne rencontrâmes que des villages sans intérêt, avant d'arriver à Erquy, où nous devions passer la nuit. Nous nous arrêtâmes à la première auberge que nous aperçûmes, ne prîmes que le temps de dîner, et nous couchâmes aussitôt; nous eussions été bien embarrassés de faire autre chose, nous tombions de fatigue et de sommeil.

Le lendemain matin, nous donnâmes un rapide coup d'œil au village d'Erquy, dont le port, situé au fond d'une petite rade, au pied de hautes falaises, est protégé par deux forts; et, ayant appris qu'une voiture partait, à huit heures, pour Lamballe, nous nous décidâmes à la prendre jusqu'au hameau du Val-André; ce serait toujours deux lieues de faites sans fatigue.

A neuf heures et demie, nous nous promenions sur la plage du Val-André, une magnifique plage de sable fin, protégée au nord par la falaise du Château-Tanguy. C'était l'heure du bain, et nous fûmes surpris du nombre des étrangers auxquels donne asile un pays aussi peu important. Comme nous nous étions fait part mutuellement, et tout haut, de notre étonnement à cet égard, un monsieur, assis près de nous sur la grève, se chargea de nous en donner les raisons.

— C'est que, voyez-vous, Messieurs, le Val-André est un petit coin de paradis qu'on n'abandonne pas aisément. Qui est venu ici, y reviendra toujours; à moins toutefois qu'il n'y reste.

— En hiver, fit Charles, ce paradis doit être sans charme.

— Vous croyez, Messieurs; eh bien, moi qui l'habite depuis plusieurs années, hiver comme été, je puis vous assurer le contraire. D'abord, vous pensez sans doute que le Val-André n'est habité que l'été : erreur; bien des personnes y passent l'hiver, pour raison de santé.

Je fis un geste d'étonnement.

— La température moyenne du Val-André, continua notre interlocuteur, ne diffère guère de celle des stations hivernales de Provence, et, avantage immense, l'influence du Gulf-Stream préserve ce pays de toutes variations brusques dans la température. Le séjour en est d'autant plus favorable aux personnes délicates que l'air y est d'une richesse et d'une pureté exceptionnelles. Comment voulez-vous qu'un pays qui offre de tels avantages, et qui, en outre, est charmant, où l'on trouve de la verdure jusqu'au bord de la mer, où l'on a toute facilité pour les promenades et pour la pêche, ne soit pas recherché des étrangers.

Cet enthousiaste du Val-André, un propriétaire, sans doute, intéressé à la prospérité du pays, nous eût longtemps parlé sur ce ton, si, profitant d'un léger temps d'arrêt dans son discours, destiné probablement à en accentuer la portée, nous ne l'eussions salué et ne nous fûmes prudemment éloignés.

Je dois à la vérité d'ajouter que ce que nous vîmes du pays justifia les éloges qu'il nous en avait faits, et que le Val-André est véritablement regardé par bien des personnes comme un petit Nice sur les bords de la Manche.

Deux kilomètres seulement séparent le Val-André de Pléneuf; nous nous arrangeâmes pour y arriver avant midi; nous y déjeunâmes, puis nous nous rendîmes au port de Dahouet. Ce port, situé à l'entrée d'une belle vallée, est abrité par de hautes falaises. Il est assez animé, ce qui n'est pas étonnant, car il s'y fait un commerce d'exportation considérable, de grains, de bois, de vins et d'eaux-de-vie. Les navires y pénètrent par trois portes, dont l'une, la passe Gouriot, s'ouvre entre deux rochers fort élevés, appelés les Muettes.

Nous ne demeurâmes pas longtemps à Pléneuf, cette ville n'ayant

BARQUES DE PÊCHE

aucun monument digne de fixer l'attention. Nous continuâmes presque aussitôt notre chemin vers Lamballe, où nous devions dîner et coucher. Nous y arrivâmes vers six heures, sans avoir rencontré sur la route rien qui mérite d'être signalé au lecteur.

CHAPITRE XXX

DE LAMBALLE A SAINT-BRIEUC

Lamballe. — Arrivée à Saint-Brieuc. — Origine et histoire de la ville. — Son aspect. — La cathédrale. — Les vieilles maisons de bois. — Les quartiers neufs. — Les promenades.

Lamballe est une jolie petite ville située au bord de Gouessant, sur le penchant d'une colline, dominée par une église, Notre-Dame.

Quelques savants prétendent que cette ville existait au temps de César. Ce qu'il y a de certain, c'est qu'à la place où est aujourd'hui Lamballe, était une ancienne ville qui, au IXe siècle, fut détruite par les Normands, et que Lamballe s'éleva autour d'un château-fort bâti par les comtes de Penthièvre, qu'elle fut une de leurs principales places fortes et soutint plusieurs sièges, entre autres celui de 1591, où périt La Noue. En 1626, le seigneur de Penthièvre, ayant pris parti contre Richelieu, le cardinal fit détruire son château. Un haras est établi aujourd'hui à la place où s'élevait autrefois l'antique et fière demeure seigneuriale.

Arrivés à Lamballe seulement à l'heure du dîner, nous ne pûmes visiter la ville que le lendemain.

Le plus curieux monument de Lamballe est Notre-Dame; c'est également celui qui, dressé sur son rocher à pic, attire tout d'abord le premier regard du voyageur. C'est donc vers Notre-Dame que nous nous dirigeâmes.

Cette église, ancienne chapelle du château, qui fut très habilement restaurée, il y a une trentaine d'années, est un vaisseau long, appartenant à trois époques. Sa triple nef date du commencement du xiii° siècle; son style est le style de transition; son chœur, très élégant, composé de trois travées débordant les croisillons et terminé par un mur droit, est du xiv° siècle; et le collatéral nord, du xv°. Les belles nervures et les clefs armoriées qui ornent les voûtes du chœur, des bas-côtés et des chapelles, sont d'un effet charmant. La verrière, placée au chevet de l'église, et qui représente les principaux faits de la vie de la Vierge, est très belle, quoique moderne. Nous remarquâmes, dans le collatéral nord, deux pierres tombales très anciennes, sur lesquelles sont sculptées les statues couchées d'un chevalier et de sa femme. Qui sont-ils? Rien ne put nous l'indiquer.

Nous ne nous étions guère arrêtés à Lamballe que pour voir Notre-Dame; avant de nous en éloigner cependant, nous fîmes un petit tour dans la ville.

Les portes Barrio et Saint-Martin et quelques débris de la tour des Chouettes, seuls restes des anciennes fortifications; les bâtiments du couvent des Augustins ou de l'*Ave Maria*, occupés aujourd'hui par la justice de paix et une école; son église du xiv° siècle avec portail du xv°, maintenant convertie en magasin à fourrage; enfin l'église Saint-Martin, ancien prieuré fondé en 1083, dont la nef et un des portails, du xi° siècle, n'ont subi aucun remaniement, et celle de Saint-Jean qui n'a guère de remarquable que son buffet d'orgues : voilà, à peu près, tout ce qui nous parut digne d'attention dans l'ancienne ville des Penthièvre, aujourd'hui modeste petite ville de province, aisée, industrieuse, mais sans prétention.

La matinée nous ayant amplement suffi pour visiter Lamballe, à midi, nous montions en chemin de fer pour descendre, avant une heure, en gare de Saint-Brieuc.

Saint-Brieuc est une ville en train, comme bien d'autres, de perdre ce qui en faisait le charme principal : le pittoresque; et cependant elle a conservé jusqu'à ce jour un cachet d'antiquité et d'originalité suffisant pour lui mériter d'être visitée avec intérêt par les voyageurs qui aiment à revivre dans le passé et à étudier des mœurs, qui bientôt, sans doute, là comme ailleurs, auront entièrement disparu. Saint-Brieuc touche d'un côté au pays galleuc, de l'autre au pays breton, et leur sert de limites. En y arrivant, nous sentîmes que nous entrions dans un pays nouveau pour nous; nous nous en aperçûmes mieux encore en entendant ses habitants parler cette langue dure et sonore de la Bretagne, que nous ne connaissions pas encore, et qui est presque universellement employée à Saint-Brieuc et dans les environs.

L'origine de Saint-Brieuc remonte au v° ou vi° siècle; les historiens ne sont pas d'accord. Un saint homme, nommé Brive, en latin *Briocus*, *Briocius* ou *Briomalcus* (d'où l'on a fait Brieuc), venu d'Angleterre et débarqué sur la côte armoricaine, y fonda un monastère autour duquel s'éleva une ville à laquelle on donna son nom. Nominoé fut le fondateur de Saint-Brieuc, et, de bonne heure, les évêques en furent les seigneurs temporels. La paix dont jouissait Saint-Brieuc sous l'administration de ses évêques, fut troublée au xiv° siècle par les querelles de Jean IV et de Clisson. Assiégés par ces derniers, les Briochains, qui tenaient pour le duc, se renfermèrent dans la cathédrale, alors fortifiée comme une citadelle; mais ils s'y défendirent vainement quinze jours; Clisson s'empara de leurs murs. Heureusement l'intervention du roi mit fin à la lutte.

En 1591, un lieutenant de Mercœur, ayant attaqué la tour de Cesson, fut fait prisonnier par l'armée royaliste et enfermé dans cette même tour dont il avait cru se rendre maître. Mais Mercœur, accouru à son secours, forza la place à capituler. Reprise par le maréchal de Brissac, en 1598, la tour de Cesson fut détruite par ordre d'Henri IV.

Saint-Brieuc n'avait pas pris part au mouvement d'émancipation communale qui s'était produit en France pendant le moyen âge; ce n'est qu'à partir de 1692 qu'elle eut des maires et des officiers municipaux. En 1628 seulement, elle avait été pourvue d'une enceinte fortifiée.

Durant la Révolution, les Briochains se montrèrent peu favorables aux idées nouvelles; cependant le gouvernement resta maître de Saint-Brieuc, qui ne fut qu'une seule fois attaquée par les chouans.

Dès que nous eûmes déposé notre léger bagage à l'hôtel et réparé le désordre de notre toilette, nous nous mîmes, sans perdre de temps, en devoir de visiter la ville.

CHAPITRE XXX

La ville de Saint-Brieuc, assise sur un plateau élevé de quatre-vingts mètres, est bornée au nord par la mer; au sud, par la forêt

MONUMENT DE LANLEFF, PRÈS SAINT-BRIEUC

de Broulinde ; entourée de collines et de vallons boisés et bien cultivés que traversent de jolis cours d'eau, sa situation est agréable et pittoresque.

Pour la ville elle-même, « elle est mal bâtie, a dit Jules Janin, mais en bel air agricole et facile. » Je dirai, moi, qu'elle est surtout affreusement mal pavée. Quant à ses ruelles tortueuses, je les préfère aux rues larges, aux belles voies récemment construites, qui, plus en rapport, sans doute, avec les nécessités de la vie moderne, gâtent à mes yeux la cité moyen âge.

La cathédrale, dédiée à saint Étienne, fut élevée aux xiiie et xive siècles, et augmentée, au xve, de la chapelle du Saint-Sacrement. Au xviiie, la cathédrale et les collatéraux, qui tombaient en ruines, durent être réparés.

L'ensemble de l'église, qui possède de fort belles parties, est malheureusement un peu lourd. Le porche de Saint-Martray et la tour Saint-Brieuc, ancien donjon de la métropole, sont surtout remarquables. A l'intérieur, notre attention fut attirée par les colonnes du chœur, un bel autel en chêne sculpté, un bénitier gothique, un magnifique buffet d'orgues de 1540, couvert d'arabesques Renaissance; un tableau de Jouvenet et deux tapisseries des Gobelins; enfin par plusieurs tombeaux, entre autres par celui de saint Guillaume. Ce tombeau, sur lequel est placée la statue du saint et qui date de la moitié du xve siècle, est si curieux, qu'il a été classé au nombre des monuments historiques.

La cathédrale est la seule église gothique que possède Saint-Brieuc. De l'ancien oratoire de Notre-Dame de la Fontaine, reconstruit en 1420, il ne reste que la fontaine qui en ornait le chevet et à laquelle il devait son nom, et, paraît-il, un caveau que nous ne pûmes visiter et qui se trouve sous la nouvelle chapelle, bâtie sous Louis-Philippe.

Les églises Saint-Michel, Saint-Guillaume et Notre-Dame de l'Espérance sont modernes; la première, qui a coûté fort cher, est de style greco-romain; les deux autres ont été bâties dans celui du xiiie siècle. Dans celle de Notre-Dame de l'Espérance, nous admirâmes un beau calvaire en granit sculpté par Poileux.

Les monuments civils de Saint-Brieuc offrent peu d'intérêt, mais cette ville possède un grand nombre de maisons en bois sculpté fort anciennes et très curieuses. Une des plus remarquables, la plus remarquable peut-être, est celle qui fut habitée par les premiers imprimeurs établis à Saint-Brieuc, les Doublet; sur sa façade sont sculptées deux figures : un joueur de biniou, et, lui faisant pendant, une figure très étrange que l'on ne saurait définir. Cette maison est située rue Saint-Jacques, n° 4. Sur la maison voisine, on peut voir une statue en pied de saint Georges, les statues de David et de saint Julien, et un ange soutenant un écusson, dont les armes effacées étaient sans doute celles des anciens propriétaires de cette maison, les *Eyders de Fontenelles*.

Une charmante habitation, située rue Fardel, est connue sous le nom d'hôtel des ducs de Bretagne ; appellation singulière, attendu que son style est absolument Renaissance et que même une inscription lui assigne la date de 1572.

Dans la rue du Pavé-Neuf, rue qui, entre parenthèses, mérite bien mal son nom, se trouve le superbe hôtel de Rohan, qui, avec son magnifique portail et son pignon à mâchicoulis, offre un beau spécimen de l'architecture du xv° siècle.

Dans la Grande-Rue, nous remarquâmes aussi plusieurs maisons portant les blasons des notables commerçants qui les ont habitées.

Quand nous eûmes achevé de visiter la vieille ville, nous nous décidâmes à donner un coup d'œil aux quartiers neufs. Comme partout aujourd'hui, de larges voies ont été percées pour mettre en communication le centre de la ville et la gare du chemin de fer ; ces voies sont bordées de monuments modernes et de confortables maisons ; des boulevards, des promenades ont été plantés ; la plus remarquable de ces dernières, placée près de la vallée de la Gouët, nous parut tout d'abord charmante. Fatigués, nous nous y arrêtâmes et y passâmes une heure fort agréable. Le panorama qu'on y découvre est merveilleux ; malheureusement deux monuments bordent et déparent cette délicieuse promenade : la prison et le palais de justice.

Quand nous rentrâmes à l'hôtel, le dîner était servi. Le soir, nous nous reposâmes.

CHAPITRE XXXI

SAINT-BRIEUC (*suite*)

Le Léguer. — La plage Saint-Laurent. — La tour de Cesson. — Départ de Saint-Brieuc.

Saint-Brieuc, ville toute maritime cependant, n'est pas sur la mer; son port est au Léguer, hameau situé à très peu de distance, où il fut creusé, en 1758, dans le lit du Gouët.

Notre premier soin, le lendemain de notre arrivée à Saint-Brieuc, fut de nous informer du chemin que nous devions prendre pour aller au Léguer. Sur l'indication de notre maître d'hôtel, nous descendîmes une pente rapide qui, en fort peu de temps, devait nous conduire au port. Rien de délicieux comme le panorama qui s'offrit à nous, dès que nous fûmes engagés dans le chemin du Léguer. A notre gauche s'étendait la belle vallée du Gouët; au bas de la route, le port; à l'horizon, la mer; une légère brume, s'élevant de la vallée, enveloppait d'un voile transparent une partie de ce délicieux tableau et ajoutait encore au charme et à la poésie du paysage.

Le chemin nous parut trop court.

On comprend aisément que beaucoup d'étrangers s'installent à Saint-Brieuc pendant la saison des bains, sans souci du trajet à faire pour se rendre à la mer. Il est heureux d'ailleurs qu'il en soit ainsi, car le Léguer ne saurait donner asile à un grand nombre de baigneurs. Cent cinquante maisons environ composent ce hameau dont l'aspect est excessivement pittoresque, grâce aux collines qui le surplombent à droite et à gauche.

CHAPITRE XXXI

Le port du Léguer, le premier port du département des Côtes-du-Nord pour ses entrées et ses sorties de navires, est par cela même assez animé. Ses chantiers de constructions ajoutent à son activité. Il comprend un canal long de neuf cents mètres et deux bassins avec gril de carénage. Des écluses de chasse ont obvié en grande partie aux difficultés que causaient, à l'entrée du port, les envahissements du chenal.

Le cabotage est la principale branche de commerce du Léguer ; on y fait aussi des armements considérables pour la pêche de la morue.

Quand nous eûmes visité le port du Léguer, nous nous rendîmes près du phare qui éclaire le chenal; nous franchîmes, non sans difficulté, les nombreux rochers qui sur ce point hérissent la côte, et nous nous trouvâmes bientôt sur une grève magnifique adossée à de hautes falaises. Nous étions en pleine baie de Saint-Brieuc.

De cette grève, qui porte le nom de plage Saint-Laurent, et dont le développement est considérable, la vue embrasse un immense horizon. Devant soi, on a Dahonis, le Val-André, Pléneuf; à droite, au fond de la baie, Xillion, Yffiniac, Langueux; à gauche, de l'autre côté de la baie, la pointe d'Erquy. C'est admirable !

— Que c'est beau ! dis-je à Charles.

— Que c'est triste ! me répondit mon ami; je ne pourrais vivre ici huit jours.

Et se baissant :

— La jolie coquille, dit-il.

Sans plus s'occuper du paysage, il se mit à chercher des coquillages dans le sable. Il y en a beaucoup et de variés sur cette plage ; il en fit une abondante récolte pendant qu'assis sur la grève, les regards fixés sur les lointains horizons, je rêvais....

Au bout de quelque temps :

— Que faisons-nous maintenant ? me dit Charles ; nous ne pouvons passer ici toute la journée.

Je regardai ma montre. Il était onze heures moins un quart.

— Nous n'avons pas le temps d'aller ce matin à la tour de Cesson, dis-je ; remontons à Saint-Brieuc.

Aussitôt le déjeuner, nous partîmes pour visiter la fameuse tour;

c'était la plus belle promenade que nous pussions faire à Saint-Brieuc.

Cette fois, nous gagnâmes le jardin public et descendîmes au Léguer par la vallée, en suivant la rive droite du Gouët. Ce chemin, bien différent de celui que nous avions suivi le matin, offre un paysage moins grandiose, mais non moins ravissant : des coteaux admirablement cultivés, étalant au soleil leurs luxuriantes richesses ; la vieille tour de Cesson, se dessinant sur le ciel bleu ; au fond, le port, l'entrée du Gouët et la mer ; tout cela forme un délicieux tableau. Arrivés au Léguer, nous gravîmes la falaise et nous trouvâmes bientôt près du parc, dans les murs duquel sont renfermées les ruines. Nous obtînmes sans difficulté la permission d'y pénétrer.

La tour de Cesson date de 1395 ; elle fut sans doute destinée, dans le principe, à défendre Saint-Brieuc contre les attaques des Anglais ; on en attribue la fondation à Charles de Blois. Bâtie sur une falaise haute de deux cents mètres, elle comptait quatre étages et cent mètres d'élévation ; circulaire à l'extérieur, de forme hexagone au dedans, elle était entourée d'une double enceinte de fossés. Nous savons comment, pendant la Ligue, elle fut tour à tour prise et reprise par les ligueurs et les partisans du roi, comment elle fut démantelée par Henri IV en 1598. Elle fut entièrement fendue par un coup de mine dans le sens de la hauteur ; il n'en resta qu'un pan de muraille de vingt mètres d'élévation qui sert aujourd'hui de repère aux pilotes, et qui, quoique encore très solide, semble menacer l'élégante villa dans le jardin de laquelle il est renfermé. Cette muraille colossale mesure douze pieds d'épaisseur à la base et neuf au sommet.

Je ne voulus pas m'éloigner de cette belle ruine sans en avoir fixé le souvenir sur mon album ; j'en dessinai à la hâte un croquis, avant de reprendre le chemin de Saint-Brieuc. Nous avions décidé de profiter de la voiture de Saint-Quay, qui partait à quatre heures, pour aller dîner et coucher à Portrieux, ce qui nous avancerait beaucoup pour le lendemain.

CHAPITRE XXXII

DE SAINT-BRIEUC A PAIMPOL

Portrieux. — Le départ annuel pour la pêche de Terre-Neuve. — Les grèves de Saint-Quay. — Les falaises de Plouha. — La chapelle de Kermaria. — Plouézec. — Kéritry. — Les ruines de l'abbaye de Beauport. — Paimpol. — L'île Bréhat.

Il était tard lorsque nous arrivâmes à Portrieux; nous pûmes cependant profiter de la soirée, qui fut fort belle, pour aller nous promener sur le port; nous y rencontrâmes beaucoup d'étrangers. L'agréable situation de Portrieux et le calme dont on y jouit, sans pourtant avoir à y craindre l'ennui, vu l'animation du port, font rechercher cette modeste station par les baigneurs, surtout par les familles simples et nombreuses.

Portrieux est un des bons ports du département des Côtes-du-Nord; il s'y fait un commerce de cabotage assez considérable, et on y arme pour la pêche de la morue.

« C'est dans la rade de Portrieux, lisons-nous dans *la Bretagne contemporaine*, que se donnent rendez-vous chaque année les navires de la baie de Saint-Brieuc au moment de leur départ pour la pêche de Terre-Neuve. Le dimanche le plus rapproché de la première grande marée du mois de mai, tous les marins, au nombre de quatre mille environ, doivent être à bord. Alors vient un moment où tous les pavillons font un signal, les ancres se lèvent, puis les navires opèrent un mouvement vers l'ouest, et tous les marins, debout sur le pont, entonnent, la tête découverte, au bruit des canonnades, l'hymne du départ : l'*Ave maris stella.* »

Quel imposant et touchant spectacle! quel saisissant tableau ce doit être!

Nous couchâmes à Portrieux.

Le lendemain, de bonne heure, nous nous dirigeâmes sur Saint-Quay, distant de Portrieux d'un kilomètre seulement. Ce pays n'ayant rien de curieux, nous ne nous y arrêtâmes pas; ses grèves seules avaient de l'intérêt pour nous. Venus de Portrieux par le bord de la mer, nous les suivîmes sur toute leur longueur : la *Grande-Grève*, excessivement plate; puis, séparée de celle-ci par un groupe de rochers, la *Grève-Noire*, ainsi nommée de la couleur de son sable, qui forme dans les terres une échancrure fermée à l'ouest par une belle falaise à pic; puis la *Grève des Fontaines*, sur laquelle on a établi un lavoir afin d'utiliser les sources qui sortent de la falaise; puis la *Grève des Chatelets*, où la mer, en se retirant, découvre de beaux blocs de granit; la *Grève Saint-Marc*, dont le sable contient une quantité de charmants coquillages; la *Grève du Grand-Isnin*, qui n'est autre chose qu'une réunion de gros rochers, couverts de terre végétale, s'avançant dans la mer dont ils sont continuellement rongés.

Ces grèves, vraiment fort belles, méritent leur réputation. Les îles ou rochers de Saint-Quay, qui, se dressant à cinq ou six kilomètres en mer, affectent des formes très pittoresques, complètent le paysage, un paysage sévère et triste, mais plein de caractère.

En quittant Saint-Quay, nous continuâmes à suivre la côte. Après avoir passé le hameau de Kertugalle et le village de Tréveneuc, nous arrivâmes au pied des belles falaises de Plouha. Tout le pays que nous venions de parcourir n'offrait autrefois que des landes stériles, mais aujourd'hui le terrain y est aussi fertile qu'ailleurs, grâce à l'intelligent emploi qu'on y a fait d'un engrais naturel et peu coûteux, le varech.

A Plouha, nous abandonnâmes le bord de la mer pour entrer dans la ville, et, ayant déposé nos bagages dans une auberge où nous devions déjeuner au retour, nous nous dirigeâmes vers la chapelle de Kermaria-an-Isquit, située à une lieue de la ville. Nous n'eussions pas voulu manquer de faire une excursion qui nous avait été tout particulièrement recommandée.

La chapelle de Kermaria était, au XIII⁰ siècle, un des pèlerinages les plus fréquentés de la Bretagne; aujourd'hui le voyageur se détourne de son chemin pour aller admirer ses belles peintures murales du XV⁰ siècle, retrouvées sous le badigeon qui trop longtemps

CHAPELLE DE LA TRINITÉ-EN-PLOUHA

les avait dérobées aux regards des amateurs, en particulier, une *Danse macabre* d'un grand effet, qui n'a pas sa pareille en France. Quarante personnages, appartenant à tous les rangs de la société, depuis le Pape et le roi de France jusqu'à l'artisan le plus humble, entraînés chacun par un squelette décharné, forment avec ces hideux partenaires une ronde fantastique. Sous chaque groupe est une inscription en vers, sorte de dialogue philosophique entre le mort et le vivant. L'effet de cette peinture est prodigieux ; on ne saurait la regarder sans avoir le frisson ; il semble que les doigts de la mort vont se poser sur vous, que ces affreux squelettes vous guettent prêts à vous envelopper de leur redoutable étreinte.

— C'est épouvantable, dit Charles.
— C'est beau, repris-je, mais c'est horrible.

Au-dessus de la *Danse macabre* est une grande peinture représentant David et les Prophètes. Nous remarquâmes aussi dans la chapelle un beau triptyque du xive siècle en marbre blanc sculpté, ainsi que les statues des apôtres et de Notre-Dame de Kermaria.

A l'extérieur, la chapelle de Kermaria fait bon effet. Son porche, du xive siècle, est joli. Au-dessus est, paraît-il, une salle dans laquelle se tenait l'audition de justice et qui est entourée d'une balustrade en granit très élégante.

Revenus vers midi de la chapelle de Kermaria, nous déjeunâmes à Plouha ; puis aussitôt nous reprîmes notre bâton de voyage et regagnâmes le bord de la mer. Dans tous les environs de Plouha, la grève est très accidentée. De curieuses cavernes s'ouvrent dans la falaise ; plusieurs sont accessibles à *mer basse ;* nous les visitâmes et les trouvâmes fort belles.

Nous longeâmes Lanloup, dont nous aperçûmes l'église gothique ; le petit port de Bréhec-en-Plouha ; Plouézec, dont le clocher très élevé sert d'amers aux navires ; le havre du port Lozo, qui possède, nous dit-on, quatre-vingts bateaux pour la pêche des huîtres et le dragage des sables calcaires. Nous admirâmes l'immense rocher de Cratia, long de huit cents mètres, et arrivâmes bientôt à Kéritry et, peu après, aux ruines de l'abbaye de Beauport, fondée en 1202. Le panorama, qui en cet endroit frappa nos regards, est de ceux que l'on admire, dont on se souvient toute sa vie, mais qu'il est bien difficile de décrire.

Les ruines encore belles et majestueuses du vieux monastère ; tout près, une colline boisée dominant les pignons de la vieille église ; plus loin, de délicieux vallons, un frais étang ; enfin, au bord de la mer, les vastes jardins du couvent, jardins admirables où prospèrent le myrte et le mûrier, où des figuiers gigantesques succombent sous le poids de leurs fruits, qui, un peu plus, tomberaient dans la mer. En face du port Lozo, un peu sur la droite, s'élèvent des îlots verdâtres aux formes fantastiques, îlots pittoresques appelés *Mâts de Goello* (Moutons renommés).

L'antique église du monastère, en ruines aujourd'hui, date du commencement du XIII° siècle; elle ressemble beaucoup aux églises

RUINES DE L'ABBAYE DE BEAUPORT

anglaises de la même époque. Dans le grand cloître, on trouve des vestiges de plusieurs genres d'architecture. Le grand réfectoire de 1269, voûté en ogives, est orné, à chacune de ses extrémités, d'une gracieuse cheminée; la salle des Capitulaires, aujourd'hui convertie en école communale, est très curieuse; tous les arceaux de sa belle voûte reposent sur un pilier central.

Les ruines de Beauport ne sont qu'à trois kilomètres de Paimpol.

Il était encore de bonne heure quand, sur le versant d'une colline schisteuse que couvrent de belles prairies, nous aperçûmes la jolie petite ville, couronnée de verdure, les pieds baignés dans la baie qui porte son nom, et où débouche la rivière de Quinic. Nous avions parcouru trente kilomètres dans notre journée ; c'était beaucoup pour des gens qui n'ont pas la prétention d'être de grands marcheurs, et pourtant nous n'étions pas fatigués, nous avions fait une si belle promenade ! L'hôtel où nous devions descendre est situé sur le quai ; nous nous y rendîmes.

Après avoir fait suffisamment de toilette pour pouvoir nous présenter convenablement à table d'hôte, nous ouvrîmes nos fenêtres, qui donnaient sur le port.

« Le port ou plutôt les ports de Paimpol, dit Ogée, dans son *Dictionnaire de Bretagne,* sont formés par un bras de mer où les navires de toute grandeur abordent le long d'un beau quai. L'un de ces ports est extérieur ; il s'étend de la pointe de Guilben à celle de Gren. L'autre est intérieur ; il s'étend de cette dernière pointe au quai proprement dit. »

Ces ports naturels sont les plus beaux qui existent entre Saint-Malo et Morlaix.

Le port de Paimpol est un de ceux qui fournissent le plus de navires et d'hommes, pour la pêche de la morue, à Terre-Neuve et, surtout, sur les côtes d'Islande.

Nous projetâmes de l'aller visiter aussitôt le dîner ; mais nous comptions sans la fatigue qui, comme il arrive souvent après une ou deux heures de repos, reprit tous ses droits et nous força d'aller tout simplement nous coucher en sortant de table.

Le lendemain matin seulement, nous mîmes notre projet à exécution, après quoi nous allâmes faire un tour en ville.

Il n'y a rien de curieux à voir à Paimpol.

L'église, qui date de 1325, a été refaite ; il ne reste du monument primitif que les piliers et les arcades ogivales de la nef. Dans l'intérieur, nous vîmes un chandelier pascal sculpté par Corlay, un triptyque du XVIe siècle, et quelques bons tableaux, provenant de l'abbaye de Beauport.

Nous déjeunâmes de bonne heure, voulant faire dans la journée l'excursion de l'île Bréhat.

Côtoyant l'anse de Paimpol jusqu'à Ploubazlanec, nous atteignîmes, en une heure, la pointe d'Arcouet, où nous devions trouver un bateau pour traverser le large bras de mer qui sépare l'île Bréhat de la terre. Nous nous entendîmes facilement avec un pêcheur de Portz-Even; il nous conduisit dans un des havres de Bréhat.

ILE BRÉHAT

L'île est divisée en deux parties, reliées par une étroite chaussée. C'est une place de guerre de troisième classe.

« Cette île, dit M. Amédée Burat, est un poste de refuge d'une grande utilité; il s'y trouve un port, Port-Clos, et divers havres pour les navires de commerce; mais surtout une rade bien abritée dont la profondeur ne descend jamais au-dessous de cinq mètres cinquante. Les environs, parsemés de rochers, les uns découverts, les autres sous-marins, appelés *Héaux*, présentent des dangers

qui ont exigé un basilage complet et un phare de premier ordre. »
Deux feux fixes rouges ont été, en plus, établis l'un sur la Roche-du-Paon, l'autre sur le tertre du Résedo.

L'île Bréhat est l'île bretonne par excellence. Elle donne tous ses enfants à la mer. « La vague, dit Janin, sert de berceau à l'enfant de Bréhat. »

La végétation de cette île ou plutôt de la partie méridionale de l'île est admirable. « Sur ce sol des tempêtes, un pouce de terre végétale, a-t-on dit, suffit à nourrir un arbre. » Le climat y est tempéré, le myrte tapisse la cabane du pêcheur; mais à mesure qu'on avance vers le nord, le soleil pâlit, les arbres s'étiolent, puis sont enfin remplacés par un gazon ras et piquant. Cette sorte de lichen disparaît à son tour. A l'extrémité de l'île, on ne voit plus qu'un entassement de rochers; deux roches granitiques, taillées à pic, s'avancent sur l'Océan comme deux murailles; un abîme béant s'ouvre entre ces deux roches appelées Charybde et Scylla. Dans cet abîme, l'eau tourbillonne écumante; parmi les rochers, il en est un particulièrement remarquable : c'est une énorme masse appelée le Pan ou le Paon; il forme un pont naturel sur lequel on peut traverser l'abîme. A l'heure où la marée monte, parfois il arrive que le Paon est soulevé comme une nacelle, le roc bondit sous l'écume, à chaque instant la mer ballotte son hochet; mais, chaque fois, le granit retombe avec un bruit épouvantable.

Quand une fille de Bretagne veut connaître le sort que lui réserve l'avenir, elle ramasse trois galets, un blanc, un bleu, un rouge; elle se place au-dessus du gouffre et y jette les cailloux. Si la pierre blanche est engloutie la première, la jeune fille doit rester vierge; si c'est la pierre bleue, elle doit devenir veuve; mais si c'est la pierre rouge, sa prospérité sera sans mélange : elle fera un bon mariage, son mari vivra longtemps, ses enfants seront forts et nombreux.

Cette poétique légende nous fut racontée, le soir de notre visite à Bréhat, par une femme de Paimpol qui ne doute pas de l'influence fatidique des galets, qu'elle a, dit-elle, souvent constatée.

La visite de l'île Bréhat nous ayant pris tout l'après-midi, nous dûmes passer la nuit à Paimpol.

CHAPITRE XXXIII

DE PAIMPOL A LANNION

Lézardrieux. — Tréguier. — Lannion. — L'église de Brélevenez.

Le lendemain, à six heures du matin, nous étions en route. Nous traversâmes la belle et large vallée du Trieux, et arrivâmes en peu de temps près d'un magnifique pont suspendu, sous lequel passait en ce moment un grand navire, toutes voiles déployées; c'était le pont de Lézardrieux. Il est long de deux cent cinquante mètres.

Lézardrieux est un joli village, très bien situé sur la rive gauche du Trieux, à son embouchure dans la Manche, et qui possède un port profond et commode. Nous ne nous y arrêtâmes pas. Nous continuâmes notre chemin et descendîmes la vallée du Jaudy. Après deux heures de marche environ, nous traversions de nouveau un pont suspendu, et arrivions à Tréguier.

Tréguier est une petite ville bâtie en amphithéâtre sur une langue de terre, au confluent du Jaudy et du Guindy. Son origine est ancienne et obscure. Elle était déjà une vieille ville, nous apprend Janin, pour les habitants de la vieille Armorique. Saint Tugdual, fils de Hoël Ier, y fonda un monastère en 598. Hasting ravagea le pays de Tréguier, que délivra Nominoé. Celui-ci établit un siège épiscopal à Tréguier, en 848. Les évêques de Tréguier ne relevaient que du duc de Bretagne, et jouissaient de grands privilèges dont le principal, peut-être, consistait dans l'exercice du droit d'asile sur tout le *minihy* de Tréguier, c'est-à-dire sur une étendue de quatre lieues de territoire.

C'est au manoir de Kernartrin, près de Tréguier, que naquit saint Yves, l'un des patrons les plus vénérés de la Bretagne, et celui des avocats et des hommes de loi.

Tréguier se signala contre les Anglais. Cette ville, qui tenait pour Henri III, fut saccagée par les ligueurs en 1189. Les Espagnols l'incendièrent en 1592.

Le port de Tréguier est profond et commode; avec quelques travaux on pourrait y creuser un superbe bassin. La rade, qui a six à huit mètres d'eau à marée basse, est accessible à tous les navires. On y arme pour Terre-Neuve. Il se drague une énorme quantité d'huîtres sur les bancs de la rivière de Tréguier.

Ne voulant pas rester longtemps à Tréguier, aussitôt arrivés dans cette ville, nous nous rendîmes à la cathédrale.

La cathédrale de Tréguier, Saint-Tugdual, a été bâtie sur les débris d'une église romane dont il ne reste plus rien aujourd'hui, si ce n'est la tour dite d'Hastings, celle qui termine le transept nord. Saint Yves en commença la reconstruction en 1296, la nef date de cette époque; le chœur fut élevé en 1339, et la chapelle du duc en 1420, par Jean V qui y fut inhumé en 1451. Les autres parties de l'église furent construites successivement. La jolie flèche en pierre qui surmonte le clocher est seulement de la fin du xviiie siècle.

L'aspect de cette basilique est imposant malgré son irrégularité.

Dans l'intérieur de Saint-Tugdual, nous remarquâmes particulièrement les belles stalles en bois sculpté du chœur, un bénitier en granit rose, des fonts baptismaux du xve siècle et le tombeau de saint Yves. Mais ce qui, plus que tout le reste, attira notre attention, c'est un charmant cloître ogival attenant à la cathédrale, un véritable bijou du xve siècle.

En sortant de la cathédrale, nous allâmes déjeuner, puis, comme nous n'avions plus rien à faire à Tréguier, nous profitâmes de la voiture qui partait à une heure pour Lannion, pensant que de cette façon nous pourrions visiter cette ville dans la journée.

Lannion, bâtie sur le Léguer, possède un joli petit port d'échouage, de beaux quais plantés, et près des quais de jolies promenades; elle se présente donc fort bien du côté de la rivière. Mais on est quelque peu désillusionné en pénétrant dans l'intérieur de la ville, vieille ville à l'aspect sévère et triste, aux maisons mal bâties, aux rues rapides et tortueuses; à moins toutefois que, comme moi, on ne préfère aux

LANNION

villes modernes, régulières et monotones, les vieilles et pittoresques cités moyen âge; les souvenirs du passé, poétisés par l'éloignement, à la banalité d'un présent dont le bien-être semble l'unique idéal.

Lannion était autrefois entourée de murailles; comme Tréguier, elle ne relevait que du duc de Bretagne et avait droit d'asile.

Les monuments intéressants ne sont pas nombreux à Tréguier. Cependant l'église Saint-Jean-du-Baly, construite aux XVIe et XVIIe siècles et qui a remplacé la chapelle du château, est curieuse; elle se compose de cinq nefs sans transept avec un chevet polygonal. Sa tour est de 1519. De l'église de Kermaria-an-Traon, bâtie en 1778 sur la rive gauche du Léguer, il ne reste qu'une porte en plein cintre. Près du nouveau pont, nous vîmes une chapelle dédiée à sainte Anne et qui nous parut dater du XVe siècle. La façade de la chapelle des Augustines, rue des Capucins, est fort jolie. Dans les bâtiments du monastère, occupé autrefois par ces religieuses, sont renfermés aujourd'hui le collège communal et la prison.

Quand nous eûmes achevé de visiter la ville, comme nous devions passer à Lannion le reste de la journée, nous en profitâmes pour aller voir l'église byzantine de Brélevenez, qui autrefois faisait partie de la Commanderie du Temple. Elle est située en dehors de la ville dont la sépare une riante vallée. Des voyageurs, que nous avions rencontrés à l'hôtel, nous avaient beaucoup recommandé cette promenade. L'église est située sur une colline escarpée d'au moins cent mètres d'élévation. Nous dûmes y monter par un escalier pavé de grandes dalles de schiste. La vue de ce long escalier, construit sur le bord d'un abîme et bordé d'arbres gigantesques, dont les branches couvrent en partie le précipice, nous donna tout d'abord une sorte de vertige, mais nous le gravîmes bravement et en fûmes bien récompensés. Quand, arrivés près de l'église, nous nous retournâmes, nous demeurâmes ravis du panorama qui se déroulait devant nos yeux : Lannion, ses maisons blanches, ses belles promenades, son port, le cours sinueux du Léguer, une campagne bien cultivée, des châteaux, les longues avenues de chênes et de sapins qui y conduisent, les bois qui les entourent, tout cela, vu de cette hauteur, compose un délicieux paysage.

Quand nous eûmes suffisamment admiré le point de vue, nous regardâmes l'église. Elle est fort belle et est vraiment faite pour rappeler la richesse et la puissance des chevaliers qui la firent construire.

Élevée à la fin du XIIe siècle, elle fut remaniée aux XVe et XVIe. La flèche qui la couronne est du XVIe siècle.

CHAPITRE XXXIII

A l'intérieur, l'église de Brélevenez renferme, paraît-il, des parties fort curieuses; je n'en dirai rien, vu que la porte était fermée et qu'il n'y avait là personne pour nous l'ouvrir.

De retour à Lannion d'assez bonne heure, nous allâmes passer sur le quai le temps que nous avions à perdre. Plusieurs bateaux, dont on opérait le déchargement, étaient rentrés dans le port à la marée haute. Nous voulûmes, suivant notre habitude, interroger des marins qui, comme nous, flânaient sur le quai, mais nous nous aperçûmes bientôt que nous nous donnions une peine inutile. A Lannion, on est en Basse-Bretagne, et en Basse-Bretagne on parle brezouneoq, langue qui nous est parfaitement inconnue.

CHAPITRE XXXIV

DE LANNION A MORLAIX

Saint-Michel-en-Grève. — Lanmeur. — Les ruines de Kerfeunteun et de Saint-Mélar. — La fontaine de Saint-Mélar. — Saint-Jean-du-Doigt.

Le lendemain, à cinq heures du matin, nous montions dans la voiture de Morlaix. Le temps nous pressait, nous avions beaucoup de choses à voir encore, et nous étions déjà au commencement de septembre ; c'est pourquoi, dans notre profonde sagesse, nous avions décidé de ne voyager désormais à pied que quand nous aurions quelque chose de vraiment curieux à voir sur notre chemin.

Après avoir franchi le Léguer et décrit plusieurs détours, la voiture descendit une longue côte avant d'arriver à Saint-Michel-en-Grève.

Ayant traversé le village, nous côtoyâmes pendant plus de quatre kilomètres une grève dont le sable calcaire, formé de débris de coquillages, est, nous dit un de nos compagnons de route, très recherché des cultivateurs, qui s'en servent pour fertiliser leurs champs. Cette grève a fait autrefois partie d'une immense forêt détruite par les envahissements de la mer, en 709.

Il n'était guère plus de huit heures quand nous arrivâmes à Lanmeur. C'est là que nous descendions de voiture. Nous voulions faire le chemin à pied de ce village à Morlaix, car nous devions nous détourner du chemin direct pour aller à Saint-Jean-du-Doigt.

Lanmeur occupe, dit-on, l'emplacement d'une cité fort ancienne appelée Kerfeunteun. Deux choses sont curieuses à visiter dans cette petite ville : la crypte de l'ancienne église de Kerfeunteun, seule partie conservée de la vieille église détruite par les Normands et remplacée, au commencement du xi° siècle, par celle du doyenné de Saint-Mélar, dont il ne reste aujourd'hui que quelques arcades, la

HOMME DE PLOUARET, PRÈS LANNION

nef et le portail ; et, à côté de cette crypte, la fontaine de Saint-Mélar, à laquelle se rattache une singulière superstition. Il a été prédit que les eaux de cette fontaine déborderaient un dimanche de la Trinité et détruiraient l'église. Pour conjurer le sort, chaque année, le jour de cette fête, la grand'messe, au lieu d'être dite à Saint-Mélar, est célébrée dans la chapelle de Kerniltron.

La chapelle du prieuré de Kerniltron est une vieille église, moitié du xii°, moitié du xv° siècle, bâtie sur l'emplacement d'un monastère de Saint-Samson, non loin de Saint-Mélar.

En descendant de voiture, nous allâmes voir l'église, la crypte et la fontaine, puis nous nous remîmes aussitôt en route pour Saint-Jean-du-Doigt. Nous remontâmes du côté de la mer, et après avoir marché quelque temps, nous découvrîmes la pointe du Bec-en-Fri, puis bientôt après les rochers de Primel; nous traversâmes de charmants vallons et enfin celui de Traon-Mériadec qui nous conduisit à Saint-Jean-du-Doigt.

Saint-Jean-du-Doigt est un joli village, bordé au nord par la mer et resserré de chaque côté, à l'est et à l'ouest, par deux montagnes abruptes. Ce village est ainsi nommé parce qu'on conserve dans le trésor de son église, renfermé dans un étui en or, argent et vermeil, de 1429, l'index de saint Jean-Baptiste. Dans ce même trésor, que le sacristain nous fit visiter en grands détails, se trouvent une croix processionnelle en vermeil et un calice émaillé, dons de la reine Anne, et un second calice, portant l'effigie de François Ier, que l'on fait remonter à l'époque de la naissance du dauphin, fils de ce prince et de Claude de France.

L'église de Saint-Jean-du-Doigt est une église gothique dont le clocher est d'une grande élégance.

Quand il nous eut montré toutes les richesses de son église,

— Messieurs, nous dit le sacristain, maintenant sans doute vous allez à la fontaine?

— Nous avons bien entendu parler de la fontaine, nous serions même bien aises que vous nous disiez où elle se trouve.

— Venez.

Il nous conduisit dans le cimetière. Bientôt il s'arrêta devant la fontaine en question, une jolie construction Renaissance dont une partie est en plomb et sur laquelle se voient de charmantes statuettes.

— Qui a fait cette charmante fontaine? lui demandai-je.

— Un artiste italien, me répondit-il. Je ne sais pas son nom; elle lui a été commandée par la bonne duchesse.

Cet homme nous dit alors combien la fontaine du Doigt était

fréquentée ; il nous cita une foule de miracles, les uns anciens, les autres de la veille, tous opérés à la miraculeuse fontaine. Il nous donna ensuite les détails les plus circonstanciés sur le Pardon qui a lieu à Saint-Jean-du-Doigt, le 23 juin de chaque année.

FEMME DE PLOUARET, PRÈS LANNION

— Il est bien malheureux que vous ne vous soyez pas trouvés ici à cette époque, nous dit-il en terminant.

Nous le regrettions plus que lui.

M. Paul de Courcy a fait de ce Pardon célèbre une description que nous voulons mettre sous les yeux du lecteur.

« Le Pardon de Saint-Jean-du-Doigt, dit-il, offre une physionomie à part. Il n'est pas très facile de bien voir la procession annuelle du 23 juin sans être incommodé par la foule compacte qui encombre les pierres tombales à la sortie de l'église; mais il est surtout impossible de n'être pas assourdis par les glapissements de la plus affreuse réunion de mendiants et d'estropiés que la Bretagne renferme, étalant leurs plaies et nasillant leurs interminables complaintes:

» Pour embrasser dans leur ensemble toutes les parties de la fête, il faut monter jusqu'à la plate-forme de la tour, d'où part le dragon, ou pièce d'artillerie, qui va allumer sur la montagne voisine le *tantad* ou feu de joie. De ce poste élevé, on domine la foule bigarrée, gravissant lentement, au chant des hymnes sacrées, le coteau qui conduit au bûcher, pendant que les pèlerins se distribuent l'eau de la fontaine du Doigt pour la boire et pour s'en baigner les yeux. Au moment où le dragon communique son feu au bûcher, une décharge générale de mousqueterie se fait entendre; les tambours battent aux champs; la fumée de l'encens s'élève vers le ciel, mêlée à celle de la poudre, à celle du pétillant feu de landes et de la couronne de fleurs qui le domine, et la voix des prêtres entonne l'*Hymne du saint Doigt*.

» La procession redescend ensuite la montagne pour rentrer dans l'église, ayant en tête des porteurs de lourdes bannières herminées, qui se disputent l'honneur de les faire passer sous l'arc de triomphe du cimetière; des clameurs s'élèvent de la foule en faveur du Trégorois, du Léonard ou du Cornouaillais, qui réussira dans ce tour de force, auquel peu de bras et de reins peuvent aspirer. A la suite des bannières, et au milieu d'une flottille de navires pavoisés, portés sur des brancards par des marins, se distingue le vaisseau *la Cordelière*, dont le nom rappelle la plus grande des nefs du XVIe siècle, que la reine Anne avait fait construire au Dourduff, port voisin de Saint-Jean, et qui eut une fin si glorieuse en abordant *la Régente* d'Angleterre, au combat de Saint-Matthieu, en 1512. De jeunes mousses impriment avec des rubans un mouvement alternatif de roulis et de tangage aux navires et, à chaque arrêt de la procession, un maître d'équipage donne, par un coup de sifflet, le signal de charger les pièces; au second coup de sifflet, les bâtiments font feu de tribord et de bâbord, et l'on se remet en marche. La vue se porte ensuite sur le défilé des *Miraclou :* c'est ainsi qu'on désigne les gens guéris dans l'année par l'attouchement du doigt et par l'eau de la fontaine. Viennent enfin, derrière, des porteurs et porteuses de croix, d'oriflammes et de statues de la Vierge, restes des trésors de Saint-Jean et de Plougasnou ; un nombreux clergé en dalmatiques, portant sur des brancards, dans des reliquaires d'argent, le chef de saint Miriadec, le bras de saint Maudez ou Mandé, et enfin le *Bis sant Ian* posé sous un petit temple dans son étui. Une mêlée générale s'engage devant la balustrade de l'autel pour se faire *donner le doigt*, c'est-à-dire se le faire appliquer sur l'œil par la main du prêtre. »

Près de l'église est un hospice, bâti au xiv° siècle, et qui servait alors à recevoir les infirmes ou malades qui venaient chercher leur guérison à Saint-Jean-du-Doigt.

Notre excursion à Saint-Jean nous avait pris au moins deux heures. De retour à Lanmeur, nous jugeâmes prudent d'y déjeuner, car il nous restait douze kilomètres à faire pour arriver à Morlaix, et nos estomacs commençaient à murmurer. Nous entrâmes dans une auberge où nous demandâmes une omelette et un peu de viande froide : nous eussions difficilement obtenu autre chose ; après quoi, rafraîchis et dispos, nous nous dirigeâmes vers Morlaix, en suivant la nouvelle route, plus courte et plus accidentée que l'ancienne, double avantage pour des touristes pressés et curieux de pittoresque. Il n'était pas deux heures quand nous y arrivâmes.

CHAPITRE XXXV

MORLAIX ET SAINT-POL-DE-LÉON

Position de Morlaix. — Quelques notions historiques sur cette ville. — Commerce de Morlaix. — Intérieur de la ville. — Ses monuments. — Saint-Pol-de-Léon. — Son origine. — Quelques mots sur son histoire. — La cathédrale. — La chapelle du Creizker. — Le Léonais. — Penpoul. — Roscoff. — L'île de Batz.

Morlaix s'élève sur les flancs de deux montagnes au confluent du Jarlot et du Quefflent, dont les eaux réunies, se mêlant à celles de la mer, forment son port, joli port dont les deux rives s'étendent sur une longueur de près de deux lieues. Peu de villes sont aussi heureusement situées.

L'entrée du port de Morlaix était, autrefois, très dangereuse; grâce à d'intelligents travaux, elle a cessé de l'être.

Aussitôt arrivés à Morlaix, nous allâmes visiter le port, qui nous parut vaste et commode. Ses quais, d'une demi-lieue d'étendue, sont fort beaux; derrière les maisons neuves dont ils sont bordés, on aperçoit des collines sur lesquelles s'élèvent, en amphithéâtre, des habitations aux bizarres façades, des bouquets de verdure, des rues composées d'escaliers, des jardins en étage, appelés dans le pays *combots* : c'est étrange et pittoresque.

Morlaix est une très ancienne ville, elle formait autrefois un gouvernement particulier. Prise et reprise pendant le moyen âge, elle s'enrichit par son commerce avec l'Espagne. Mais sa rade étant complètement sans défense, elle ne put échapper aux incursions des

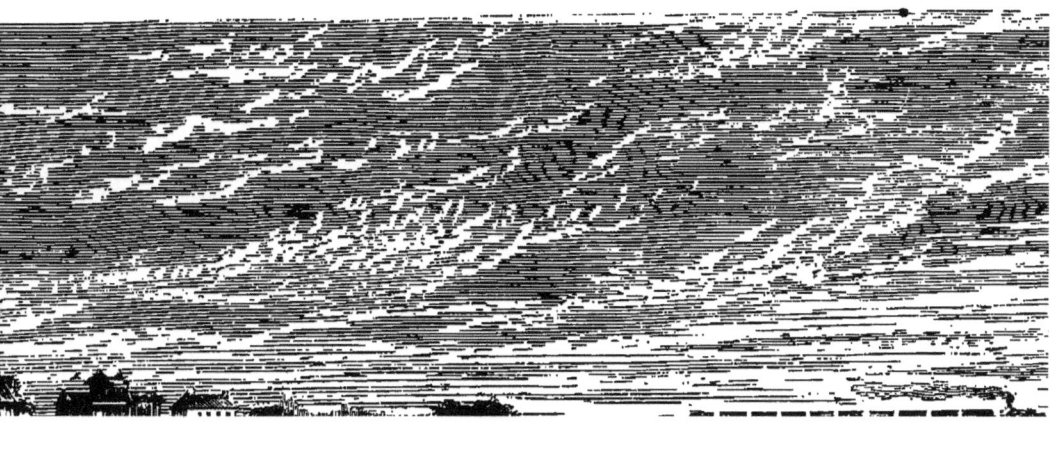

Anglais. Henri II s'en empara pour la première fois, au nom de son pupille, Arthur, en 1187. Les Anglais la prirent pour la dernière fois en 1522, par suite de la trahison d'un des officiers chargés de la défendre; ils y mirent le feu. Mais les seigneurs de Morlaix, alors aux montres de la noblesse, avertis, accoururent, surprirent les Anglais pendant leur sommeil et les égorgèrent. Leur sang rougit les eaux d'une fontaine voisine, appelée depuis *feunteun a saôzon*, fontaine du sang. Les nobles de Morlaix justifiaient la devise de leur ville : « S'ils te mordent, mords-les. »

C'est à la suite de cet événement que François Ier autorisa les habitants de Morlaix à construire une forteresse qui préservât leur ville de toute surprise. Cette forteresse, élevée sur un rocher isolé au milieu de la mer, à l'entrée de la rade, est appelée le château du Taureau. C'est une forteresse oblongue, armée d'une batterie basse de canons de gros calibre, dans des casemates, voûtées par Vauban en 1680. La plate-forme du château est dominée par une tour ronde, reconstruite en 1614 et défendue par des pièces plus légères.

Ravagée au XVIe siècle par la guerre civile, Morlaix se rendit à Henri IV, en 1594.

Morlaix est une ville très importante par son commerce maritime; elle exporte une quantité considérable de bestiaux, des beurres et surtout des légumes de Roscoff. Des services hebdomadaires de bateaux relient Morlaix au Havre et à Cherbourg, assurant ainsi un écoulement facile aux produits de la Bretagne.

Morlaix, dans sa partie neuve, celle qui avoisine la mer, est une très jolie ville. La vieille ville est sale, tortueuse, percée de rues étroites, mais très pittoresque et très intéressante par les curieux souvenirs du moyen âge breton qu'on y rencontre à chaque pas. Les maisons en bois, à lanternes (1) et à pignons sur rues, ornées de statues de saints ou de figures grotesques, d'élégantes cariatides, d'escaliers sculptés, y sont nombreuses.

L'église Saint-Melaine, fondée en 1150, rebâtie en 1489, dont la tour est du XVIe siècle; la tour carrée de style Renaissance, seule partie ancienne de l'église Saint-Matthieu; quelques parties de l'église du couvent des Jacobins, aujourd'hui converti en caserne, et

---

(1) On appelle *maisons à lanternes* des maisons au milieu desquelles se trouve une cour.

aussi le pignon et la rosace de l'église primitive des Carmélites, méritent de fixer l'attention des voyageurs.

La partie moderne de Morlaix n'est pas bien riche en monuments; l'hôtel de ville et l'hôpital sont les plus remarquables qu'elle possède. L'église Saint-Matthieu est fort laide; en revanche, la chapelle Saint-Joseph, édifice également moderne, construit dans le style ogival, est assez jolie. J'en dirai autant de l'église Saint-Martin-des-Champs, élevée, au siècle dernier, dans le style grec dorique, sur l'emplacement d'une église du XIe siècle. Située dans le quartier Saint-Martin, le plus beau des quartiers neufs, elle domine la ville. Sur le sommet de sa tour a été placée une ancienne image de la sainte Vierge, qui autrefois était dans le cimetière de la paroisse, et qui a toujours été et est encore l'objet d'une vénération toute particulière de la part des Bretons, qui l'invoquent sous le nom de Notre-Dame des Vertus.

Notre visite dans la ville et celle que nous fîmes ensuite au fort occupèrent notre après-midi.

Le lendemain matin, à la première heure, nous quittions Morlaix.

Ayant pris le chemin de fer, il nous fallut peu de temps pour nous rendre à Saint-Pol-de-Léon, où nous devions passer la journée.

Vieille ville, « ville de prière et d'étude, de méditation et de silence, » dit J. Janin, l'ancienne capitale du pays de Léon, le plus religieux pays de la religieuse Armorique, Saint-Pol-de-Léon est la ville sainte de la Bretagne. Bâtie sur une petite éminence, dominant d'un côté la mer, de l'autre une plaine fertile, ses innombrables clochers, qu'on aperçoit de fort loin, lui donnent, on l'a dit avec raison, l'aspect d'une immense cathédrale. Quand on pénètre dans l'intérieur de la ville, et qu'on parcourt ses longues rues silencieuses, on se croirait dans l'enceinte d'un vaste cloître.

Cette ville doit son nom à un moine cambrien, nommé Pol, qui, en 517, fonda un couvent dans l'île de Batz, où il dompta un serpent monstrueux, et que le roi breton Judhael attira sur le continent en lui donnant la ville de Léon.

La ville de Saint-Pol-de-Léon prit peu de part aux mouvements politiques du moyen âge, dont elle dut cependant subir parfois les conséquences. En 817, elle fut dévastée par les Normands, et, en 1166, tomba au pouvoir d'Henri II d'Angleterre; elle se vit disputée,

CHATEAU DU TAUREAU

pendant les guerres de Bretagne, par les Français et les Anglais. Les pacifiques évêques de Saint-Pol-de-Léon surent maintenir leurs privilèges sans se mettre jamais, comme beaucoup de prélats bretons, en lutte ouverte avec les ducs; d'aucuns d'ailleurs ne furent plus respectés du peuple placé sous leur juridiction.

L'établissement à Saint-Pol-de-Léon, en 1692, d'une administration municipale, due à l'initiative de Louis XIV, fut fort mal accueilli des Léonais. Ils accueillirent plus mal encore la Révolution de 1789; on vit même ce peuple, si apathique d'ordinaire, se soulever contre la République. Un combat sanglant eut lieu, sur la place de la Cathédrale, entre les Léonais et les soldats républicains; les premiers furent vaincus.

Saint-Pol-de-Léon, qui vivait des établissements ecclésiastiques, fut ruiné par leur suppression.

La riche ville épiscopale d'autrefois, aujourd'hui ville morte, n'en est pas moins intéressante pour l'antiquaire et le voyageur

Nous ne prîmes que le temps de déposer nos bagages à l'hôtel, et nous nous dirigeâmes aussitôt vers la cathédrale de la vieille cité bretonne.

Cette église est de plusieurs époques; le style ogival normand, presque pur, est celui qui règne dans la plus grande partie de cet édifice, dont l'ensemble est fort beau et les proportions très vastes, surtout par rapport à la grandeur de la ville. La façade se compose de deux tours surmontées de belles flèches en pierre, de cinquante mètres de haut, séparées par un élégant portail.

A l'intérieur, la cathédrale de Saint-Pol-de-Léon est également fort belle, et offre à la curiosité du visiteur des détails intéressants. Une magnifique rosace occupe toute la largeur des croisillons. Les stalles du chœur, au nombre de soixante-huit, sont admirablement sculptées; elles ont malheureusement été mutilées. Une vieille peinture, vraiment curieuse, attira notre attention; elle est du XIVe siècle, et représente la sainte Trinité sous la forme de trois faces réunies par le front.

Cette église renferme plusieurs monuments funèbres et de nombreuses pierres commémoratives dont la plus ancienne sert de bénitier : c'est une grande auge en pierre, en forme de trapèze, dont les parois présentent une moulure romaine; on a prétendu que c'était le tombeau de Mériadec, roi des Bretons, mort au commencement du IV⁰ siècle.

Le sacristain, qui nous avait introduits dans le chœur, nous fit remarquer deux objets, conservés avec soin dans l'église : une cuve baptismale romane, en granit, et une petite cloche, en cuivre rouge, mêlé d'argent, certainement fort ancienne, et qui passe pour avoir appartenu à saint Pol. Les fidèles sur la tête desquels on la fait sonner, les jours de Pardon, sont, dit-on, préservés de maux de tête et d'oreilles.

De la cathédrale, nous nous rendîmes à la chapelle de Notre-Dame-de-Creizker (du milieu de la ville). Cette chapelle est le monument le plus remarquable de Saint-Pol-de-Léon; son clocher merveilleux est l'orgueil et la gloire du Léonais.

Cette chapelle fut, pense-t-on, construite, au VI⁰ siècle, par une jeune fille que saint Irec, archidiacre de Léon, avait miraculeusement guérie d'une paralysie. De la chapelle primitive, il ne reste en tout cas aucune trace. Dans son état actuel, la chapelle de Notre-Dame-de-Creizker appartient aux XIV⁰ et XV⁰ siècles ; elle fut, d'après Albert le Grand, bâtie au temps de Jean IV, de 1344 à 1399. Cependant on ne peut faire remonter à une époque antérieure à la fin du XV⁰ siècle, les collatéraux et les deux porches du nord et du sud. Le premier est un type très élégant du gothique flamboyant. Les fenêtres de la façade sont superbes. Mais la merveille de Notre-Dame-de-Creizker, c'est son clocher, le plus beau, peut-être, que nous possédions en France ; il s'élève entre la nef et le chœur, sur quatre arcades, soutenues par quatre piliers quadramentaires, de trois mètres vingt de côté, composés d'une masse de colonnettes. De la plate-forme s'élève une longue flèche à jour, flanquée de quatre clochetons, d'une extrême légèreté et d'un merveilleux travail.

Le clocher de Notre-Dame-de-Creizker a soixante-dix-sept mètres d'élévation.

Quand Vauban visita Saint-Pol-de-Léon, il déclara que ce clocher était « l'ouvrage le plus hardi qu'il eût jamais vu. »

A l'intérieur, la chapelle de Creizker n'offre guère de remarquable que sa maîtresse vitre, la rosace de l'ouest, et l'inclinaison symbolique de l'axe de la nef.

ÉGLISE SAINT-MÉLAINE À MORLAIX

CHAPITRE XXXV

Après la cathédrale et la chapelle de Notre-Dame-de-Creizker, il n'y a pas d'autre église à visiter à Saint-Pol-de-Léon. L'ancienne église paroissiale de Saint-Pierre sert aujourd'hui de chapelle à un cimetière.

Ce cimetière, fort curieux à visiter, est tout entouré d'ossuaires gothiques, remontant au xvᵉ siècle. Ces ossuaires sont des monuments en granit ayant trois mètres cinquante de long sur trois mètres quatre-vingts de large; ils sont composés d'un soubassement, muni de petits bénitiers, et portant trois ou cinq baies. Au centre de ce cimetière est un beau Chemin de croix en granit de Kersantan, tout à fait monumental, qui se déploie sur les parois d'un vaste hémicycle d'ordre toscan.

L'habitant du pays de Léon, le peuple le plus religieux de Bretagne, professe un culte particulier pour les morts; « il s'agenouille devant la croix du tombeau, sans savoir le nom de celui qui repose sous la terre; il prie pour les générations inconnues (1). »

Le Léonais a la physionomie grave, imposante et recueillie. Il porte des vêtements noirs, légers et flottants; son visage, abrité par un chapeau à larges bords, est sévère et même triste. Mais il appartient à une belle race et n'a pas dégénéré; ses traits sont recueillis, son regard brillant et plein de feu.

Quand nous eûmes donné un coup d'œil à la chapelle Saint-Joseph et à sa jolie flèche, ainsi qu'au palais épiscopal, bâti de 1712 à 1750 et devenu propriété de la ville; quand nous eûmes admiré les détails de deux jolies maisons probentales du xvıᵉ siècle, comme il ne nous restait rien d'intéressant à voir à Saint-Pol, nous nous rendîmes à un kilomètre de la ville, à Penpoul, port où s'expédient les produits agricoles du pays.

Ce petit port est situé sur une côte très accidentée, bordée d'îlots et même d'îles, dont les plus importantes sont l'Ile-Verte et le Vesoul, deux rochers granitiques qui ont, à distance, l'apparence d'énormes ruines.

Penpoul était autrefois une place importante, où il se faisait un grand commerce. Nous remarquâmes combien les maisons, généralement très anciennes, y sont spacieuses; plusieurs sont fortifiées.

(1) Janin; *La Bretagne*.

Nous rentrâmes ensuite déjeuner, après quoi nous nous reposâmes une heure ou deux avant de partir pour Roscoff.

A deux heures, nous nous mettions en route; une heure plus tard, nous apercevions les maisons blanches de Roscoff, car une route directe et fort agréable conduit à cette petite ville, située à cinq kilomètres seulement de Saint-Pol.

Roscoff est le jardin de la Basse-Bretagne, on l'a dit avec raison. Là, partout des plaines fertiles et bien cultivées, des terres « dont la moindre parcelle fécondée par l'algue marine suffit aux besoins d'une famille », des jardins plantés par moitié de fleurs et de légumes, dont les produits, d'une vente facile, procurent l'aisance à l'heureux propriétaire qui, sans beaucoup de travail, fait chaque année plusieurs récoltes.

Roscoff ne doit pas l'excellence de ses primeurs seulement à la qualité de ses terres, mais aussi à la douceur de son climat, causée par le voisinage du Gulf-Stream. Ce délicieux climat attire chaque année à Roscoff un grand nombre de baigneurs. Là les étrangers peuvent prolonger leur séjour fort avant dans l'automne, car l'hiver lui-même y est beaucoup plus clément qu'à Paris. Les plages fréquentées par les baigneurs s'étendent au pied d'un rocher que surmontent une chapelle et un fort placé à la pointe de Bloscon; elles portent les noms de Roch-Croun, Madéra et Sainte-Barbe.

Une chapelle abandonnée, aujourd'hui complètement en ruines, est celle de Saint-Ninien, fondée en 1548 par Marie Stuart, à l'endroit même où cette princesse débarqua à son arrivée sur la terre de France. Afin de conserver le souvenir du lieu même où elle prit terre, on traça sur un rocher, au-dessous de la chapelle, l'empreinte de son pied.

La seule église quelque peu intéressante de Roscoff est celle de Notre-Dame de Croaz-Baz, remarquable surtout par son clocher de 1550, à dômes superposés, et dans laquelle on voit des poutres et des frises sculptées, ainsi que des bas-reliefs en albâtre du XIVe siècle, et aussi deux tableaux anciens : *la Décollation de saint Jean-Baptiste* et *la Mort du juste*.

En avant de l'église, deux *édicules* de la Renaissance attirèrent notre attention; elles servaient d'ossuaires.

Roscoff n'est séparée de l'île de Batz ou de Bas que par un étroit canal. Une barque nous y transporta en quelques minutes. Ce canal pourrait servir de port de refuge, s'il n'y régnait d'aussi forts cou-

CATHÉDRALE DE SAINT-POL-DE-LÉON

rants, mais il n'est préservé que des seuls vents d'est. L'île de Batz se présente sous les aspects les plus variés, suivant l'état de la marée. Dans les plus grandes marées, la mer monte à neuf mètres vingt centimètres, et, dans les plus petites, elle ne s'élève qu'à six mètres quarante, de sorte que l'étendue de l'île est bien différente à haute ou à basse mer.

Au sud de l'île est un port de relâche ; à l'extrémité ouest s'élève un phare de premier ordre dont la portée est de vingt milles. Cette île se nomme en breton *Enez Batz*, ville du bâton.

Quand saint Pol aborda dans cette île, la légende raconte qu'elle était ravagée par un épouvantable dragon. Le saint passa son étole au cou du monstre et lui commanda de se jeter dans la mer. L'animal obéit aussitôt et délivra ainsi le pays de son abominable présence. Depuis ce temps, l'endroit où il se jeta est appelé : *Toul ar Sarpent*, le Trou au Serpent.

Nous vîmes, dans l'église de Batz, la fameuse étole ; elle est en tissu byzantin ; sur un fond bleu et jaune sont représentés des cavaliers coiffés de turbans et tenant un faucon sur le poing ; entre les jambes de chaque cheval est un chien. Il n'y a rien autre chose à voir dans l'église moderne qui a remplacé l'église romane de Batz, en ruines aujourd'hui et presque ensablée, dont nous pûmes apercevoir encore quelques vestiges, et qui elle-même avait été bâtie sur l'emplacement du premier monastère de Saint-Pol.

Ce qu'il y a de plus curieux à voir à Batz, c'est le phare, un magnifique phare dont les feux mobiles éclairent à huit lieues en mer. Nous demandâmes à le visiter ; cela ne fit aucune difficulté, et nous pûmes constater quels soins ont été apportés à sa construction. Mais ce n'était pas pour cela seulement que nous étions venus, nous avions pensé que, du haut de la tour, la vue devait être magnifique. Nous ne fûmes pas déçus. Rien de plus splendide en effet ! A l'est, les Sept-Iles ; au sud-est, le château du Taureau, les côtes de Plougasnou et de Saint-Jean-du-Doigt ; au sud, Roscoff et Saint-Pol-de-Léon ; plus loin, les montagnes d'Arrée ; au sud-ouest, l'immense chaîne de rochers qui défend les côtes de Bretagne, et au delà l'Océan, se brisant en écume sur les îles et les rochers qu'en un jour de colère il a lui-même violemment détachés de la terre.

Ce spectacle est admirable et grandiose, éclairé par un beau soleil de septembre, par un temps calme, sous un ciel pur ; mais l'hiver, quand le ciel est noir, quand l'orage gronde, quand le vent furieux

ÉGLISE NOTRE-DAME, A ROSCOFF

souffle du large, oh! que ce doit être terrible! rien que d'y penser, le cœur se serre, et l'âme est remplie d'épouvante.

Et pourtant, plus que personne les habitants de l'île aiment leur pays, cette terre isolée sur laquelle ils sont nés, dont chacun possède une part, bien petite parfois, mais qui pourtant nourrit ses enfants. Presque tous les hommes de Batz sont marins, et marins intrépides; ils sont surtout pêcheurs; ils laissent aux femmes le soin de cultiver la terre, et elles s'en acquittent parfaitement; elles sont d'une vigueur et d'une force peu communes. La vigueur remplace la beauté chez les jeunes filles de Batz, et est plus appréciée des garçons, qui jamais ne penseraient à prendre pour femme une fille de la grande terre, c'est ainsi qu'ils appellent le continent. Hommes et femmes aiment leur île; ils y vivent en paix et en liberté; ne sont-ce pas des sages auxquels il faut porter envie?

Nous passâmes plusieurs heures dans l'île de Batz et l'explorâmes en tous sens. Sa longueur est de deux kilomètres sur trois kilomètres de large. Elle renferme trois petits villages. Nous remarquâmes avec regret qu'on n'y trouve pas un arbre; heureusement les tamarins y sont nombreux, et le gracieux feuillage de ces charmants arbustes repose agréablement le regard. Quelques fougères, des mousses et des giroflées sont, d'ailleurs, les seules plantes qui poussent naturellement dans l'île.

Il était sept heures quand nous rentrâmes à Roscoff. Nous y passâmes la soirée et prîmes le chemin de fer à minuit, afin de rejoindre à Morlaix le train de Paris et d'être à Brest à quatre heures du matin.

CHAPITRE XXXVI

BREST

Notions historiques.

Brest est une ville à part. Pitre-Chevalier la définit en peu de mots : « Brest, selon lui, est une colonie française au fond de la Bretagne. » Pensée de Richelieu, Brest n'est pas la Bretagne, mais la France. Ouverte aux nations pacifiques, fermée aux nations conquérantes, Brest est, selon la juste appréciation de Janin, « plutôt un port qu'une ville, plutôt un arsenal qu'un port. » Pour les savants, Brest a été longtemps le *Brivates portus* des Romains; pour tous les historiens, Conan le Tors en est le fondateur; mais son véritable créateur, c'est Richelieu. L'importance maritime de cette ville ne date que de 1630.

Le proverbe disait bien : « Qui n'est pas maître de Brest n'est pas duc de Bretagne. » Mais, jusque-là, Vannes, Nantes et d'autres villes bretonnes étaient plus importantes que Brest, alors sans port militaire.

L'histoire ne fait pas même mention de Brest avant le XIIe siècle, époque où Conan le Tors reconstruisit son château, déjà ancien, à ce que l'on assure. En 1239, un seigneur de Léon céda Brest aux ducs de Bretagne. Les ducs de la maison de Dreux établirent leur résidence dans le château, après l'avoir fait presque entièrement rebâtir. Pendant la guerre de Bretagne, la ville de Brest fut prise par Montfort, qui augmenta ses fortifications et la fit entourer de murs. Du Guesclin et Clisson l'assiégèrent inutilement; les Anglais ne la rendirent à la France qu'en 1395.

En 1512 et en 1557, Brest repoussa les Anglais et, à la fin du xvie siècle, elle soutint un siège formidable contre les Espagnols. Ceux-ci avaient construit, à l'entrée du Goulet, sur la pointe de

RICHELIEU

Rocanvel, un fort destiné à empêcher les secours d'arriver à la place; le fort fut emporté, et la ville reprise. Les Anglais essayèrent vainement de se faire céder Brest par Henri IV, en échange des secours qu'ils lui avaient prêtés.

Jusque-là, il n'y avait à Brest qu'un château; la ville et le port étaient sans importance.

La grandeur de Brest, nous l'avons vu, ne date que du XVII⁰ siècle.

Après le siège de La Rochelle, Richelieu ayant décidé que la France devait avoir une marine, Le Roux d'Infreville fut chargé de choisir l'emplacement de trois arsenaux. D'après son rapport, une ordonnance fut rendue, laquelle règle que « les vaisseaux seront tous réunis dans les ports de Brouage, Brest et le Havre-de-Grâce, entre les mains de trois commissaires généraux de la marine, qui demeureront actuellement auxdits ports et havre, lesquels auront soin de pourvoir à la conservation et au radoub desdits vaisseaux, à l'entretien des matelots pour la garde d'iceux et de tenir tous leurs agrès et apparaux, et tout ce qui sera nécessaire à naviguer tellement prêt en des magasins que, quand l'on en aura besoin, lesdits vaisseaux puissent être mis promptement à la mer. »

Cependant Richelieu et, après lui, Louis XIV ne se montrèrent pas tout d'abord favorables à Brest. Ce fut Duquesne qui, après d'Infreville, attira sur Brest l'attention de Colbert et celle du roi.

Posée sur le bord d'une rade immense, d'un mouillage solide et sûr, fortement abritée et fermée de toutes parts, cette ville semblait marquée par la nature pour de brillantes destinées ; sa position, en face de l'Angleterre et de l'Amérique, devait en faire une imposante place de guerre. La passe droite, appelée le Goulet, unique issue de la rade, fut fortifiée ; on construisit sur les deux rives des magasins et des arsenaux.

Mais en faisant de Brest le premier port militaire de France, il fallait le mettre à l'abri des attaques de l'ennemi. Vauban fut envoyé pour diriger les fortifications du port et de la ville.

Cette fois, les Bretons, se croyant menacés dans leur liberté, cherchèrent à s'opposer aux projets du roi et de son ministre ; ce fut en vain.

Recouvrance, village situé sur la rive droite de la rivière de Penfeld, ayant eu jusque-là une existence à part, fut enfermée dans l'enceinte fortifiée.

Dès lors, on mena tout de front : creusement du port, construction de la forteresse, formation des équipages. On avait étudié et sondé la côte de Belle-Isle à Saint-Malo, balisé les rades et les entrées de rivières, et dressé la carte des abords de Brest ; on forgea des ancres, on couvrit de batteries de canon les falaises du Goulet et les côtes du Conquet. Des ingénieurs furent envoyés en Angleterre et en Hollande pour y étudier la construction navale; on établit à Brest des écoles d'artillerie et d'hydrographie.

En 1682, les murailles de Brest étaient achevées, son port creusé, ses canons armés, et un grand nombre de navires étaient déjà sortis de ses chantiers. Les Bretons devaient fournir l'équipage des vaisseaux et frégates, qui bientôt allaient sortir du port.

C'est à Brest que se prépara l'expédition tentée par Louis XIV, pour rétablir sur son trône Jacques II, d'Écosse.

C'est également à Brest que s'embarqua Tourville en 1690.

En 1694, la ville de Brest, attaquée par les Anglais, leur opposa une vive résistance.

Brest eut, depuis la création de son port, une part immense dans nos armements maritimes.

C'est de Brest que partit la frégate qui allait, au nom du roi de France, reconnaître l'indépendance des États-Unis.

Depuis une vingtaine d'années, le port de Brest a été encore considérablement agrandi, et d'importants travaux d'amélioration et d'embellissement y ont été exécutés.

CHAPITRE XXXVII

BREST (*suite*)

Le cours d'Ajot. — Le nouveau port de commerce. — Le pont tournant. — Le château de Brest. — Le quartier de la Marine. — L'établissement des Pupilles. — L'église Saint-Louis. — Recouvrance.

Arrivés à Brest durant la nuit, nous ne nous réveillâmes que fort tard le lendemain matin. Quand nous fûmes habillés, il ne nous resta qu'une heure à dépenser avant le déjeuner. Nous sortîmes cependant, et, afin de nous former immédiatement une idée de la ville, nous nous rendîmes au cours d'Ajot. Un de mes amis, qui avait visité Brest l'année précédente, m'avait recommandé cette promenade comme le point d'où il fallait voir tout d'abord notre grande ville maritime. En effet, de ce cours, planté en 1769 sur les remparts, l'on domine, d'un côté la ville, de l'autre le port de commerce et la rade.

La rade de Brest est formée par une baie de huit kilomètres de long sur cinq kilomètres de large. Cette rade unique, qui pourrait, dit-on, abriter toutes les flottes de l'Europe, offre un panorama sans rival, que bornent, à l'ouest, la presqu'île de Quélern ; au sud, le fort de Lanvéac; à l'est, la presqu'île de Plougastel et les embouchures de l'Aulne et de l'Élorn.

Je restai longtemps les yeux fixés sur ce magique spectacle sans pouvoir en détourner les regards. Charles, dont l'admiration est plus calme, m'arracha à ma contemplation :

— Veux-tu donc rester ici ? me dit-il en me tirant par le bras.

Nous parcourûmes d'un bout à l'autre la belle promenade d'Ajot ; elle a six cents mètres de long, et est plantée d'ormes magnifiques. Deux belles statues en marbre blanc, œuvre de Coysevox, décorent ses extrémités ; l'une représente Neptune, et l'autre l'Abondance. Les Brestois sont fiers de leur promenade ; ils ont raison.

Ayant descendu un escalier monumental, qui accède directement au cours d'Ajot, nous nous trouvâmes sur le nouveau port de commerce. Il doit contenir un bassin de radoub, un bassin à flot et un port de marée. Le port de marée seul est achevé ; il est abrité, à l'ouest et à l'est, par deux jetées, et, au sud, par un brise-lame, long d'un kilomètre. Deux passes ont été ménagées pour l'entrée des navires. Les quais à marée, d'une longueur de deux mille sept cent cinquante mètres, sont disposés par éperons saillants, formant une série de bassins, précédés par l'avant-port. La profondeur *minima* des eaux, aux plus basses mers, y est de sept mètres cinquante. Le bassin à flot fera suite au port à marée, avec lequel il communiquera par une écluse à sas. Il sera long de cinq cents mètres et large de deux cents.

Une falaise rocheuse a été percée, pour laisser libre passage au chemin de fer maritime, qui se soude au chemin de fer de Rennes à Brest.

Derrière le bassin à flot se trouvera la gare spéciale au service du port, d'où devra partir le réseau des voies de service, qui déjà pénètre, par un tunnel, dans le port militaire. Deux larges rampes mettront le nouveau port en communication avec la ville et la gare du chemin de fer de Rennes à Brest.

Lorsque ce port sera terminé, le commerce de Brest ne pourra manquer de prendre une grande extension.

Nous rentrâmes à midi, enchantés de notre promenade.

Quand nous ressortîmes après le déjeuner, nous descendîmes la rue de Siam, où nous demeurions, et en quelques minutes, nous arrivâmes au pont tournant, qui relie cette rue à Recouvrance. On nous avait dit que, de ce pont, on pouvait embrasser d'un coup d'œil l'ensemble du port militaire, ce que nous avions le désir de faire avant de visiter ce port en détail.

La ville de Brest est divisée en deux parties par la rivière de Penfeld : Brest proprement dit sur la rive gauche, Recouvrance sur la rive droite. Construit, en 1861, sur le bras de mer où vient se jeter la Penfeld, le célèbre pont tournant franchit le port militaire, dont les établissements s'étendent sur les deux rives, et fait communiquer entre elles les deux parties de la ville. Ce pont, destiné à faciliter au besoin l'entrée du port militaire aux navires du plus haut bord, s'ouvre en deux parties par le milieu; il tourne sur une couronne de galets, ayant pour appui la plate-forme supérieure de deux tours, dont le bas a douze mètres de diamètre. La manœuvre se fait à l'intérieur des tours; elle ne demande pas plus de dix minutes, et deux hommes seulement y sont employés. La largeur de la passe, entre ces deux tours, est de cent six mètres. La longueur totale du pont est de cent dix-sept mètres, et la hauteur moyenne du tablier, au-dessus des basses mers, de vingt-huit mètres. Cette audacieuse construction a coûté 3,000,000. Elle réunit, malgré ses proportions colossales, le triple mérite de la solidité, de l'élégance et de la légèreté.

M. Eymen, dans son *Histoire des ports militaires de France*, nous décrit, mieux que je ne pourrais le faire, l'aspect du port militaire de Brest :

« Du pont tournant, dit-il, en faisant face au sud, la vue s'étend par une large échappée, que laissent la pointe du château et celle de la Recouvrance, jusqu'aux terres lointaines de Lanvéac, avec l'île Longue, Trélorn et l'île des Morts, et l'on découvre également la partie de la rade où sont mouillés la plupart des bâtiments de guerre. A gauche, sur la rive de Brest, se dresse la masse imposante du château, puis sur ses flancs ou à ses pieds, on aperçoit successivement : le poste sémaphorique, la formidable batterie du Parc-au-Duc, un important dépôt de houille, les quais de la mâture, le maréographe, la machine à mâter elle-même. Du côté de Recouvrance, on distingue d'abord les batteries superposées du parc de la Pointe et du Fer-à-Cheval, ainsi que diverses dépendances de l'artillerie qui couvrent la partie supérieure, puis, en contre-bas et au niveau des quais, les établissements principaux du service des subsistances. »

En se retournant et en faisant face au nord, on se trouve en présence d'une ligne interminable d'autres établissements, se développant sur

BREST 1789

la longueur des quais et se superposant à droite et à gauche.

Du côté de Brest, la Recouvrance : « Quelques établissements du service de l'artillerie, la belle caserne de la division des équipages de la flotte ; sur un rocher à pic, les formes de Pontaniou et les bâtiments des forges de la direction des constructions navales, un corps d'édifices s'étendant du pavillon de cette direction à celui du détail des travaux ; puis au-dessus la masse considérable des ateliers du plateau des Capucins. Du côté de Brest, on aperçoit le chantier de construction de l'ancienne forme de Troulan, la ligne d'édifices qui le bordent en arrière ; vers la partie nord, l'importante façade du magasin général, les corps de bâtiments affectés aux magasins particuliers, à la voilerie, à la garniture, aux dépôts de cordages ; la corderie basse, au niveau des quais ; la corderie haute, à mi-côte ; l'hôpital et l'ancien bagne, au sommet ; sur un plan un peu plus élevé, le beau quartier de la Marine, dont la partie supérieure, surmontée de l'observatoire central, émerge de l'allée d'arbres de l'esplanade ; le dôme élégant de l'établissement des Pupilles ; la tour massive de l'église Saint-Louis, enfin les plans étagés de quelques-uns des quartiers de la ville. »

Voilà qui donne une superbe idée de Brest, de sa position et de son importance.

Après avoir admiré longtemps ce magnifique tableau, nous retournâmes sur nos pas, et nous nous rendîmes à la place du Château.

Le château de Brest, si célèbre dans les annales de la Bretagne, est un type remarquable de l'architecture militaire du moyen âge. L'ensemble de la forteresse a la forme d'un trapèze, à chaque angle duquel s'élève une grosse tour. L'ancienne enceinte avait remplacé un *castellum* bâti par les Gallo-Romains, dont on retrouve encore quelques parties dans les courtines qui défendent l'entrée du château du côté de la ville. Le portail de la forteresse, qui date de 1461, se compose de deux tours semi-circulaires entre lesquelles se trouve l'entrée principale. Les cinq autres tours sont celles d'Azénor, de Brest, de César, de la Madeleine et des Anglais.

Une courtine relie la tour de la Madeleine à celle des Anglais, reliée elle-même à la tour de César par la demi-courtine du Parc-au-Duc. Vauban fit terminer par un gros mur la tour de Brest et y établit une magnifique plate-forme. Une longue courtine conduit au donjon. La belle tour d'Azénor, couverte de mâchicoulis, fait partie de l'enceinte du donjon, dont l'entrée, à l'intérieur, se trouve entre cette tour et une tour carrée. Le donjon du xv⁰ siècle formait le vieux château, citadelle intérieure isolée du reste de la place, et comprenant les tours d'Azénor, du Nord et du Midi. A droite de la tour du donjon, se trouve la tour du Midi ou d'Anne de Bretagne, dont l'escalier conduit à des galeries souterraines. On n'oublia pas de nous montrer les cachots et oubliettes situés sous la tour du Nord. A gauche de la tour, un perron conduit au terre-plein du bastion de Sourdéac, qui date de la fin du xvi⁰ siècle. Les tours de César et d'Azénor, les plus anciennes du château, semblent avoir été bâties, ainsi que la petite tour semi-circulaire adossée au donjon, vers la fin du xii⁰ ou au commencement du xiii⁰ siècle. Sous la salle d'armes se trouvent deux galeries souterraines qui servent de magasins.

Les bâtiments situés à l'intérieur du château sont affectés à différents services; ces bâtiments comprennent : la caserne de Plougastel, construite en 1597 par Sourdéac, et celle de Monsieur, qui ne fut terminée qu'en 1825.

Munis d'une permission de l'état-major de la place, nous pûmes voir tout ce qu'il est possible de visiter aujourd'hui de cette belle forteresse dont presque toutes les parties sont occupées par le service de l'armée, ce qui se réduit à peu près aux cuisines, aux cachots et à la grande oubliette qui se trouve sous la tour de Sourdéac, horrible lieu dont le nom seul fait frémir. En y entrant, je me sentis immédiatement saisi d'une immense pitié, en songeant à tant de malheureux qui y vécurent et y moururent, loin de tout regard et de toute consolation.

Quand nous sortîmes du château, il était deux heures; nous n'avions pas les permissions nécessaires pour pénétrer dans le port militaire; nous décidâmes de consacrer notre après-midi à visiter la ville et ses monuments.

Brest, dont les rues ont été en partie percées sur les plans de Vauban, est une ville bien bâtie et où règne une grande animation; mais, comme toutes les villes neuves (elle doit être considérée comme telle), elle est peu riche en monuments.

Partis du château, nous nous dirigeâmes vers le quartier de la Marine; nous passâmes devant une église sans intérêt, celle des Carmes; nous aperçûmes en passant les halles, le musée, la préfecture maritime, le théâtre, les places du Champ-de-Bataille et de La-Tour-d'Auvergne. Après avoir longtemps suivi la rue de la Marine et traversé une magnifique esplanade aux belles allées d'ormes séculaires, nous arrivâmes aux casernes de l'infanterie de marine. Nous nous rendîmes aussitôt aux bureaux de la Majorité afin d'y demander les permissions dont nous avions besoin pour visiter le lendemain le port militaire.

Nous continuâmes à suivre encore quelque temps la rue de la Marine avant d'arriver à l'hôpital, établissement dont les proportions sont immenses, et qui est en son genre un des plus beaux de France. Il fut construit en 1822, est entièrement bâti en pierre bretonne de Kersantan et peut contenir douze cents lits.

En sortant de l'hôpital maritime, nous nous dirigeâmes vers l'établissement des Pupilles. Cet établissement, où les jeunes orphelins adoptés par l'État restent de neuf à treize ans, semble très bien organisé. Nous assistâmes aux manœuvres de ces enfants et fûmes vraiment émerveillés; ils font honneur à leurs instructeurs.

Tout près de la caserne des Pupilles se trouve l'église Saint-Louis, le seul édifice religieux de Brest qui mérite d'attirer l'attention du voyageur, auquel il n'offre encore qu'un intérêt médiocre.

Commencée en 1668, continuée en 1778, cette église ne fut terminée que de nos jours. On n'y voit guère d'intéressant que le maître-autel, ou plutôt les quatre colonnes en marbre antique soutenant le baldaquin, lesquelles proviennent, dit-on, d'un temple de Sérapis et ont été rapportées de Leḥda, en Afrique.

En sortant de Saint-Louis, nous gagnâmes le quai; puis, traversant le pont flottant, établi à quelque distance au-dessous du pont tournant pour la facilité des piétons, nous nous rendîmes au quartier de la Recouvrance. Passant devant les magasins de l'artillerie, dont les bâtiments s'étendent d'un pont à l'autre sur le quai et près de l'église Notre-Dame, nous nous enfonçâmes dans l'intérieur de la ville. Ici l'aspect de Brest change; plus de belles rues alignées, d'élégants magasins, mais de vieilles maisons noires, des ateliers sans nombre; c'est le quartier du travail, du mouvement et du bruit; il n'est pas moins intéressant que les autres. Nous nous y attardâmes. Tout à coup nous nous aperçûmes qu'il était six heures

ÉCOLE DES PUPILLES

et demie. La journée nous avait paru bien courte. Nous regagnâmes notre hôtel à la hâte et arrivâmes en retard pour dîner.

Le soir, nous étions tellement fatigués que nous ne trouvâmes rien de mieux à faire que de nous coucher de bonne heure.

CHAPITRE XXXVIII

BREST (*suite*)

Visite au port militaire. — Le bassin de Brest. — L'esplanade et le magasin général. — Les corderies, les scieries, les pouilleries, etc. — Les cales de la boucherie. — L'arrière-port. — Bassins. — Les cales de Bordenave. — Ateliers de machines à vapeur. — Magasins de la mâture. — Ateliers des cabestans. — Ateliers de peinture et de sculpture. — L'ancienne menuiserie. — Les cales de Recouvrance. — L'anse de Pontaniou. — Ateliers de l'artillerie. — Parc des subsistances. — Observatoire de l'École navale.

Notre journée du lendemain fut consacrée à la visite du port militaire. Munis de la permission que nous avions demandée la veille, nous pénétrâmes dans le port par une porte située à l'extrémité de la Grande-Rue. Nous étions accompagnés, suivant l'usage, d'un militaire, brave homme dont la franche et expressive figure de vieux grognard nous avait tout d'abord séduits. Nous nous trouvâmes aussitôt en face du bassin de Brest, la première forme de radoub qui ait été établie dans un port français. Ce bassin, construit sur les plans de Vauban, a été depuis lors considérablement augmenté. Nous le contournâmes, laissant à droite l'ancien atelier de serrurerie dont nous remarquâmes pourtant la façade d'ordre dorique, et nous nous trouvâmes bientôt devant le magasin général, sur une esplanade que décorent, aux deux extrémités, d'un côté une élégante fontaine surmontée d'une statue d'Amphitrite, par Coysevox; de l'autre, une pièce de canon, fondue par les Vénitiens en 1542 et prise aux Algériens en 1830, *la Consulaire*.

En face de l'esplanade, est une porte grillée surmontée d'un bel écusson sculpté aux armes de France. Ayant passé cette grille, nous nous trouvâmes dans le magasin général.

Construit de 1744 à 1745, ce bâtiment est terminé de chaque côté par un pavillon ; à celui du sud, qui renferme les bureaux de la direction du port, est adossée la tour carrée de l'Horloge.

Le magasin général commence la longue série d'édifices dont nous avions admiré le bel effet, la veille, du pont tournant. Ce sont d'abord trois grands bâtiments contenant les magasins de gréement, les ateliers de la voilerie et de la garniture et le magasin aux cordages. Le soldat qui nous conduisait nous montra les corderies avec grands détails : d'abord la corderie basse, ancien bagne de Louis XIV ; puis la corderie haute, à laquelle nous conduisit un escalier de pierre et qui se compose de vastes bâtiments derrière lesquels se trouve celui qui fut le bagne. Il est aujourd'hui transformé en magasin.

De la corderie, un escalier nous conduisit sur le quai, qui, tournant en équerre devant le magasin à goudron, se dirige au nord-est. Là se trouvent les magasins de chanvre, la petite scierie mécanique, le beau hangar de la nouvelle scierie mécanique et, au-dessus, celui de la poulierie ; nous passâmes devant un magnifique réservoir destiné à approvisionner d'eau les navires et l'hôpital de la Marine ; enfin nous nous trouvâmes en face du pont qui forme l'anse de la Tonnellerie, ainsi nommée des ateliers de la tonnellerie qui occupent la rive opposée à celle où nous nous trouvions. Continuant à remonter la rive gauche de la rivière, nous nous trouvâmes près du chantier de pierres de taille du Point-du-Jour.

— Là, nous dit notre guide, il y avait autrefois un joli jardin, mais on l'a supprimé ; il gênait.

Quelle figure ferait aujourd'hui, à pareille place, un jardin !

Nous passâmes devant les cales de la boucherie et le parc au bois de chauffage et arrivâmes à l'endroit où l'on dépèce les vieux bateaux. Là, une chaîne, tendue entre un poste établi sur la rive et le bâtiment flottant de l'arrière-garde, nous indiqua la limite du port proprement dit.

Pour visiter l'arrière-port qui s'étend jusqu'à la Penfeld et où se trouvent les magasins d'artillerie de Kervallon, la digue et d'autres établissements, il faut une permission spéciale que nous n'avions pas songé à demander.

— Messieurs, si vous voulez prendre un canot pour traverser la rivière, nous dit notre guide, nous visiterons Recouvrance.

Sur notre réponse affirmative, il fit signe à un batelier, qui vint aussitôt nous prendre, et, au bout de quelques instants, nous déposa sur l'autre rive.

A l'extrémité du quai de Quelversan, notre guide attira notre attention sur une demi-forme creusée, nous dit-il, de 1822 à 1827, et un double bassin, pouvant, à l'aide de trois portes mobiles, recevoir soit deux navires ayant chacun une sortie spéciale, soit un bâtiment de la plus grande dimension.

— La création de deux bassins de radoub a été, nous dit-il, décidée en 1864; ils seront parallèles à la double forme existante; un seul est terminé, comme vous le voyez. C'est l'ensemble de ces formes et de ces bassins que l'on désigne sous le nom de bassins du Salou.

Nous longeâmes un plateau, planté de pins de Riga, en face duquel sont les quatre cales de Bordenave, et passâmes sous le viaduc des ateliers des Capucins, un beau viaduc en pierre de trente mètres d'ouverture.

Les ateliers des machines à vapeur du plateau des Capucins occupent deux hectares et demi de terrain, c'est un établissement des plus grandioses et un de ceux que je visitai avec le plus d'intérêt.

« Le sol du plateau (des Capucins), dit M. Donneaud, est élevé de vingt-cinq mètres au-dessus du niveau des quais; mais cet inconvénient est atténué non seulement par la proximité des grandes forges et autres ateliers de constructions navales, mais encore par l'établissement d'une rampe praticable aux voitures, ainsi que par des grues que relie aux ateliers un réseau complet de voies ferrées. Cet établissement se compose de trois grandes halles parallèles, larges de seize mètres, longues de cent cinquante, séparées les unes des autres par des bâtiments plus bas, dits annexes.

» On les appelle, en raison de leur destination, halles de fonderie, d'ajustage et de montage. A l'est de cette dernière, les bâtiments annexes sont occupés par la grosse chaudronnerie où l'on s'occupe de la construction des machines à vapeur.

» Deux môles, ou massifs en maçonnerie, construits aux deux extrémités des ateliers des machines, portent des grues puissantes qui, élevant ou abaissant les fardeaux, mettent le plateau des Capucins en communication directe avec les quais et avec les navires. Le môle du sud est dit môle de la Chaudronnerie; celui du nord, môle du Viaduc, parce qu'il est relié au plateau par l'arche que nous avons déjà signalée. Sur ce môle, à côté d'une grue ordinaire, est une grue colossale appelée grue du Viaduc, qui tourne au moyen de la vapeur sur un cercle de galets jointifs. Elle est faite pour élever des poids de quarante tonnes, et peut en élever le double; sa portée est de dix mètres. En deux heures, avec une vingtaine d'hommes et quelques kilogrammes de charbon, elle exécute l'établissement, à bord d'un navire, mouillé au pied du môle, d'un système de cinq chaudières, opération qui exigeait autrefois le travail de six cents à huit cents hommes pendant toute une journée.

» Le développement des voies ferrées reliant les ateliers des machines entre eux ou avec les môles, est de plus de deux mille mètres. »

Après avoir visité des ateliers de machines à vapeur, continuant à suivre le quai, nous passâmes devant les magasins de la mâture, l'atelier des cabestans, l'école élémentaire des apprentis et les ateliers de peinture et de sculpture. Ce dernier est, paraît-il, fort intéressant; mais, pour le visiter, il faut une permission spéciale que nous n'avions pas demandée, ignorant qu'elle fut utile; nous dûmes donc y renoncer.

Nous nous trouvâmes bientôt devant un des plus beaux bâtiments de l'arsenal, l'ancienne menuiserie. En face sont deux cales de construction, désignées, avec celles de Bordenave, sous le nom de cales de Recouvrance; ces cales sont magnifiques : l'une d'elles est couverte d'une belle toiture supportée par des piliers de granit. On trouverait difficilement une autre cale couverte où l'on puisse construire des vaisseaux du plus haut rang.

Enfin, nous arrivâmes à l'anse de Pontaniou, formée par quatre superbes bassins creusés dans le roc, qui, placés par deux au bout l'un de l'autre, se communiquent, par des portes battantes, les eaux qu'ils reçoivent par les bateaux-portes qui les séparent de la mer. Cette anse est bordée par l'atelier des charpentiers et les grandes forges d'un côté; et, de l'autre, par un bâtiment renfermant de nouvelles forges, le nouvel atelier de serrurerie, le magasin au fer, etc.

Près de l'extrémité supérieure des bassins, la levée de Pontaniou conduit, d'une part, aux ateliers et aux magasins de la direction des travaux hydrauliques, appelés la Madeleine, et de l'autre à Cayenne, plateau où se trouve la caserne des équipages de ligne, caserne pouvant contenir trois mille cinq cents hommes. Ayant suivi cette dernière direction, nous redescendîmes sur le quai, près des ateliers de l'artillerie, composés de trois corps de bâtiments que nous visitâmes en détails et qui sont très curieux. Dans le premier sont renfermées la Sainte-Barbe, l'armurerie et une magnifique salle d'armes; le second contient les ateliers des tours, de l'ajustage, etc.; le troisième est occupé par la direction et par des magasins d'ustensiles, les ateliers de la garniture et du charronnage.

En sortant des magasins d'artillerie, nous passâmes sur le pont tournant, et nous trouvâmes sur le quai Jean-Bart. Après avoir longé l'ancien port de Commerce, nous arrivâmes près de la grille du parc des subsistances où nous pénétrâmes. Ce parc contient trois boulangeries, employant vingt et un fours et un assez grand nombre de machines à vapeur; la boucherie, des magasins de salaisons, de légumes secs et de denrées coloniales, enfin tout ce qui est nécessaire à l'alimentation des soldats.

En sortant du parc des subsistances, notre guide nous demanda si nous voulions monter au plateau de la Pointe. Assurément, nous le voulions. Sur ce plateau, auquel conduit une pente escarpée, est placé un observatoire destiné aux élèves de l'école navale; là aussi est une poudrière ainsi qu'un parc où sont confectionnées les cartouches, les gargousses et toutes les pièces d'artifice. C'est sur le terre-plein du rempart, appelé du Fer-à-Cheval, à cause de sa forme, que se trouve la belle batterie dite Nationale.

C'est un magnifique coup d'œil que celui du port de Brest vu de cette place, d'où on le domine dans son entier; mais nous n'en pûmes jouir longtemps, nous eussions craint d'abuser de la complaisance du vieux soldat qui nous servait de guide. Nous redescendîmes, et fûmes bientôt près de la grille qui ferme l'arsenal, tout près du pont tournant. C'est là que nous nous séparâmes de ce brave homme, après l'avoir largement récompensé de ses services, et heureux de penser, n'ayant eu qu'à nous louer de lui, que lui aussi serait content de nous.

Nous passâmes la soirée sur le cours d'Ajot; il faisait une nuit splendide, un superbe clair de lune éclairait la rade, jamais on ne vit plus merveilleux, plus féerique tableau. Il fallut rentrer pourtant, nous allions le lendemain au Conquet, et la voiture partait de bonne heure.

CHAPITRE XXXIX

LE CONQUET

La presqu'île de Kermorvan. — Le cap Saint-Matthieu. — L'église abbatiale.

Il était à peine dix heures quand nous arrivâmes au Conquet. Le Conquet est un joli village situé sur le penchant d'une colline escarpée. Son port, formé par le bras de mer qui le sépare de la presqu'île de Kermorvan, n'est aujourd'hui fréquenté que par des bateaux pêcheurs. Le Conquet fut autrefois une place importante; dévasté par la guerre, il n'est plus autre chose qu'un modeste village, sur la plage duquel on voit quelques cabanes de bains. Cette plage, couverte de sable fin, entourée de beaux rochers percés de grottes curieuses, doit être agréable pour les baigneurs. Nous nous y promenâmes quelques instants, puis nous hélâmes une barque, et nous fîmes conduire à la presqu'île de Kermorvan.

Nous nous dirigeâmes d'abord vers le phare, situé à l'extrémité ouest, sur le point du continent français le plus avancé dans l'Atlantique. Le phare de Kermorvan, posé sur une roche élevée, est à feu fixe, d'une portée de onze milles; nous le visitâmes afin de jouir du magnifique panorama que l'on découvre de sa lanterne.

Du phare, nous nous rendîmes à la plage des Blancs-Sablons, vaste et magnifique plage, qui s'étend de l'autre côté de la presqu'île. Son éloignement de Paris a pu seul dérober cette admirable plage au flot toujours montant des baigneurs. Nous nous reposâmes quelque temps, assis sur un rocher, en face de l'Océan, puis nous nous rembarquâmes pour le Conquet. Nous eûmes encore le temps de visiter l'église avant le déjeuner. Cette église, de style ogival moderne, renferme un beau vitrail, placé derrière le maître-autel, et des boiseries sculptées; mais ce que nous voulions y voir, c'était le tombeau de Michel Nobletz.

Dernier apôtre de la Bretagne, Michel Nobletz porta le coup mortel à la religion druidique et, de l'île de Sein, autrefois repère de pirates, fit une île chrétienne et pacifique; il est juste que sa mémoire soit en vénération dans ces contrées.

N'ayant plus rien à voir au Conquet, nous déjeunâmes, puis aussitôt nous nous remîmes en route pour la pointe Saint-Matthieu. Nous prîmes un sentier, tracé le long des falaises. La côte, très accidentée sur cette partie du littoral, déchirée par l'effet de la tempête, offrant à chaque instant de petites baies plus ou moins profondes, et semée de récifs à fleur d'eau, nous parut excessivement pittoresque.

Le cap Saint-Matthieu est la pointe rocheuse et escarpée qui forme l'extrémité du département du Finistère. Un monastère y fut fondé dès le VIe siècle par saint Tonguy, à la place, dit la légende, où avait été déposé le chef de saint Matthieu, apporté d'Éthiopie par des navigateurs de Léon. Ce monastère, converti en 1157 en abbaye de Bénédictins, fut détruit pendant la révolution. De l'église paroissiale, il ne reste guère qu'un beau portail du XIVe siècle; mais l'église abbatiale, élevée probablement de 1157 à 1208, offre encore de belles et imposantes ruines. La nef a sept travées, le transept et le chœur sont également bien conservés. La voûte crevassée de la vieille église a résisté huit siècles aux tempêtes; combien de temps résistera-t-elle encore? peut-être des siècles.

A côté des ruines de l'abbaye, est un phare à feu fixe, haut de vingt-cinq mètres et d'une portée de dix-huit milles, dont les feux se croisent avec ceux d'Ouessant pour guider les navires qui, la nuit, tentent l'entrée du goulet de Brest.

La vue du cap Saint-Matthieu est admirable. En face de soi, les îles de Béniguet, de Molène et d'Ouessant; à droite, les récifs du passage du Four; à gauche, ceux de l'Iroise et la pointe du Raz-de-Sein; puis, à l'horizon, l'Océan, l'Océan à perte de vue. « Les ruines de l'abbaye de Saint-Matthieu et la vue du cap qui termine notre monde, sont des tableaux que ni plume ni pinceau ne peindront jamais, » dit Pitre-Chevalier.

Nous fûmes longtemps près du phare, les yeux fixés sur ce magnifique et imposant panorama, sans pouvoir en détourner nos regards.

Il fallut bien pourtant nous décider à nous remettre en route, car nous voulions retourner pédestrement à Brest afin de voir la côte, et nous n'avions que le temps d'arriver avant la nuit.

PHARE SAINT-MATTHIEU

Nous avions fait environ une lieue, quand nous rejoignîmes la route que nous avions suivie en voiture le matin. Nous aperçûmes bientôt un fort, celui de Bertheaume, nous a-t-on dit depuis, situé sur un îlot rocheux qu'un pont de cordes relie au continent. Nous longeâmes l'anse du même nom sur une belle plage de sable fin, traversâmes le hameau de la Trinité, passâmes devant le fort Montbarey, traversâmes Saint-Pierre-Quilbignon, et arrivâmes à Brest, comme sept heures sonnaient à toutes les horloges de la ville.

CHAPITRE XL

L'ILE D'OUESSANT

De Brest à l'île d'Ouessant en bateau à vapeur. — Origines de l'île. — Les phares. — Population d'Ouessant, ses usages, ses mœurs, ses ressources. — Retour à Brest. — Visite à l'École navale.

A table, ce jour-là, toutes les conversations roulèrent sur le même sujet. Pendant notre absence, on avait affiché le départ d'un bateau à vapeur pour Ouessant; ce départ devait avoir lieu le lendemain, à six heures du matin, et une grande partie des voyageurs, demeurant à l'hôtel en ce moment, se promettaient de faire cette intéressante excursion. Il faut avouer que la chose était tentante. Aussitôt le dîner, nous allâmes retenir nos places sur le bateau, puis nous rentrâmes dans l'intention de prendre un peu de repos afin de nous préparer aux fatigues du lendemain.

Notre départ pour Ouessant s'effectua gaiement; le temps était magnifique, la mer calme, et tout nous promettait un charmant voyage. Nous ne fûmes pas déçus dans notre espérance; deux heures plus tard, nous débarquions tous bien portants, sauf peut-être quelques-uns, et tous, sans exception, enchantés de la traversée.

Avant d'arriver au but de notre voyage, nous avions aperçu et côtoyé souvent les différentes îles qui, collectivement, forment l'archipel désigné par le nom d'Ouessant :

D'abord, près du Conquet et de la côte Saint-Matthieu, l'île Béniguet (*île bénite*); cette île, d'après les renseignements que nous fournit un passager, natif des environs de Brest, qui avait fait nombre de fois le voyage, est une propriété particulière dont une partie seulement est cultivée, le reste étant destiné à l'incinération du varech servant à la fabrication de la soude ;

Plus loin, l'île Molène, escale ordinaire des bateaux du Conquet, qui, nous dit-on, fait un commerce considérable d'un engrais végétal connu sous le nom de cendres de Molène ;

L'îlot de Quéménez, composé de deux parties : Quéménez et Lédeniz-Quéménez, reliées entre elles par une jetée que la marée basse laisse à sec ;

L'île d'Ouessant, la principale de l'archipel qui porte son nom et de beaucoup la plus grande, est aussi la plus éloignée du continent. C'est la terre la plus occidentale de l'Europe. Son circuit est d'environ seize kilomètres ; ses côtes, très escarpées, défendues par une ceinture de rochers, sont d'un accès fort difficile. Elle est séparée des autres îles du même groupe par le passage du Fromveur, et du continent par le chenal du Four à l'est, et, au sud, par le canal de l'Iroise, appelé aussi chaussée des Pierres-Noires. Cette île, qui n'est autre, croit-on, que l'*Uxentissima* d'Antonin et l'*Axantes* de Pline, est appelée par les habitants *Hussa* ou *Heussa* et, par les Anglais, *Ushant* ; on lui a aussi donné le nom de l'*Enez-Heussa* (l'île de l'Épouvante).

Eux ou *Heuz*, une des quatre grandes divinités druidiques, avait dans cette île un temple desservi par des vierges qui, comme celles de l'île de Sein, prédisaient les tempêtes, vendaient les vents aux marins et entretenaient perpétuellement le feu sacré.

L'île d'Ouessant appartint longtemps aux évêques de Léon. Les Anglais la ravagèrent en 1338 ; elle fut achetée, en 1553, par la famille de Rieux, qui la posséda pendant près de deux siècles. Après l'extinction de cette famille, dont le dernier descendant mourut en 1709, elle fut cédée au roi de France, en 1764, pour une somme de 30,000 francs et une rente viagère de 800 francs.

En fait de monuments, il n'y a rien autre chose à voir dans l'île que les phares. Celui qui donne sur la pointe nord-est de l'île fut construit, en 1774, à quatre-vingt-trois mètres d'altitude ; il est de premier ordre, à feu fixe et a dix-huit milles de portée ; l'autre, qui ne date que de 1863 et est placé à l'extrémité nord-ouest de l'île, sur la pointe Penmarck-Creac'h, est également de premier ordre; sa portée est de vingt-quatre milles; il est à éclipse, un éclat rouge alternant, de vingt en vingt minutes, avec deux éclats blancs.

Ce qu'il y a de plus curieux à étudier à Ouessant, c'est la population. Les hommes y sont d'une rare beauté et d'une force musculaire peu commune; les femmes, généralement grandes, sont belles, d'une antique et sévère beauté. Leur costume est original et fort joli. Elles portent une robe flottante; leurs cheveux, ordinairement beaux et abondants, s'échappent de leur coiffure, assez semblable à celle des Napolitaines. Si les femmes sont magnifiques, les jeunes filles sont ravissantes. Quels remarquables modèles! mais nous n'avions qu'une heure pour visiter l'île.

Les hommes d'Ouessant fournissent à la flotte les meilleurs marins. Revenus du service, presque tous sont pilotes et pêcheurs et laissent à leurs femmes le soin de cultiver la terre.

Très courageux, les marins d'Ouessant ont souvent occasion de porter secours à des navires en danger de se briser sur les récifs qui environnent leur île; jamais ils n'hésitent à exposer leur vie pour sauver celle de leurs semblables.

L'hospitalité pour les naufragés est un culte chez les gens d'Ouessant.

Il est dans cette île un singulier usage qui doit remonter à des temps très anciens et peint bien la simplicité de mœurs de la population.

Quand un marin d'Ouessant meurt en mer, ses parents et ses amis, dès qu'ils apprennent la triste nouvelle, portent dans sa maison une petite croix de bois, destinée à figurer la dépouille du défunt. Le clergé va prendre cette croix avec les cérémonies usitées pour un enterrement, et lui rend les honneurs funèbres. Pendant le convoi, appelé *proella*, la petite croix occupe la place du cercueil. L'homme qui la porte pendant la cérémonie est autant que possible le parrain du naufragé; après l'office, il va, suivi de la foule, déposer ce symbole de douleur et d'espérance, renfermé dans un coffret, au pied d'une statue de saint Pol, patron de l'île.

En nous promenant dans l'île d'Ouessant, nous fûmes frappés de la fertilité relative du terrain, fertilité qui ne peut être attribuée qu'à

CHAPITRE XL

la culture, car le sol y est naturellement d'une désolante aridité. Pas un arbre n'offre au promeneur l'abri de son ombre : des rochers et des bruyères, voilà tout ce qu'on rencontre dans les parties de l'île que l'homme, je devrais dire la femme, n'a pas travaillées.

On élève à Ouessant beaucoup de chevaux et surtout de moutons. L'élève des bestiaux et le produit de la pêche sont, à peu près, les seules ressources du pays, d'ailleurs fort pauvre.

Pendant les mauvais jours d'hiver, les habitants d'Ouessant vivent complètement séparés du monde dans leur île, sans cesse battue par la vague et les vents. Ils ont chez eux un prêtre, une maison d'école, un médecin; ils ne demandent rien autre chose. Ils n'ont ni riches ni mendiants, et ne se plaignent pas de leur sort.

Nous repartîmes pour Brest dès que l'état de la marée le permit; nous n'avions que le temps de rentrer avant la nuit.

Notre traversée fut bonne, moins pourtant que celle du matin; la mer était un peu houleuse, et plusieurs voyageurs furent assez désagréablement éprouvés; pour nous, nous arrivâmes à Brest en parfaite santé.

Le lendemain, nous nous réveillâmes par le plus affreux temps qu'il soit possible d'imaginer. Nous avions d'abord pensé quitter Brest ce jour-là; mais notre promenade de la veille avait modifié nos projets, en nous empêchant de faire à l'École navale une visite que ne dédaigne aucun voyageur de passage à Brest, et à laquelle nous étions plus forcés que personne, car Charles avait un jeune cousin sur *le Borda,* et la mère de ce parent comptait sur lui pour lui donner des nouvelles de son fils, des détails sur son installation et sa manière de vivre à bord.

A midi, le ciel s'étant un peu éclairci, nous nous rendîmes au port de Commerce; là nous prîmes un petit bateau qui nous conduisit à bord du vaisseau-école, mouillé en rade à cinq cents mètres de l'entrée du port. Le capitaine de vaisseau commandant, pour lequel nous avions une lettre de recommandation, nous donna toutes les autorisations possibles et permit au jeune Daroux, le cousin de Charles, de nous accompagner dans la visite minutieuse que nous fîmes du *Borda.*

Soixante-dix à cent élèves sont admis à l'École chaque année; ils y restent deux ans, et, s'ils passent convenablement leurs examens, en sortent officiers de marine.

Tous ces jeunes gens sont bien portants et semblent heureux de leur sort; ils sont très paternellement traités.

— N'as-tu jamais regretté la détermination que tu as prise? demanda Charles à son cousin.

— Non, répondit sans hésiter celui-ci. Les commencements sont toujours un peu durs, mais la vie du marin a tant d'attraits!

— Pour quelques-uns, reprit Charles.

Quand nous quittâmes *le Borda*, la pluie avait repris de plus belle; il fallut rentrer et nous résigner à passer à l'hôtel les quelques heures qu'il nous restait à demeurer à Brest, d'où nous partions, sans remise, le lendemain matin à six heures.

CHAPITRE XLI

DE BREST A CAMARET

Départ de Brest par le bateau à vapeur. — Le Frêt. — Crozon. — Les grottes de Morgat. — Camaret. — La presqu'île de Roscanvel. — Le château de Dinan.

Nous nous embarquâmes au port du Commerce et traversâmes la baie sur un bateau à vapeur, qui, chaque jour, conduit au Frêt des voyageurs qu'il va reprendre le soir quand ils se sont suffisamment promenés ou ont terminé leurs affaires. Un omnibus, que nous trouvâmes à l'arrivée, nous conduisit, Charles et moi, à Crozon, tout près des grottes célèbres de Morgat.

Descendus dans la cour d'un hôtel que nous fûmes vraiment étonnés de trouver sur cette plage éloignée, nous commençâmes par déjeuner. C'était le plus pressé, car nous n'avions encore rien pris. Nous demandâmes ensuite un guide pour nous conduire aux grottes.

— Vous feriez bien de louer un bateau, nous dit notre hôte; vous approcheriez plus facilement des grottes et les verriez mieux.

Nous suivîmes l'avis de cet homme; un enfant du pays, un grand garçon de quinze ans, à la figure intelligente et ouverte, nous accompagna.

Nous trouvâmes facilement le bateau désiré.

Je me rappellerai toujours cette promenade aux grottes de Morgat. Rien de splendide comme ces grottes immenses, creusées par la nature dans l'épaisseur de la falaise! Toutes sont superbes; mais il en est une magnifique entre toutes, c'est celle appelée *Grotte de l'Autel.* Il me semble y être encore. Le temps était fort beau ce jour-là ; à travers les arcades hardies qui servent de portes à cette mystérieuse demeure, assez semblable à une église souterraine, la baie nous apparaissait immense, agrandie encore par l'éclat des stalactites suspendues à la voûte et aux parois de la grotte, qui, frappées directement par les rayons du soleil, en répercutaient la lumière, tandis qu'à l'intérieur un jour pâle et mystérieux filtrait à travers les sombres profondeurs. Je n'avais jamais rien vu de pareil. Je me crus transporté dans quelqu'une de ces mystérieuses cavernes si bien décrites dans *les Mille et une Nuits*.

En quittant les grottes de Morgat, nous retournâmes à l'hôtel, où nous nous informâmes si nous pourrions avoir une voiture pour nous rendre directement à Camaret.

— C'est très facile, nous répondit le maître d'hôtel. Quand voulez-vous partir ?

— Le plus tôt possible.

— C'est bien, je vais faire atteler ; ce ne sera pas long.

Un quart d'heure après, nous étions en route.

Nous longeâmes longtemps l'estuaire de la rivière de Kerloch et arrivâmes enfin à un pont que nous traversâmes ; après quoi nous nous engageâmes sur une chaussée étroite et fort longue.

— Est-ce que cette chaussée n'est jamais couverte par la mer ? demandai-je à notre cocher.

— Oh ! si, Monsieur, mais seulement par les gros temps. Au printemps dernier, elle fut, pendant plus d'un mois, couverte à toutes les marées.

Nous arrivâmes à Camaret vers midi. Nous commençâmes par nous informer, près de notre cocher, s'il y avait dans le pays un hôtel où nous pussions déjeuner.

— Un hôtel serait difficile à trouver ici, nous répondit cet homme ; mais si vous pouviez vous contenter d'un bon plat de poisson et de quelques œufs, je vous conduirais chez une brave femme qui vous procurerait cela.

Nous acceptâmes la proposition du cocher.

La bonne Marie est une femme de pêcheur qui, ayant beaucoup d'enfants à nourrir, est ravie quand Pierre, un vieil ami, lui amène

GROTTES DE MORGAT (GROTTE DE L'AUTEL)

des étrangers; c'est, pour elle, le bénéfice inattendu qui pourvoit à quelque dépense un peu lourde.

Nous déjeunâmes fort bien. La matelote était excellente, et les œufs pondus du matin.

Aussitôt après le déjeuner, nous nous rendîmes au port.

Camaret est un petit port de relâche à l'entrée duquel s'élève une jetée; sur la jetée sont une petite chapelle et un fortin.

Deux forts défendent Camaret : l'un est établi à un kilomètre nord du bourg, à la pointe du Grand-Groin; l'autre, un peu plus loin, à l'est, à la pointe de Toulinguet; c'est vers ce dernier que nous nous dirigeâmes.

Sur la route, une enceinte druidique, d'une très grande étendue et d'une forme singulière, attira notre attention.

A la pointe de Toulinguet, près du fort, est un phare à feu fixe rouge, d'une portée de dix milles, qui, avec un feu fixe blanc, placé sur la côte est de l'anse de Camaret, est chargé d'éclairer ces côtes dangereuses, celles de tout le littoral où l'on signale le plus de naufrages.

De la pointe de Toulinguet, suivant toujours le bord de la mer, nous allâmes jusqu'à l'entrée de la presqu'île de Roscanvel. Cette presqu'île, reliée au continent par les lignes de fortification de Quélern, est un véritable camp retranché, destiné à couvrir au sud le goulet de Brest.

A quatre heures, nous étions de retour à Camaret, où notre cocher nous avait attendus.

Comme nous approchions de Crozon,

— Où conduit donc ce chemin? demandai-je à cet homme en lui montrant une route qui descendait du côté de la mer.

— A l'anse de Dinan, me répondit-il; n'irez-vous pas voir le château de Dinan? C'est une promenade à faire.

— Nous n'avons malheureusement pas le temps de faire toutes les promenades qui pourraient nous tenter. Mais qu'est-ce que ce château?

— Ce château, d'abord, n'est pas un château, mais un rocher qui doit son nom à sa forme bizarre. On y arrive par un pont naturel, à deux arches, dont l'une, disent les savants, est de forme... ogivale, je crois, et l'autre d'une forme plus ancienne.... Comment cela s'appelle-t-il?

— Roman?... plein cintre?

— Plein cintre... je crois que c'est cela. Ce qu'il y a de certain,

PIERRES CELTIQUES PRÈS DE CAMARET

c'est que tout le monde dit que c'est quelque chose de fort beau que le château de Dinan.

— Vous nous donnez des regrets.

Nous couchâmes à Crozon.

CHAPITRE XLII

DE CROZON A PLOGOFF

De Crozon à Douarnenez par la baie. — Douarnenez. — Audierne. — Plogoff.

Le lendemain, de bonne heure, nous nous informâmes d'un bateau à louer qui pût nous faire traverser la baie et nous conduire à Douarnenez. Cela fut difficile à trouver, car tous les pêcheurs étaient à la pêche de la sardine; on finit cependant par nous adresser à un vieux marin, que sa santé avait empêché de partir avec les autres et qui, dans l'été, avait fait faire la traversée à bien des voyageurs.

Après avoir dépassé Morgat et plusieurs îlots rocheux, nous passâmes devant le cap de la Chèvre, pointe élevée de plus de cent mètres au-dessus du niveau de la mer, et qui forme l'extrémité de la presqu'île de Crozon.

— Au-dessous du promontoire, s'ouvre, nous dit le pêcheur qui nous conduisait, une belle grotte connue sous le nom de caverne du Charivari.

— D'où lui vient ce nom?

Cet homme ne put nous le dire.

A partir de ce moment, à notre droite, entre le cap de la Chèvre et la pointe du Raz, nous ne vîmes plus rien que la mer, tandis qu'à notre gauche, les derniers contreforts des montagnes Noires, dominés par le Méné-Hom, servaient de fond grandiose à la baie.

Le Méné-Hom, dont nous avions dû, faute de temps, renoncer à faire l'ascension, est composé de trois mamelons recouverts de bruyères pierreuses et surmontés, l'un d'un dolmen, l'autre d'une enceinte de terre, nommée Castel-Douar, et le troisième des restes d'un cromlech. Sa cime est souvent enveloppée de brouillards et de vapeurs ; heureusement, ce jour-là, il se détachait nettement sur le ciel. Son point culminant est élevé de trois cent trente mètres au-dessus de la mer.

Cependant nous avancions toujours ; j'étais songeur. De lugubres souvenirs s'attachent à cette baie de Douarnenez. Il y eut, dans cette partie de la Bretagne, une riche et puissante cité; comme autrefois sur Sodome, la vengeance céleste s'abattit sur la célèbre ville d'Is. Elle disparut dans les flots. Plusieurs auteurs nient que cette ville ait jamais existé ; cependant, à différentes reprises, on trouva dans la baie de Douarnenez des restes d'édifices, remontant à la plus haute antiquité. N'est-ce pas une preuve évidente que là fut une importante cité? Et puis, dans toutes les légendes, et même dans toutes les chroniques du pays, il est question de la ville d'Is, et les chroniques et les légendes ont toujours un fond de vérité.

— Voici l'île Tristan ! dit tout à coup le batelier.

L'île Tristan est un rocher, célèbre pour avoir, au XVI° siècle, servi de repère à un brigand fameux, de Fontenille, dont les crimes et l'atroce cruauté répandirent longtemps la terreur dans les environs.

L'île Tristan est très proche du port; nous étions donc arrivés. En effet, quelques instants plus tard, nous débarquions à Douarnenez. Il était de bonne heure encore, et, comme cette fois nous avions mangé avant de partir, nous eûmes le temps de visiter la ville avant de nous rendre à l'hôtel où nous envoyâmes seulement nos valises. Cela nous fut d'autant plus facile qu'il n'y a vraiment rien à voir à Douarnenez.

Si cette petite ville, bâtie sur des rochers, est, dans la saison, fréquentée par les baigneurs, c'est pour sa position, sa baie et ses magnifiques et pittoresques environs.

La petite plage du Guet est d'ailleurs assez agréable.

Dans le port de Douarnenez, situé sur la baie du même nom, se fait un très grand commerce de poisson frais et salé ; mais l'indus-

CHAPITRE XLII

trie principale et la richesse de Douarnenez, c'est la pêche et la salaison des sardines. Cette pêche, qui se fait de juin en décembre et dont

DOUARNENEZ

le produit s'élève en moyenne à 9,000,000 de francs, occupe chaque année environ quatre mille pêcheurs montant huit cents bateaux.

Une voiture publique partait à une heure de Douarnenez pour Audierne ; nous en profitâmes. Nous désirions aller ce jour-là même au cap du Raz, et, si cela ne se pouvait pas, du moins en nous en rapprochant, nous nous avancerions pour le lendemain.

Audierne, en breton *Oddiern*, est une petite ville située sur la rive droite de la rivière de Goayen, à l'embouchure de laquelle se trouve son port. Lorsque nous le visitâmes, la mer était basse, et ce port absolument à sec, car il ne se couvre qu'à la marée montante. Au port d'Audierne commence une belle jetée de granit, que nous suivîmes et qui nous conduisit à la pointe Ravalis, sur laquelle est établi un phare, et d'où l'on découvre une grande partie de la magnifique baie d'Audierne. A droite de cette jetée s'étend une belle plage de sable, parsemée de petits rochers, sur laquelle sont les cabines destinées aux baigneurs. Un second bain est établi près du jardin des Capucins.

Nous ne restâmes pas longtemps à Audierne ; Plogoff n'en est qu'à dix kilomètres. Nous nous dirigeâmes vers Plogoff.

Nous marchions depuis quelque temps déjà, quand nous rencontrâmes une petite chapelle. Un paysan, qui sans doute venait d'y faire ses dévotions et que nous interrogeâmes, nous apprit qu'elle était dédiée à Notre-Dame du Bon-Voyage. Quelle touchante appellation ! Nous ne pûmes faire autrement que d'y entrer quelques instants.

A partir de cet endroit, l'aspect du pays changea, et, à mesure que nous avançâmes, il devint de plus en plus triste et sauvage ; il en fut ainsi jusqu'à Plogoff, où nous arrivâmes presque à la nuit.

Nous mourions de faim ; nous entrâmes dans la première auberge que nous rencontrâmes ; nous ne nous montrâmes pas difficiles, persuadés que nous étions que c'eût été peine perdue. Nous dînâmes fort modestement, et, ne sachant que faire, nous nous couchâmes aussitôt sortis de table, après avoir recommandé de nous réveiller le lendemain à la première heure.

BAIE DE DOUARNENEZ

CHAPITRE XLIII

DE PLOGOFF A PONT-L'ABBÉ

La baie des Trépassés. — La pointe du Raz. — Les rochers de Penmarc'h. — Le désert de Plogoff. — L'étang de Laoual. — L'île de Sein. — Pont-Croix. — Départ pour Pont-l'Abbé. — Hommes et femmes de Pont-l'Abbé. — L'église. — Notions historiques. — Voyage à Penmarc'h et Kiritry.

Il était à peine six heures quand nous quittâmes l'auberge de Plogoff et nous mîmes en route pour la pointe du Raz. Bientôt nous aperçûmes, à notre droite, la baie des Trépassés, ce golfe redoutable où ont eu lieu tant de naufrages. En regardant ces eaux sombres, en songeant aux malheureux engloutis à jamais sous ces ondes perfides, je sentis mon cœur oppressé. Je comprends qu'élevé dans ces contrées sauvages et désolées, le Breton soit grave et triste.

A mi-chemin du cap, nous rencontrâmes le village de Lescoff. A partir de ce moment, le pays prit un aspect tout particulier.

De Lescoff à la pointe du Raz, toute trace de végétation et aussi de civilisation disparaît; ce n'est partout qu'aridité, silence et ruines : ruines, car, à chaque pas, au milieu de cette nature désolée, des débris informes d'antiques constructions affirment qu'il y eut là jadis une importante cité.

Enfin nous arrivâmes à la pointe du Raz, à l'extrémité du vieux monde, désigné par le nom de *Gobæum promontorium*. Un spectacle magnifique et grandiose, d'une terrible magnificence, d'une sauvage grandeur, s'offrit alors à nos regards. Les îles d'Ouessant et de Sein, quelques îlots rocheux voisins de la côte étaient les seules terres que nous eussions en vue; au delà s'étendait l'admirable baie dont le nom seul évoque de lugubres pensées : la baie des Trépassés. Suivant les savants, cette baie doit son nom à une tradition celtique d'après laquelle les druides, après leur mort, y étaient embarqués pour être ensevelis dans l'île de Sein. Mais les nombreux naufrages dont elle fut le théâtre suffiraient seuls à justifier ce sinistre nom, sans cette circonstance que les naufragés de l'Iroise, sorte de golfe compris entre Brest et les îles d'Ouessant et de Sein, sont d'ordinaire entraînés dans cette baie par les courants.

La pointe du Raz, ou cap Sizan, s'avance entre deux côtes hérissées d'écueils; c'est là qu'il faudrait voir une tempête pour en comprendre toute l'horreur; mais on ne peut guère s'y aventurer par les gros temps, d'autant plus que la mer déferle sur le chemin qui y conduit. Le jour où nous y allâmes, le temps était assez calme, et nous pûmes, conduits par un guide que nous avions amené de Lescoff, visiter une grande partie du cap et même, avançant jusqu'à la pointe extrême du promontoire, plonger un regard curieux dans l'affreux gouffre appelé l'*Enfer de Plogoff*, abîme en forme d'entonnoir dont le fond est formé de roches granitiques de couleur rougeâtre, et où la mer s'engouffre avec un bruit formidable, ébranlant la pierre sous l'effort puissant de ses lames. C'est affreux à entendre, c'est épouvantable à voir....

— Si vous voulez venir maintenant sur la plage, vous jugerez mieux de la baie, nous dit notre guide.

Nous regagnâmes le chemin par lequel nous étions venus, et prîmes un sentier qui, en peu de temps, nous conduisit dans la baie; je dis ainsi avec intention, car la mer était basse, ce qui nous permit de visiter des grottes fort curieuses dont on ne peut approcher à marée haute.

Nous suivîmes ensuite les bords désolés de la baie jusqu'à l'étang de Laoual.

— Là, nous dit notre guide, était autrefois la ville d'Is.

Partout dans ces parages on dit : Elle fut ici. Jamais sans doute on ne connaîtra positivement la place occupée jadis par la ville disparue.

Nous eussions voulu visiter l'île de Sein et fûmes fort désap-

CHAPITRE XLIII

pointés quand, nous étant rendus à l'anse de Saint-Yves, d'où partent habituellement les bateaux qui font la traversée, nous apprîmes que le temps, beau et calme en apparence, n'était pas assez sûr pourtant pour permettre de s'aventurer dans le difficile passage qui sépare cette île de la pointe du Raz.

POINTE DU RAZ

Ce fut pour nous, pour moi surtout, un grand désappointement; j'avais beaucoup entendu parler par un de mes amis, grand admirateur de la Bretagne, de cette île mystérieuse, antique demeure de ces célèbres druidesses dont Velléda fut la dernière; de cette petite île perdue dans les brouillards, entourée d'écueils, battue par la tempête, où l'on ne trouve pas un arbre, où ne saurait croître une fleur ; ses récits avaient vivement excité ma curiosité. De plus, ce que je savais du caractère des habitants de cette île ajoutait à mon désir de la visiter ; j'étais désireux de voir et d'entendre causer ces braves et courageux marins qui ont rendu et rendent chaque jour tant de services aux navigateurs égarés dans ces dangereux parages, ces hommes si pauvres et pourtant si généreux qui, pendant plusieurs mois, doivent vivre en partie de charité et qui n'en exercent pas moins, envers les malheureux que la tempête jette dans leur île, une hospitalité d'autant plus méritoire qu'elle leur coûte de véritables privations.

N'ayant pu visiter l'île de Sein, nous reprîmes le chemin d'Audierne, où nous arrivâmes assez à temps pour prendre au passage la voiture de Douarnenez.

Nous descendîmes à Pont-Croix ; nous y dînâmes, puis nous nous informâmes si nous pourrions trouver facilement une voiture pour nous conduire à Pont-l'Abbé le lendemain matin.

— Je ne sais, nous répondit le garçon d'auberge auquel nous nous étions adressés, si on pourra vous procurer cela ; les voitures sont rares ici. Mais tenez-vous absolument à coucher à Pont-Croix ?

— Non. Pourquoi cela ?

— C'est que mon cousin Pierre part justement ce soir pour Pont-l'Abbé, où il a affaire de très bonne heure demain matin. Si cela vous convenait, il vous donnerait facilement deux places dans sa voiture ; vous vous arrangeriez très bien avec lui.

— Qu'en dis-tu, Charles ?

— L'occasion me semble bonne ; à quelle heure arriverions-nous à Pont-l'Abbé ?

— Vers minuit.

— C'est très bien. Pouvez-vous nous conduire chez votre cousin ?

— Oui, c'est tout près d'ici. Mais apprêtez-vous vivement, Messieurs, car il ne doit pas tarder à partir.

Une demi-heure plus tard, installés aussi convenablement que possible au fond de la carriole du cousin Pierre, nous roulions tranquillement sur la route de Pont-l'Abbé.

Arrivé à Pont-l'Abbé à une heure du matin, le lendemain, quand je me réveillai, je savais à peine où j'étais. Nous nous étions laissé conduire où nous avait menés le brave Pierre. Moulu de fatigue, je m'étais couché, presque machinalement, et avais dormi huit heures sans désemparer. Neuf heures sonnaient; je me levai, et descendis dans la salle à manger. J'y trouvai Charles; nous déjeunâmes, puis nous sortîmes.

C'était jour de marché; la ville, fort animée, offrait un aspect des plus pittoresques.

PHARE ET CHAUSSÉE DE SEIN

Nous étions dans une des parties de la Bretagne où l'on trouve encore des Bretons bretonnants, et où les mœurs et les usages bretons se sont le mieux conservés. A Pont-l'Abbé, les femmes et un assez grand nombre d'hommes portent encore le costume national, un costume dont le cachet antique est fort remarquable. La coiffure des femmes, nommée *bigourdon,* leur couvre à peine le sommet de la tête, et est aussi charmante qu'originale; le large plastron mi-partie de jaune et d'écarlate, les manchettes aux mêmes couleurs, les bordures éclatantes et autres ornements de leur costume, sont tout à fait particuliers au pays. L'habillement des hommes se compose de plusieurs vestes de grandeurs différentes, dont la plus courte, garnie de franges, porte une lisière, sur laquelle se lisent parfois de graves sentences, brodées en laine de couleurs. Rien de plus bizarre et de plus caractéristique.

Tout en nous promenant, nous arrivâmes à l'église; c'est celle de l'ancien couvent des Carmes, fondé en 1383 par Hervé, baron de Pont-l'Abbé. Elle fut restaurée aux XVe et XVIe siècle; la façade en est richement décorée. Y étant entrés, nous fûmes frappés de la beauté de la maîtresse-vitre du chevet; c'est, du reste, ce qu'on y remarque de plus curieux. Le cloître, qui s'étend au sud de l'église, est formé d'arcades en ogives fort élégantes; il date du commencement du XVe siècle, il est maintenant occupé par les écoles communales.

De l'ancien château de Pont-l'Abbé, il ne reste qu'une grosse tour du XIIIe siècle, et un corps de logis du XVIIe.

Pont-l'Abbé, aujourd'hui simple chef-lieu de canton et petit port d'échouage, fut jadis l'une des baronnies les plus importantes de Bretagne. Elle envoyait, alternativement avec Pont-Château, un représentant à l'assemblée des Trois-Ordres. Dans la guerre de succession de Bretagne, ses seigneurs se déclarèrent pour Montfort; ils furent en tout temps au nombre des plus zélés défenseurs de la nationalité bretonne, et acceptèrent des derniers la réunion de la Bretagne à la France.

Situé à l'embouchure de la petite rivière du même nom, le port de Pont-l'Abbé est la route naturelle d'une partie du commerce de la Cornouaille.

L'établissement du chemin de fer qui la relie à Quimper a été un grand bienfait pour cette petite ville, et par l'impulsion nouvelle qu'il a donnée à son commerce, et par l'influence des baigneurs que devait attirer chaque année sur sa plage la facilité de s'y rendre, et dont la présence est pour les habitants une source de prospérité.

L'agréable position de Pont-l'Abbé, la variété des promenades qui l'environnent, sont pour cette petite plage de sérieux gages d'avenir.

Une heure nous suffit grandement pour voir Pont-l'Abbé, encore en passâmes-nous la moitié, au moins, sur le port, à regarder entrer des navires.

Aussitôt après le déjeuner, nous nous fîmes conduire à Penmarc'h.

Penmarc'h était, il y a quatre siècles à peine, une importante

ÉGLISE DE PONT-L'ABBÉ

cité, une ville, « dont les habitants, nous dit Émile Souvestre, pouvaient armer sept mille bateaux pour la pêche lointaine et fournir trois mille archers. » L'exploitation d'un banc de morue, situé à l'extrémité de la pointe du même nom, avait été la source de la prospérité de Penmarc'h. La découverte du grand banc de

Terre-Neuve par les navigateurs de Saint-Malo porta le premier coup à cette même prospérité; l'assaut donné à la ville par de Fontenille, les pillages et les meurtres qui s'en suivirent, ainsi que les descentes des Anglais, achevèrent sa ruine.

Il ne reste aujourd'hui de Penmarc'h que deux villages; l'un, le plus enfoncé dans les terres, porte l'ancien nom de Penmarc'h; l'autre, situé sur le bord de la mer, est désigné sous celui de Kiritry. En se rendant de l'un à l'autre, on rencontre, à chaque pas, des traces de la cité disparue, ici une arabesque brisée, plus loin le fragment d'une corsatide. Nous descendîmes plusieurs fois de voiture pour examiner des débris dont nous eussions voulu deviner l'origine.

A Kiritry, comme à Penmarc'h, nous vîmes quelques maisons fortifiées, défendues par des murailles à créneaux et à mâchicoulis, et datant des xv° et xvi° siècles.

Enfin, suivant le bord de la mer, nous arrivâmes à la pointe rocheuse, à laquelle sa forme, semblable à celle d'une tête de cheval, a fait donner le nom de *Penmarc'h*. Là nous assistâmes à un spectacle dont les sublimes horreurs nous étaient inconnues : à nos pieds, la mer bondissant, tourbillonnant et venant enfin échouer avec d'épouvantables rugissements sur une longue chaîne d'écueils; au large, la lame, battant avec un bruit sinistre les escarpements des rochers dont est semé l'Océan dans ces dangereux parages. Nous n'avions jamais vu la mer si méchante.

Et pourtant le temps était beau, et la marée n'était pas forte ce jour-là.

« Tout ce que j'ai vu dans mes longs voyages, dit Cambry (*Voyage dans le Finistère*), la mer se brisant sur le rocher d'Artarelle, les côtes de fer de Saint-Domingue, les longues lames du détroit de Gibraltar, la Méditerranée près d'Amalfy, rien ne m'a donné l'idée de l'Océan frappant les rochers de Penmarc'h pendant la tempête. Ces rochers noirs et séparés se prolongent jusqu'aux bornes de l'horizon, d'épais nuages de vapeurs roulent en tourbillonnant; vous n'apercevez dans tout ce sombre brouillard qu'énormes globes qui s'élèvent, se dressent et bondissent dans les airs avec un bruit épouvantable; on croit sentir trembler la terre et l'on est tenté de fuir.

» Un étourdissement, une frayeur, un saisissement inexplicable s'empare de toutes les facultés de l'âme; les flots amoncelés menacent de tout engloutir, et l'on n'est rassuré qu'en les voyant glisser sur le rivage et mourir à vos pieds, soumis aux lois immuables de la nature. »

Cependant, sur cette pointe de Penmarc'h, si sauvage et si désolée, la civilisation a placé sa marque; un phare à feu tournant, de vingt-deux milles de portée, signale de loin aux navires cette côte dangereuse.

Ayant à disposer de deux ou trois heures avant de retourner à Pont-l'Abbé, d'où nous ne partions que le lendemain, et attirés par les sauvages beautés de cette côte, nous la suivîmes jusqu'à l'anse de la Torche. Sur ce point, le flot, plus furieux que nulle part, se brise avec un bruit tel que souvent on l'entend de plusieurs lieues en mer. C'est dans cette anse que se trouve un énorme amas de rochers, appelé la Torche, séparé de la terre ferme par un étroit espace, le Saut du Moine, une des plus belles horreurs de cette sinistre côte.

Une des preuves de l'importance qu'eut autrefois Penmarc'h, c'est que sur son territoire il existe encore six églises. Nous en visitâmes trois, les plus remarquables par leur architecture : l'église de Kiritry, monument du XIIIe siècle, ancienne chapelle de la Commanderie des Templiers; Saint-Nonna, qui appartient au XVIe siècle, et a été classé au nombre des monuments historiques, enfin la chapelle de l'abbaye de Saint-Guénolé, dont la belle tour est de 1488, et qui, quoique en ruines, présente encore aujourd'hui une masse imposante.

Le cocher qui nous avait amenés de Pont-l'Abbé nous avait attendus à Penmarc'h; à six heures, nous remontions en voiture; à sept heures, nous étions à table.

CHAPITRE XLIV

DE PONT-L'ABBÉ A CONCARNEAU

De Pont-l'Abbé à Quimper en bateau à vapeur. — Loctudy. — Bénodet. — La villa romaine de Pérennou. — Quimper. — La cathédrale. — L'église de Loomaria. — Le mont Frugy. — Départ pour Concarneau. — Concarneau. — Ses fortifications. — Son aquarium.

Nous quittâmes Pont-l'Abbé le lendemain matin. Nous avions fait retenir nos places dès la veille sur le bateau à vapeur de Quimper. Le trajet de Pont-l'Abbé à Quimper n'est que de trente kilomètres; c'était donc une simple promenade que nous allions faire par une belle matinée d'automne, sur deux rivières charmantes, la rivière de Pont-l'Abbé et l'Odet. Nous suivîmes la première jusqu'à Loctudy, village dont la population est essentiellement composée de marins et où se trouvait autrefois un monastère fondé par le moine Tudy, lequel fixa sa résidence dans l'île la plus voisine, qui plus tard porta son nom.

Nous eussions voulu pouvoir nous arrêter, afin de visiter l'église de Loctudy, l'un des plus curieux spécimens de l'architecture romane en Bretagne, qui fut rebâtie par les Templiers au XIIe siècle, mais qui, d'après certains vestiges, remonterait au VIe siècle; malheureusement il fallut passer. Mais nous n'eûmes pas le temps de nous livrer à de longs regrets.

L'anse de Bénodet, qui prend son nom d'un petit port aujourd'hui assez fréquenté pour les bains de mer, et dans laquelle nous entrâmes bientôt, est ravissante; à mesure que nous avancions, les plus gracieux paysages se déroulaient à nos yeux, et nous en goûtions d'autant plus le charme reposant qu'ils contrastaient davantage avec les grandioses mais épouvantables tableaux que nous avaient offerts, la veille encore, les côtes sinistres de l'extrême Bretagne.

Nous avions quitté près de Loctudy la rivière de Pont-l'Abbé et remontions l'Odet; nous donnâmes un regard en passant à la char-

QUIMPER

mante petite station de Bénodet. Un peu plus loin, un vieux monsieur, assis près de nous sur le bateau, nous fit remarquer de loin quelques vestiges de la villa romaine de Pérennou.

— Ces antiquités, nous dit-il, sont fort curieuses, et il nous en fit une description détaillée.

Il parlait avec toute la volubilité d'un antiquaire passionné. Nous l'écoutâmes d'abord avec un certain intérêt, puis avec distraction.

Il parlait encore et toujours sur le même sujet, quand nous arrivâmes à Quimper.

Quimper, dont le nom signifie en breton confluent, est un port d'estuaire situé au confluent de la Steyr et de l'Odet; le flux et le reflux de la mer s'y font sentir, quoiqu'il soit à plus de dix-sept kilomètres de la mer.

L'époque de la fondation de Quimper nous est inconnue. Certains savants voient dans cette ville l'ancienne capitale des Corisopites, où les Romains avaient fondé un grand établissement militaire. Saint Corentin en fut l'apôtre. Il convertit au christianisme toute la Cornouaille. Le roi Grallon érigea pour lui Quimper en évêché et lui donna pour demeure son propre palais.

Quimper fut Quimper-Corentin.

Sous les Carlovingiens, l'évêque de Quimper devint le chef d'une espèce de commune théocratique, dont les privilèges allèrent toujours croissant, pendant que les droits des ducs devenaient de plus en plus restreints.

Pierre de Dreux donna une nouvelle importance à Quimper en la fortifiant.

Pendant la guerre de succession de Bretagne, l'évêque de Quimper se déclara tour à tour pour les deux compétiteurs. Charles de Blois, s'étant emparé de Quimper, s'y maintint jusqu'en 1364.

A l'époque de la Ligue, Quimper tint pour la Sainte-Union, et ce ne fut pas sans peine que le maréchal d'Aumon la contraignit à capituler.

Mais toutes les calamités fondirent en même temps sur Quimper. Ruinés par les attaques du brigand de Fontenille, ses habitants furent ensuite décimés par la famine et par la peste. La ville avait à peine réparé ses désastres quand éclata la révolution de 89.

Autrefois capitale de la basse Cornouaille, Quimper n'est aujourd'hui que la troisième ville du département du Finistère, dont elle est le chef-lieu.

Ancienne cité des comtes et des évêques, Quimper a un cachet très pittoresque; elle a conservé, en partie du moins, ses cloîtres, ses remparts et ses vieilles maisons couvertes d'ardoises.

Dès que nous eûmes déjeuné, ce qui fut notre premier soin en mettant pied à terre, car la promenade nous avait aiguisé l'appétit, nous nous mîmes en devoir de parcourir rapidement la ville.

Nous nous rendîmes d'abord à la cathédrale.

La cathédrale de Quimper, dédiée à saint Corentin, est un des monuments dont la Bretagne se montre fière. Commencée en 1239, elle ne fut terminée qu'en 1515. Malheureusement elle a beaucoup souffert à la Révolution. Son aspect est grandiose et imposant; ses deux tours carrées, surmontées de deux flèches jumelles, ont soixante-quinze mètres d'élévation; elles n'ont été achevées que de nos jours, au moyen d'une souscription d'un sou par tête et par an, dite souscription du Sou de saint Corentin, qui dura cinq ans et rapporta plus de 150,000 francs. Le portail offre une triple rangée de figures d'anges sculptées d'une admirable exécution. Au-dessus du portail principal, est une statue équestre du roi Grallon. Cette statue, inaugurée en 1858, fut placée là en remplacement d'une statue ancienne, détruite pendant la Révolution.

A l'intérieur, cette église, remarquablement longue en proportion de sa largeur — elle a quatre-vingt-douze mètres quarante-cinq centimètres de long sur quinze mètres soixante-dix de large, — est, malgré cela, d'un très bel effet; elle a été restaurée avec beaucoup de goût et d'intelligence; mais l'harmonie générale de l'édifice est un peu altérée par une sensible déviation de l'axe du chœur. Nous y remarquâmes principalement de beaux vitraux du xv° siècle; une statue de saint Jean en albâtre de la même époque; des tombeaux sculptés; une *Descente de croix*, attribuée à Van Dyck; un autel en granit du xii° siècle et un maître-autel en bronze orné d'émaux qui est vraiment fort beau.

En sortant de la cathédrale, nous nous dirigeâmes vers l'église de Locmaria, située sur la rive gauche de l'Odet. Cette église, bâtie en 1030 par Alain Canhiart, comte de Cornouailles, est assez curieuse; les gros piliers de la nef, les arcades cintrées et les fenêtres en entonnoirs datent de l'époque de sa fondation; le chœur a été restauré nouvellement dans le style du reste de l'église.

La cathédrale et l'église de Locmaria sont les seuls monuments curieux de Quimper.

Avant de rentrer dans la ville, nous gravîmes le mont Frugy, colline haute seulement de soixante et onze mètres, mais d'où l'on se rend bien compte de la situation de Quimper. Encaissée dans un délicieux bassin, entourée de collines, située au confluent de deux rivières, elle a vraiment bon air, la vieille ville bretonne, avec ses clochers aigus, ses remparts tapissés de sombre lierre, ses maisons grises aperçues à travers les arbres.

A cinq heures, nous quittâmes Quimper ; avant sept heures, nous étions à Concarneau.

Nous dînâmes, puis, comme il était trop tard pour visiter la ville, nous écrivîmes quelques lettres et nous couchâmes, afin de pouvoir commencer de bonne heure notre journée du lendemain.

En effet, à six heures du matin, nous sortions de l'hôtel.

La petite ville de Concarneau, *Conq Erné* (nom qui, en cornouaille, signifie coquille), est très pittoresquement située au fond d'une anse communiquant avec la baie de la Forêt ou de Fouesnant. Prise aux Anglais par Du Guesclin en 1373, elle fut fortifiée par la duchesse Anne. Il est peu question de Concarneau dans l'histoire ; seulement, pendant les guerres de religion, elle fut plusieurs fois prise et reprise par les protestants et les catholiques.

Cette ville double se compose de l'ancien îlot fortifié et du quartier moderne dont les quais se prolongent jusqu'au bout de l'anse d'échouage. La ville close est défendue par des murailles fort épaisses, flanquées de tours à créneaux et à mâchicoulis. On y pénètre par trois portes.

L'hôtel où nous étions descendus se trouvait sur la route de Quimper au faubourg Sainte-Croix ; nous fîmes notre entrée dans la ville fortifiée par la porte principale ; cette porte est précédée d'un pont-levis et flanquée de deux grosses tours. Une autre porte conduit à la mer, du côté de Pont-Aven. La troisième est appelée la Porte-aux-Vins, parce que c'est devant cette porte que les navires déchargent leurs vins.

Quelques parties des fortifications actuelles de Concarneau remontent, dit-on, à la reine Anne ; les autres ont été récemment reconstruites. On attribue à cette reine une citerne, d'une grande dimension, dont la voûte est soutenue par un pilier ayant la forme d'un cône renversé; ce qu'il y a de certain, c'est que cette citerne est fort belle.

Le port de Concarneau, place forte de troisième classe, peut recevoir des navires de fort tonnage et même des bâtiments de guerre; c'est un des ports de pêche les plus fréquentés du littoral breton. Cinq cents bateaux en partent chaque année pour la pêche de la sardine, qui occupe de juin à novembre les deux tiers de la population.

A l'entrée du port se trouve un curieux établissement, que nous ne pûmes malheureusement visiter que fort à la hâte : c'est l'aquarium.

« La richesse de la faune marine de Concarneau est si grande, dit M. Élisée Reclus, qu'on a cru devoir faire choix de ce coin du rivage pour y établir le premier vivier de poissons, de crustacés et de mollusques pour l'étude comparée de l'élevage de ces animaux. »

Cet établissement a été construit sur des rochers creusés à la mine, afin de former des bassins d'éducation. Ces bassins, au nombre de huit, communiquent avec la mer par d'étroites ouvertures faites dans les murailles; l'eau s'y renouvelle sans cesse par le flux et le reflux.

A dix heures, nous étions de retour à l'hôtel. Nous avions commandé notre déjeuner avant de partir, car nous ne voulions pas manquer la voiture de Quimperlé qui partait à onze heures.

CHAPITRE XLV

QUIMPERLÉ

Costumes des habitants. — L'église Sainte-Croix. — L'église Saint-Michel. — Le port. — Départ pour Lorient.

Quimperlé est une petite ville admirablement située dans une jolie prairie, au confluent de l'Ellé et de l'Isole, qui, après leur jonction, forment la Lacta. Sa position et aussi la richesse de ses campagnes ont fait nommer le pays de *Kemperlé* l'Arcadie de la Bretagne.

Nous étions arrivés à Quimperlé un samedi soir; quand nous sortîmes le lendemain matin, on se rendait à l'église.

De toute la Bretagne, c'est à Fouesnant, à Concarneau, à Pont-Aven et dans tout le pays de Quimperlé que l'on trouve les plus beaux costumes et les plus jolies filles.

Dans leur toilette du dimanche, avec leurs gracieuses coiffes à barbes relevées, leurs corsages de velours lacés sous la poitrine et leurs seyantes fraises de mousseline, les jeunes filles de Quimperlé sont vraiment sans rivales; et nulle part les jeunes gars ne portent mieux qu'à Quimperlé le chapeau bordé de chenilles, l'ample veste et les guêtres brodées, le fez-baz à nœud et la ceinture de cuir qui composent le costume des grands jours, celui des noces, par exemple.

Nous eûmes la chance de voir, à l'église, deux jeunes époux mariés de la veille et portant encore leurs vêtements de noces.

Si j'eusse dû rester quelque temps à Quimperlé, j'aurais tout

CHAPELLE DE SAINT-NICODÈME PRÈS PLUMÉLIAU (MORBIHAN)

fait pour obtenir qu'ils voulussent bien poser devant moi, le temps seulement de faire une légère esquisse; j'eusse été si heureux d'emporter à Paris ce souvenir de voyage. Mais nous n'avions pas le temps de séjourner à Quimperlé, où nous n'avions guère à voir que les deux églises.

Celle où nous entendîmes la messe est la principale, la basilique de Sainte-Croix. Ancienne église de l'abbaye des Bénédictins, elle fut fondée en 1029. Elle s'est écroulée en 1862, et a été reconstruite sur un plan nouveau. Elle est de forme ronde, en imitation de l'église du Saint-Sépulcre de Jérusalem. Au-dessous existe une crypte que nous visitâmes aussitôt l'office terminé. Cette chapelle souterraine est certainement antérieure au VIIIe siècle. La grossièreté des voûtes et des piliers, décorés des ornements les plus bizarres, attestent son antique origine; elle est, du reste, fort curieuse. On nous montra, dans cette crypte, des crampons de fer qui servirent, dit-on, à attacher saint Gurlot, martyr, premier abbé de Quimperlé, dont le tombeau se trouve dans la chapelle.

Après le déjeuner, nous visitâmes la seconde église de Quimperlé, Saint-Michel; elle est située sur la partie la plus élevée de la ville haute, sur la place du Soleil. C'est un édifice gothique, dont les parties les plus remarquables sont le porche nord, fort joli encore, quoique ayant subi bien des mutilations, et la tour carrée, malheureusement dépourvue de ses flèches.

Tout près de Saint-Michel, nous remarquâmes une jolie maison sculptée du XVe siècle.

Quimperlé fut autrefois ville fortifiée; mais de ses fortifications, détruites en 1680, il ne reste qu'une tour baignée par l'Ellé. On ne saurait même plus où était l'ancien château assiégé et pris par Clisson en 1373, si on n'avait eu soin de donner à une rue, située sans doute à peu près à la place qu'il occupait, le nom de rue du Château; cette rue est le centre du quartier le plus aristocratique de Quimperlé.

De la haute ville, nous descendîmes sur les quais; là règne, paraît-il, d'ordinaire beaucoup d'animation, car là se fait une partie du commerce de la ville; nous ne pûmes en juger, tous les magasins étant fermés, vu la solennité du dimanche. Le port ne semble pas très important; autrefois, il recevait des bateaux de cinquante tonneaux, mais il s'est encombré peu à peu, et aujourd'hui, ceux de plus de trente tonneaux n'y pourraient entrer.

INTÉRIEUR DE PAYSANS MORBIHANNAIS

A quatre heures, nous avions terminé notre promenade dans Quimperlé. Nous rentrâmes à l'hôtel prendre nos bagages, et nous nous rendîmes aussitôt à la gare. Un quart d'heure plus tard, le train nous emportait à toute vitesse vers Lorient.

CHAPITRE XLVI

LORIENT

Lorient il y a deux cents ans. — La Compagnie des Indes s'y établit. — Prospérité de la ville. — Les Anglais dans la baie de Poulduc; ils en sont chassés par les Lorientais. — Suppression de la Compagnie des Indes.

Les villes que nous avions visitées depuis quelque temps étaient toutes de vieilles cités, dont l'origine, souvent incertaine, remontait aux commencements de notre histoire. Les lettres de noblesse de Lorient ne sont pas aussi anciennes. Il n'y a guère plus de deux cents ans que Mme de Sévigné écrivait à sa fille :

« Nous allâmes dans un lieu qu'on appelle Lorient, à une lieue dans la mer, c'est là qu'on reçoit les marchandises qui viennent d'Orient. »

En 1604, les marchands bretons qui exploitaient l'Inde, avaient bien établi, à cette place, des hangars, où, lorsqu'ils étaient forcés de relâcher dans la baie de Port-Louis, ils pouvaient déposer la cargaison de leurs vaisseaux; mais Lorient n'était qu'un chétif hameau, quand la Compagnie des Indes, constituée par Louis XIV en 1664, s'y établit en 1666, et décida d'en faire l'entrepôt de son commerce avec les Indes.

D'immenses travaux avaient été exécutés, et déjà Lorient avait acquis une assez grande importance, quand la Compagnie Orientale, fondue avec la Compagnie Occidentale, obtint du gouvernement de nouveaux privilèges, comme le monopole du tabac et l'exploitation des loteries; elle en profita pour pousser avec plus d'activité les travaux de Lorient, dont elle voulait faire à la fois sa place d'armes et son entrepôt général. Déjà un chantier de constructions navales y avait été établi par l'État; la Compagnie fit venir de toutes parts une foule d'ingénieurs habiles, d'officiers de marine instruits et de pilotes expérimentés. La ville s'éleva comme par enchantement; le port fut creusé, et des remparts élevés pour protéger la place.

En 1735, la Compagnie des Indes, alors en pleine voie de prospérité, obtint pour Lorient un privilège dont le Havre et Nantes étaient en possession depuis longtemps : celui d'y vendre les marchandises de l'Inde.

A partir de ce moment, on vit la nouvelle ville grandir plus rapidement encore. Lorient comptait déjà quatorze mille habitants, quand un édit de Versailles, de juin 1738, l'érigea en municipalité et lui conféra le droit de députation aux États. En 1745, vingt vaisseaux, dont plusieurs vaisseaux de guerre, appartenaient à Lorient, dont l'immense commerce avait pour objet principal les produits de la Chine, de l'Océanie et des Indes : la cité nouvelle était devenue la Marseille bretonne, la Tyr de l'Océan.

Cependant, cette incroyable prospérité de Lorient portait ombrage aux Anglais; ils résolurent de la détruire.

En 1746, une escadre britannique vint mouiller dans la baie de Pouldu. Pendant deux jours, les Anglais sondèrent la baie et reconnurent les positions; le troisième, Synclair, à la tête de sept mille hommes, descendait à terre avec son artillerie de siège et de campagne.

La consternation se répandit aussitôt dans la ville; la garnison était peu nombreuse, on parla un moment de se rendre, mais bientôt les Lorientais reprirent courage. Ils avaient quinze mille hommes de garnison, et, sur leurs remparts, quatre-vingts canons et trois mortiers. En trois jours, les Anglais perdirent neuf cents hommes, et Synclair battit en retraite, abandonnant quatre canons non encloués et un mortier, dont Louis XV fit don aux bourgeois de Lorient, en souvenir de leur belle défense. Le lendemain, l'ennemi levait l'ancre.

Mais les Anglais ne tardèrent pas à se venger dans l'Inde des pertes qu'ils avaient éprouvées sur la côte française. La prise du Bengale, en ruinant notre commerce sur la côte de Coromandel, porta un coup terrible à la Compagnie des Indes. Elle se soutint encore quelque temps, grâce à l'appui du gouvernement; mais, en 1669, elle fut définitivement supprimée par un arrêt du conseil, et son matériel (navires, chantiers, magasins de constructions, arsenaux) fut cédé à l'État.

C'est ainsi que Lorient devint un des cinq grands ports militaires de France, en même temps qu'elle cessait d'être le centre unique du commerce oriental. Elle avait dû sa fortune à la Compagnie des Indes; elle déchut considérablement du jour où celle-ci disparut. En vain fut-elle désignée, en 1784, comme un des deux ports francs accordés aux États-Unis par le traité de 1778; elle ne recouvra jamais son ancienne splendeur.

A la Révolution, Lorient devint chef-lieu d'arrondissement maritime.

Tous les préfets maritimes ont essayé de relever Lorient. De grands travaux d'amélioration se sont accomplis dans son port depuis le commencement du siècle, mais il s'y fait néanmoins peu d'armements, en comparaison de ceux de Brest et de Toulon; en revanche, il y a toujours dans ce port de douze à quinze vaisseaux de guerre en construction.

Lorient est un vaste arsenal.

CHAPITRE XLVII

LORIENT (suite)

Aspect général de la ville. — Son port, sa rade. — Le port de commerce. — Le port militaire. — La tour de la Découverte.

Arrivés à Lorient à l'heure du dîner, nous fîmes seulement le soir une courte promenade dans la ville; ce fut assez pour nous convaincre qu'elle a un aspect tout moderne, est régulièrement et bien bâtie, et surtout très propre, ce qu'il faut sans doute attribuer à son sol sablonneux, mais que, comme presque toutes les villes de province, elle est peu fréquentée le soir.

Le lendemain, nous sortîmes de bonne heure; nous ne voulions donner qu'une journée à Lorient, nous n'avions pas de temps à perdre.

Si déchue qu'elle soit de sa première splendeur, Lorient n'en est pas moins la plus grande ville du département du Morbihan.

Situé sur la rivière du Scorff, presqu'à l'endroit où le Blavet reçoit cette rivière, le port de Lorient est un port naturel. Sa rade, d'excellente tenue, parfaitement abritée, est superbe, bien défendue, accessible aux plus forts navires et capable d'abriter à l'aise toute une flotte. Cette rade est divisée en deux par l'île Saint-Michel; la partie de la rade située au nord de cette île s'appelle rade de Lorient ou de Penmané; la partie située au sud, rade de Kerso ou de Port-Louis. Deux passes, l'une à l'est, l'autre à l'ouest, font communiquer les deux rades; celle de l'ouest seule est suivie par les navires. La batterie placée dans l'île Saint-Michel commande les deux passes et toute la rade de Port-Louis, laquelle est en outre défendue à l'ouest par la batterie de Kernével, le fort de Logueltas et la batterie de Gavre.

La rade est signalée par six phares.

C'est vers le port que nous nous étions d'abord dirigés.

Le commerce maritime, si florissant à Lorient au xviii° siècle, est

LORIENT

aujourd'hui relégué au sud de la ville, dans une espèce de couloir conduisant à un port d'échouage, que défendent, du côté du large, une jetée de six cents mètres de long et un bassin à flot de cinq cent cinquante mètres de long sur soixante à soixante-dix mètres de large. Les rives du véritable port, formé par le Scorff, sont entièrement occupées par les chantiers et ateliers de toutes espèces, ainsi que par les grands établissements de l'arsenal.

L'arsenal est enfermé dans deux enceintes ; la première est ouverte au public ; la seconde ne se franchit qu'avec une permission de la Majorité générale. Étant entrés dans la première par une porte placée en face de la rue du Port, nous nous trouvâmes sur une fort belle place plantée de tilleuls, la place d'Armes, sur laquelle se trouvent la préfecture maritime, la Majorité générale, les archives et la bibliothèque de la mairie.

Nous allâmes à la Majorité demander le permis qui nous était nécessaire pour visiter la partie réservée de l'arsenal. Trois grilles y donnent accès : celles de la Tour, de la Chapelle et de la Corderie. Nous franchîmes la première. Ce que nous désirions surtout voir dans l'enceinte de l'arsenal, c'était la tour de la Découverte.

La tour des Signaux ou de la Découverte s'élève sur un tertre en face de la porte principale du Magasin général. C'est une magnifique colonne en pierre blanche, ayant l'aspect d'un pilier corinthien ; elle a trente-huit mètres trente-trois centimètres de haut ; sa base se trouve à soixante pieds au-dessus des plus hautes marées et à soixante-quinze au-dessus des plus basses. Sa plate-forme est surmontée d'un mât de signaux.

La première construction de cette tour remonte à 1737 ; elle fut édifiée par la Compagnie des Indes, dans le but d'en faire un phare. Cette tour, à laquelle on donna une forme ronde, eut vingt-sept pieds de diamètre à la base et se composa de dix étages ayant chacun onze pieds de haut. L'escalier et tout l'intérieur étaient en bois, et l'enveloppe seule, en pierre. Lorsqu'elle fut terminée, en 1738, au lieu d'un fanal, on y mit une horloge et une cloche pour le service de la Compagnie.

En 1751, le tonnerre brûla l'intérieur de la tour, et la partie supérieure des murs s'écroula.

On répara aussi bien que possible le dommage causé par l'incendie. Mais deux fois encore, en 1782 et 1784, la foudre s'abattit de nouveau sur la tour de Lorient, qui la première fois fut fort endommagée, et la seconde, à peu près détruite. On abattit ce qui en restait, et l'on reconstruisit une nouvelle tour plus élégante et plus solide que l'ancienne ; c'est celle qui existe encore.

Nous ne montâmes pas au haut de la tour, mais nous contentâmes d'admirer d'une terrasse voisine le panorama que nous eussions découvert de sa plate-forme, panorama aussi remarquable par sa variété que par son étendue. A nos pieds, le port et ses navires, l'arsenal, les chantiers, la ville. Plus loin, d'un côté les belles campagnes de Quimperlé, des bois, des hameaux, des villages, la tour de l'église de Plœmeur; au delà, dans la mer, l'île de Glenans; de l'autre côté, le Blavet aux eaux bleuâtres sortant du fond d'une colline et le clocher pyramidal d'Hennebon; du côté de la mer, un pays de plus en plus grandiose et varié; jusqu'à Belle-Isle et au delà, la pointe vaporeuse de Quiberon et les eaux brillantes de l'étang de Betz. Plus près, Port-Louis et le massif de grands arbres qui semble lier la ville à la citadelle, la baie de Lorient, l'îlot Saint-Michel, puis l'île sombre de Groix avec son blanc lazaret; enfin l'Océan. Peut-on imaginer un plus splendide tableau?

Nous visitâmes le port militaire dans tous ses détails; mais nous craindrions de fatiguer le lecteur en le faisant promener avec nous dans l'arsenal. Tous les arsenaux se ressemblent, et nous avons décrit longuement celui de Brest. Au nombre des monuments et établissements qui nous intéressèrent le plus, nous citerons seulement : l'atelier des Mécanismes, le seul que possède notre marine; les anciens bâtiments de la cour des ventes, remarquables par leurs escaliers servant aujourd'hui de casernes aux troupes de la marine; l'ancien bagne occupé par l'infanterie de marine; la Mâture, qui s'étend sur le terrain de la *Pree-aux-Vases*. Tous ces bâtiments se trouvent sur la rive droite du port; il n'y a, sur la rive gauche, dans la presqu'île formée par le confluent du Scorff et du Blavet, que les magnifiques chantiers de Caudan. Ils embrassent une superficie de cent cinquante-sept mille mètres carrés et comprennent onze cales de construction et des forges admirables. Une passerelle relie les deux rives du port.

Dès que nous eûmes achevé la visite de l'arsenal, nous rentrâmes à l'hôtel. Il était tard, mais nous avions bien employé notre matinée.

Nous eussions voulu aller à Port-Louis aussitôt le déjeuner, mais le bateau ne partait qu'à trois heures. Nous fîmes un petit tour dans la ville que nous devions quitter le lendemain matin et ne connaissions que très imparfaitement. Il n'y a pas de monuments à visiter à Lorient; mais la ville est jolie, et les quais, magnifiques. Au cours de notre promenade, nous remarquâmes, sur la place Bisson, une statue en bronze de Gatteaux, élevée par le corps de la marine à l'enseigne Bisson, qui représente le brave enseigne mettant le feu aux poudres pour se faire sauter avec son brick plutôt que de le laisser prendre; et, à l'angle de la rue du Morbihan, une jolie fontaine en pierre représentant Neptune.

En parcourant Lorient, on ne peut s'empêcher de regretter le temps où un commerce actif y entretenait le mouvement, la richesse et la vie. Aujourd'hui les constructions navales, les armements de vaisseaux et les mouvements de la garnison sont les seules forces vitales de Lorient. La pêche de la morue et celle de la sardine, et les industries qu'elles entraînent, tiennent seules en haleine la navigation du cabotage.

MORUE

CHAPITRE XLVIII

DE LORIENT A AURAY

Port-Louis. — La presqu'île de Gavre. — Départ de Lorient. — Auray. — Quelques mots de son histoire, sa position, ses églises. — Plouharnel. — La presqu'île de Quiberon. — Souvenirs historiques. — Port-Haliguen. — Quiberon. — Port-Maria.

Port-Louis est à quatre kilomètres de Lorient, de l'autre côté de la rade. La traversée d'un port à l'autre demande donc fort peu de temps.

Située à l'entrée de la baie, entre Lorient et Hennebon, la ville de Port-Louis est l'ancienne *Blavia* des Romains. Elle ne compta, jusqu'au XVIᵉ siècle, qu'un petit nombre d'habitants, pêcheurs ou marins. Mais sa position sur un promontoire, qui permettait d'y recevoir des secours par mer, décida l'armée royale à y établir un poste pendant les guerres de religion. Le gouverneur ligueur d'Hennebon dirigea plusieurs attaques contre Blavet; mais il échoua et dut capituler. Mercœur, par suite de la capitulation, devait livrer Blavet aux Espagnols comme place de sûreté. Mais dans les conditions du traité de Vervins, Henri IV stipula la retraite de la garnison étrangère.

Louis XIII, appréciant les avantages de la position de Blavet comme abri pour les vaisseaux contre les tempêtes du golfe de Gascogne, fit bâtir, un peu au-dessus de l'ancienne ville, sur la rive orientale de l'estuaire, une ville nouvelle, qu'il entoura de fortifications et qui, de son nom, s'appela Port-Louis. Une citadelle s'éleva sur la pointe du rocher.

La ville de Port-Louis occupe l'emplacement de l'ancien village de Locprezan. Elle n'est aujourd'hui qu'une dépendance de Lorient, la station balnéaire des Lorientais.

Les plus anciens monuments de Port-Louis sont la citadelle, l'église Notre-Dame, l'hôtel de la Marine, autrefois couvent des Récollets. La chapelle Saint-Pierre ne remonte pas au delà du XVIIe siècle. Dans cette chapelle est une statue en bois qui nous parut assez curieuse. Elle fut, dit-on, trouvée dans la mer au XVIIe siècle et est d'origine espagnole.

Au sud de Port-Louis est la presqu'île de Gavre; sur l'isthme qui rattache cette presqu'île au continent, a été établi un champ de tir de dix à quinze mille mètres; des batteries, des magasins, etc. Dans la presqu'île de Gavre se trouvent l'église et la fontaine de Saint-Gildas.

Nous eussions bien voulu visiter cette presqu'île; mais nous eûmes à peine le temps de jeter un rapide coup d'œil sur les quelques monuments de Port-Louis, la plage et le port. L'heure de nous rembarquer arriva trop vite.

A sept heures, nous étions de retour à Lorient; à dix heures, nous prenions le chemin de fer, afin d'aller coucher à Auray, où nous n'avions que fort peu de temps à rester.

La fondation d'Auray a été attribuée au roi Artus; ce qu'il y a de certain, c'est que la première mention qui en soit faite dans l'histoire se trouve dans un diplôme daté de 1069, où son château porte le nom de château d'Alrac, et qu'alors quelques cabanes seulement s'élevaient autour du château. En 1201, le comte Arthur de Bretagne fortifia le château d'Auray, qui devint un important poste de guerre; ce qui fit que, pendant la guerre de succession, les deux compétiteurs se disputèrent avec acharnement la possession d'Auray. En 1342, cette ville fut prise par Charles de Blois, qui la garda jusqu'en 1364. C'est à Auray que se livra la fameuse bataille qui mit fin à la guerre de Bretagne et coûta la vie à Charles de Blois.

Auray eut, depuis ce temps, plusieurs autres sièges à soutenir. Elle fut prise successivement par Clisson, pour Charles V, en 1377; par Jean IV, en 1380, et par les troupes de Charles VIII, en 1487.

Son château tombait tellement en ruines au temps de Henri II, que ce prince ordonna sa démolition; il en fit transporter les pierres à Belle-Isle, pour servir à la construction d'un fort.

Sur le terrain où s'élevait le célèbre château, on aperçoit à peine aujourd'hui quelques arcs croulants suspendus aux flancs du Loch.

CHARTREUSE NOTRE-DAME D'AURAY

Au temps de la Ligue, Auray, devenue ville ouverte, fut prise et reprise, pillée et rançonnée, sans avoir aucun moyen de défense.

La sécurité rétablie ayant amené une reprise dans les transactions, Auray fut plus tard l'entrepôt d'un commerce considérable; elle trafiqua surtout avec l'Espagne. Mais la défense d'exporter les grains et la fondation de Lorient, qui facilitait les communications entre l'Océan et les pays de l'intérieur, lui enlevèrent ses avantages. Bientôt elle devint, selon l'expression du savant Ogée, « un séjour de misère et de tristesse. » Elle n'en est plus là aujourd'hui. La pêche de la sardine, le cabotage, le commerce de fruits, de farine et de miel, de cuirs, de chevaux et de bestiaux, sont autant de sources de prospérité pour Auray, qui possède, en outre, d'importants établissements industriels.

Le lendemain matin, aussitôt levés, nous nous rendîmes sur le port. Le port d'Auray, situé au fond du golfe du même nom, et formé par le Loch, est bien encaissé dans la colline, sur laquelle s'élève la ville; il est excellent, et peut recevoir des navires de fort tonnage; il divise Auray en deux parties que réunit un vieux pont de pierre. La position de la ville est ravissante. Pour en mieux juger, nous montâmes à la promenade du Loch, située sur un coteau escarpé, au sommet duquel on a élevé un belvédère, d'où l'on jouit d'une vue très étendue et dont les premiers plans sont délicieux : les mâts et les voiles des navires qui encombrent le port se dessinant sur le ciel bleu; en arrière, dominant le port, la riante petite ville.

En redescendant, nous visitâmes les monuments d'Auray; il ne nous fallut pas longtemps pour cela. Trois églises : Saint-Gildas, qui ne date que de 1636 et n'a rien de curieux; Saint-Goustan, église des xve et xvie siècles, près de laquelle est un charmant petit édifice gothique, dédié à Notre-Dame de Lourdes, et une église du xiiie siècle, l'église du Saint-Esprit, qui fit, croit-on, partie d'une maison conventuelle des Templiers, et se compose de trois nefs sans transept; — la chapelle du Père éternel, où nous admirâmes de magnifiques stalles sculptées, provenant de la Chartreuse d'Auray, — et puis quelques belles maisons en bois sculpté, fort curieuses : voilà à peu près tout ce qui, en fait de monuments, peut attirer à Auray l'attention des voyageurs.

Rentrés à l'hôtel à dix heures, nous déjeunâmes; puis nous nous rendîmes au chemin de fer, qui, en moins d'une heure, nous transporta à Plouharnel. Là nous reprîmes notre bâton de voyage; on ne peut bien voir qu'à pied les pays que nous allions parcourir.

En quittant Plouharnel, nous contournâmes une sorte de lac, puis nous nous engageâmes dans la presqu'île de Quiberon, à travers des terrains bas et submergés, au milieu des dunes auxquelles on a donné improprement le nom de falaises de Quiberon. Ces dunes pittoresques sont couvertes d'une herbe très

CALVAIRE D'AURAY

courte, clairsemée, mais pourtant vigoureuse, et, par endroits, de plantes odoriférantes, serpolet, petits œillets, rosiers sauvages; herbes et plantes y croissent naturellement. Le pays que nous traversions était autrefois, paraît-il, un véritable désert; mais depuis quelques années, il a beaucoup perdu de sa sauvage désolation.

A mesure que nous marchions, la presqu'île se rétrécissait tellement que, près du fort de Penthièvre, elle finit par n'être plus qu'une chaussée.

Le fort de Penthièvre, construit au XVIIIe siècle, à l'extrémité de l'isthme, sur un rocher sans cesse battu par la vague, est destiné à protéger le continent contre l'invasion étrangère.

Nous entrâmes enfin dans la presqu'île proprement dite.

Depuis notre départ de Plouharnel, j'étais triste, mais ma tristesse augmentait d'instant en instant. Fallait-il l'attribuer seulement à l'influence de la nature sauvage qui nous entourait? peut-être y contribuait-elle, dans une certaine mesure; mais la puissance des souvenirs éveillés chez moi par la vue de ces rivages, arrosés du sang français, en était la cause réelle.

C'est, en effet, dans cette presqu'île que les émigrés débarquèrent en 1795 et furent battus par le général Hoche. Là s'accomplirent des prodiges de valeur; et pourtant, en présence de ce champ de bataille, je n'éprouvais pas ce sentiment d'orgueil national qu'éveillent d'ordinaire en moi les glorieux souvenirs de nos victoires : c'est que les combattants étaient tous Français, et que rien n'est plus triste que ces guerres civiles, où il faut fatalement, en admirant les vainqueurs, pleurer sur les vaincus.

« Songez-y, citoyens — écrivait Hoche vainqueur à la Convention, chargée de statuer sur le sort des prisonniers de Quiberon, — cinq mille Français ! »

Nous suivions la côte est de la presqu'île, celle qui borde la baie de Quiberon; nous rencontrâmes beaucoup d'échouages insignifiants et arrivâmes enfin à Port-Haliguen, l'un des deux havres principaux de la baie (Port-Maria est le second), et l'un des plus sûrs mouillages que l'on puisse trouver. De Port-Haliguen, appuyant à droite, nous nous dirigeâmes vers Quiberon, où nous arrivâmes en fort peu de temps.

La ville de Quiberon eut autrefois une certaine importance. Elle fut, dans l'origine, domaine particulier du duc de Bretagne, appartint ensuite aux Templiers, puis aux chevaliers de Saint-Jean de Jérusalem. Elle est aujourd'hui bien déchue. A quatre ou cinq cents mètres de Quiberon est son port, Port-Maria, qui a été récemment amélioré.

CHAPITRE XLVIII

Il n'y a autre chose à voir à Quiberon que l'église de Locmaria, qui renferme les restes d'une ancienne église romane, et dont le clocher sert de phare aux navires.

Nous couchâmes à Quiberon, et le lendemain, à sept heures, nous nous embarquions pour Belle-Isle,

HOCHE

CHAPITRE XLIX

BELLE-ISLE

Origine et histoire. — Le Palais. — La Mer sauvage et la pointe des Poulains. — Végétation de l'île. — Son industrie. — Retour à Plouharnel.

Belle-Isle, la plus importante des îles du Morbihan, mesure dix-huit kilomètres de longueur, quatre à dix kilomètres de largeur et quarante-huit de tour. Son sol onduleux montre encore quelques traces de l'époque druidique; on y voit des menhirs en granit d'autant plus remarquables que, le terrain de l'île étant schisteux, on les a sans nul doute apportés du dehors.

Différents objets trouvés à Belle-Isle, tels que médailles et fragments d'armes, prouvent que cette île fut occupée par les Romains.

On n'a aucune notion précise sur Belle-Isle avant le XIe siècle, époque où cette île fut donnée aux Bénédictins de Quimperlé. L'abbé de Redon, s'appuyant sur une donation faite quelques années auparavant par Geoffroi Ier aux moines de Redon, élevait des prétentions sur Belle-Isle. Le procès qui s'ensuivit dura près d'un siècle et demi. Enfin, Charles IX mit fin à la discussion en s'emparant de Belle-Isle. C'était le droit de la couronne. Henri II y fit construire un fort; mais comme il fallait des soldats pour le garder, le roi donna Belle-Isle à la famille de Retz. Les de Retz en firent une forteresse et s'y maintinrent près d'un siècle. En 1653, Paul Gondi, cardinal de Retz, échappé de la prison de Nantes, vint se réfugier à Belle-Isle, qu'il vendit un peu plus tard à Fouquet pour la somme de 1,369,936 livres.

Les fortifications de Belle-Isle n'empêchèrent pas l'amiral hollandais Tromp d'y débarquer avec cinq mille hommes en 1673. Heureusement, le gouverneur de Bretagne dirigea si bien les canons du château, qu'il força l'ennemi à rembarquer. Mais Louis XIV,

BELLE-ISLE

averti par cette attaque, fit achever par Vauban les travaux de défense de Belle-Isle.

Malgré la disgrâce de Fouquet, Belle-Isle était restée propriété de ses héritiers, lorsqu'en 1719 Louis XV la leur racheta pour la réunir au domaine royal.

En dépit de toutes les fortifications, Belle-Isle n'en fut pas moins, en 1761, obligée de se rendre aux Anglais, si belle qu'eût été la défense de son gouverneur, le chevalier de Sainte-Croix. Mais elle prit sa revanche en 1795, en forçant les Anglais, vainqueurs à Quiberon, à se retirer devant leur héroïque résistance.

Notre voyage à Belle-Isle se fit dans les meilleures conditions. Nous étions partis depuis trois quarts d'heure à peine quand nous nous trouvâmes devant le port du Palais, que nous n'avions pu apercevoir d'avance, la citadelle nous l'ayant jusque-là caché.

Les côtes de Belle-Isle, très découpées, sont excessivement pittoresques et forment une quantité de petits havres dans des conditions excellentes d'atterrage et d'abri.

Le Palais, capitale de l'Isle, est une commune assez importante bâtie en amphithéâtre au nord-est de l'île, sur le versant sud et sur le bord de la mer, au débouché d'un charmant vallon. La citadelle, construite en 1572 par le maréchal de Retz et augmentée par le cardinal, se dresse au nord.

La vieille enceinte de fortifications, ainsi que le château, bâti par le surintendant Fouquet et qui porte son nom, n'ayant pas paru suffisants à Napoléon Ier pour la défense de l'île, il entoura sa capitale d'une nouvelle enceinte, dont les plans, d'ailleurs, avaient été tracés par Vauban. Les travaux commencés par ses ordres furent achevés depuis.

Un magnifique bassin de granit, où les navires en relâche vont renouveler leur provision d'eau, fut creusé par Vauban en 1687. Ce bassin porte le nom de Belle-Fontaine ou Aiguado-Vauban.

Ayant peu de temps à rester à Belle-Isle, nous nous dirigeâmes d'abord vers le phare.

Belle-Isle possède un beau phare en granit et à feu tournant, du haut duquel on doit jouir d'une vue splendide. Mais, craignant de nous attarder, nous ne nous donnâmes pas la satisfaction de nous en assurer, et continuâmes notre chemin vers le nord; car ce que nous avions surtout le désir de voir, c'était la *Mer sauvage*. On appelle ainsi la côte que nous suivîmes jusqu'à la pointe des Poulains et qui certainement est une des plus pittoresques de toute la Bretagne. Sous cette côte, hérissée de rochers de quarante à cinquante mètres, s'ouvrent de belles grottes dont la plus remarquable, qui porte le nom de grotte de l'Apothicaire, est très curieuse.

Nous revînmes au Palais par l'intérieur de l'île. La terre, bien cultivée, y est très fertile. On élève dans ses beaux pâturages une grande quantité de chevaux de race bretonne. En traversant le vallon de Port-Fouquet, nous aperçûmes un bel établissement agricole que, malheureusement, nous n'eûmes pas le temps de visiter : c'est celui de Bruté.

La principale industrie de l'île est la pêche de la sardine, et celle du homard et du thon.

Nous n'eûmes que quelques heures à passer à Belle-Isle ; mais quand nous rentrâmes le soir à Quiberon, nous ne regrettions pas d'avoir consacré notre journée à cette petite excursion.

Le lendemain, à la première heure, nous quittions Quiberon.

Vers midi, nous étions de retour à Plouharnel. Nous déjeunâmes, puis nous reposâmes quelques heures. Carnac, où nous devions nous rendre ce jour-là, est très près de Plouharnel, et nous ne tenions qu'à avoir le temps de visiter le bourg avant le dîner, car nous devions y coucher, mais n'y voulions pas séjourner.

Vers quatre heures, au moment où le temps, très chaud le matin, commençait à fraîchir, nous sortîmes de Plouharnel et nous acheminâmes vers Carnac, où nous arrivâmes en moins d'une heure.

DOLMEN PRÈS AURAY

CHAPITRE L

DE CARNAC A VANNES

Église de Carnac. — Le tumulus du mont Saint-Michel. — Les alignements de Carnac. — Locmariaquer. — Le dolmen de Doler-Hroeck. — La table de César. — Le grand menhir. — Le dolmen de Mener-Hroeck. — Retour à Plouharnel. — La station de Sainte-Anne-d'Auray. — Arrivée à Vannes.

Carnac est située au fond de la baie de Quiberon, au-dessus d'étangs et de dunes. C'est sur sa plage, si belle et si commode, où s'alignent aujourd'hui une quantité de cabines de bains, que débarqua en 1795 la première division de l'armée qui devait périr à Quiberon.

Aussitôt arrivés à Carnac, nous allâmes voir l'église. Elle est vraiment belle. Son portail dorique est surmonté d'un baldaquin en pierre, en forme de couronne royale. Sa flèche est très élevée. A l'intérieur, sur les lambris de la nef, sont peints à fresque les principaux traits de la vie de saint Cornély, patron de Carnac. De riches retables en marbre blanc, de la Renaissance, ainsi qu'une belle chaire en bois sculpté, méritent d'être remarqués.

Quand nous sortîmes de l'église, il était l'heure du dîner. Nous n'avions, d'ailleurs, rien autre chose à voir dans le bourg.

Nous passâmes la soirée sur la plage et nous couchâmes de bonne heure.

Le lendemain, un peu avant six heures, nous nous mettions en route; nous avions destiné notre journée à la visite des curieux monuments mégalithiques de Carnac et de ses environs, et avions

CHAPITRE L

hâte de commencer une excursion qui promettait tant d'aliments à notre curiosité.

Nous commençâmes, d'après l'avis que nous en avaient donné plusieurs voyageurs, par nous rendre au tumulus du mont Saint-Michel, situé à une très petite distance, au nord-est de Carnac; de là seulement, nous avait-on dit, nous pourrions nous faire une idée d'ensemble de ces curieux monuments. Le mont Saint-Michel, d'ailleurs, mérite pour lui-même une visite.

BATAILLE DE QUIBERON (22 JUILLET 1795)

Ce tumulus a vingt mètres de hauteur sur quatre-vingts de longueur. Il y a vingt-cinq ans qu'en faisant des fouilles on trouva dessous un dolmen souterrain, long de huit mètres, large de deux, et ayant un mètre environ de hauteur; dans ce dolmen étaient des os calcinés et aussi des bijoux, des grains de colliers, etc. En 1875, un archéologue anglais, mort depuis, y découvrait des débris de constructions très anciennes dont on ne saurait reconnaître l'usage, mais qui semblent pouvoir bien être les restes d'un des monuments primitifs fondés en Armorique par les émigrés de la Grande-

Bretagne. Du sommet du mont Saint-Michel on domine la mer, le golfe du Morbihan et toute la plaine de Carnac.

De là nous aperçûmes, pour la première fois, les grands alignements de Carnac. Spectacle étrange et imposant! onze lignes de pierres remplissant deux lieues d'étendue, pierres chancelantes que le temps, qui détruit tout, n'a pu déraciner.

Le mont Saint-Michel doit son nom à une petite chapelle située sur son sommet et dédiée au saint archange.

En descendant du mont Saint-Michel, nous nous dirigeâmes vers la ferme du Ménec, où commencent les fameux alignements. Les pierres de Carnac s'étendent en lignes droites, régulières; elles sont enfoncées dans le sol par rang de taille, les plus petites au bas. Ces blocs de terre informes, de teinte grise, ne portent aucune inscription. La plaine dans laquelle ils s'étendent est stérile, déserte et silencieuse.

En parcourant ces longues allées de Carnac, en examinant ces monuments étranges et mystérieux, je songeais aux explications données à leur sujet par de savants auteurs. Les uns voient, dans ces avenues, les allées d'un camp de César; d'autres, un temple consacré au culte du serpent. Influencé peut-être par la tristesse qui s'était emparée de moi depuis que nous errions dans ces lieux désolés, je me rangeais naturellement du côté de ceux qui en font un vaste cimetière. Mais, admettant que ces pierres marquent des tombeaux, à quel peuple appartenaient ceux qui reposent dans ce champ funèbre? Mystère! toujours mystère!

« Une catastrophe sans précédent a-t-elle couché dans cette lande une race entière? Un choc soudain a-t-il ouvert la terre? L'Océan a-t-il en un instant couvert une nation de sa nappe remuante, puis, en se retirant, tout emporté? » se demande M. Eugène Loudun, dans son ouvrage sur la Bretagne; et il suppose que les peuples voisins auraient marqué la place du peuple évanoui « par ces rocs innombrables, témoins mystérieux d'un désastre qui ne sera jamais raconté. »

Peut-être a-t-il raison.

Maintenant, si vous voulez connaître la légende locale, la voici: Des soldats païens, ayant poursuivi saint Cornély, patron de Carnac,

PIERRES DE CARNAC

auraient été transformés en pierres par le saint ; telle serait l'origine des pierres de Carnac. C'est pourquoi les pierres des alignements s'appellent encore dans le pays *Soudar det sant Cornély* (soldats de saint Cornély).

Nous avions treize kilomètres à parcourir pour nous rendre de Carnac à Locmariaquer ; nous mîmes longtemps à faire le trajet, car, à chaque instant, nous nous détournions de notre route pour aller visiter quelque monument, plus curieux que les autres, comme le beau tumulus du château de Keriado, celui de Kerlescan, les dolmens de Saint-Philibert et de Kerkadoret, et celui de Kervress, à demi enfoui dans la terre, mais dont la table offre de curieux dessins. Enfin, nous arrivâmes à Locmariaquer.

Il était plus de midi ; nous commençâmes par déjeuner. Nous en avions grand besoin. Puis nous nous rendîmes sur le port.

Le village de Locmariaquer (village du Loc consacré à Marie) est situé sur la rive droite du Morbihan, à l'extrémité d'une presqu'île, formée par les rivières de Crach et d'Auray. La baie qui s'ouvre en face du bourg, large et profonde, offre aux navires une relâche sûre et facile. Une jetée, à pierres perdues, protège le port. Cette jetée est fort ancienne ; on en attribue la construction aux Celtes et aux Romains.

Des savants croient que Locmariaquer recouvre l'emplacement de l'ancienne ville de *Dariorigum*, capitale des Vénètes. Ce qu'il y a de certain, c'est qu'on y a trouvé des restes de monuments romains.

Mais ce qui fait la célébrité de Locmariaquer et y attire les étrangers, ce sont ses monuments celtiques.

Après nous être reposés quelques instants sur le port, nous nous disposâmes à faire, au milieu de ces curieux monuments d'un passé qui nous est si peu connu, l'excursion que nous avions spécialement en vue en venant à Locmariaquer.

Nous nous dirigeâmes d'abord vers le beau tumulus de Mam-Lud, que nous avions aperçu de loin le matin. Près de là, une allée couverte nous conduisit au dolmen de Doler-Hroeck (table de la Fée) ; et, de là, à celui désigné sous les noms de table de César ou table des Marchands, il n'y a pas loin.

La table de César est un dolmen gigantesque, sur les pierres duquel on a découvert de curieux dessins dont le sens a, malheureusement, jusqu'ici échappé aux recherches des savants. Tout près gît, renversé sur le sol, le roi des monuments druidiques, le menhir Hroeck (pierre de la Fée). Haut de vingt et un mètres, il a trois ou quatre mètres d'épaisseur et cinq mètres de diamètre ; son poids est évalué à plus de deux cent mille kilos. Ce gigantesque obélisque est brisé en quatre morceaux, qui, depuis des siècles, n'ont pas bougé de l'endroit où ils sont tombés.

Quelle force a renversé le géant ? quelle puissance l'avait élevé ? Double problème qui, sans doute, ne sera jamais résolu.

Du grand menhir, nous dirigeant vers le sud, nous nous rendîmes à la grotte ou dolmen de Mener-Hroeck (montagne de la Fée). Ayant oublié d'en demander la clef à Locmariaquer, nous n'en pûmes visiter l'intérieur. Ce fut pour nous une déception, dont nous nous dédommageâmes en considérant la belle vue que l'on découvre du haut du tumulus, élevé de douze mètres, qui recouvre cette grotte et d'où l'on aperçoit Belle-Isle, Houat et Houëdic, la baie de Quiberon, la presqu'île de Rhuis et une partie de l'archipel du Morbihan.

Nous rentrâmes fort tard à Locmariaquer ; nous dînâmes et nous nous couchâmes, après nous être assurés d'une voiture pour le lendemain, sept heures.

Cette voiture devait nous reconduire à Plouharnel, où nous voulions prendre le chemin de fer pour Vannes.

Le lendemain, à onze heures, nous étions à Plouharnel. Nous déjeunâmes à la hâte, et arrivâmes à la gare cinq minutes avant le départ. Une demi-heure après, nous passions devant la station de Sainte-Anne-d'Auray, station facile à reconnaître, car une statue de la sainte couronne le sommet du bâtiment central de la gare. Un assez grand nombre de voyageurs y descendirent, et j'avoue que j'eus bien envie de suivre leur exemple. Mais une simple visite à la célèbre chapelle nous eût pris une demi-journée, et nous étions déjà certains d'arriver en retard à Saint-Nazaire, terme de notre voyage.

— Si cela te tente trop, me dit Charles, descendons.

— Non, lui répondis-je ; je ferai mieux, je viendrai passer quelques jours ici au grand pardon de la Pentecôte. Le voyage sera pour moi aussi utile qu'agréable, car, cette fois, j'apporterai tout mon matériel d'artiste.

Nous continuâmes notre route jusqu'à Vannes où nous arrivâmes à une heure et demie.

SAINTE ANNE D'AURAY

CHAPITRE LI

VANNES

Notions historiques. — La préfecture. — Les remparts. — La tour du Connétable. — La Garenne. — Le port. — La Rabine. — La ville haute et la ville basse. — La cathédrale. — Les vieilles maisons. — Le château de Succinio. — Climat de la presqu'île de Rhuis. — Le curé de Saint-Gildas. — L'église. — Le couvent. — Les plages de Port-Maria et du Télégraphe.

Nous envoyâmes nos valises à l'hôtel, et, pour ne pas perdre de temps, nous mîmes aussitôt en devoir de visiter la ville. Nous n'avions pour cela que la fin de la journée, car nous comptions, le lendemain, aller à Saint-Gildas, et, le surlendemain, quitter Vannes par le train du matin, afin d'être à midi à Saint-Nazaire.

Avant de raconter au lecteur notre course à travers la vieille cité bretonne, je crois utile de rappeler ici les principaux faits historiques qui se passèrent sous ses murs.

Vannes, que les Celtes appelaient *Gwened* ou *Wennet* (la Blanche), est bâtie en amphithéâtre sur une colline, au pied de laquelle coule une petite rivière. Fut-elle ou non, sous le nom de *Dariorigum*, capitale des Vénètes? Nous avons déjà dit que Locmariaquer lui disputait cet honneur. Ce qu'il y a de certain, c'est que, comme tout le pays des Vénètes, elle fut soumise aux Romains, qui l'entourèrent de fortifications.

Le christianisme y pénétra au IV° siècle. Mériadec passe pour y avoir établi le premier évêque, Judicaël. Vannes resta soumise aux ducs de Bretagne jusqu'au milieu du VI° siècle. Ce ne fut qu'après la mort d'Hoël Ier qu'elle eut des comtes particuliers. Elle reconnut l'autorité des Carlovingiens jusqu'à Charles le Chauve. Mais Noménoé l'enveloppa dans ses desseins d'indépendance bretonne.

Au milieu du XIIe siècle, Vannes fut conquise par le roi d'Angleterre, Henri II.

Pendant la guerre de succession de Bretagne, Vannes ne se

VANNES

prononça pour aucun des deux compétiteurs. Prise par Charles de Blois en 1342, reprise aussitôt par Jeanne de Montfort, elle finit par tomber au pouvoir des Anglais. Clisson la reprit et la défendit contre Édouard III, qui attachait une grande importance à sa possession.

Cependant, en 1380, les Anglais s'établirent à Vannes. Les habitants, voyant Montfort triomphant, leur avaient ouvert leurs portes.

Vannes ayant, par son importance, attiré l'attention des ducs de Bretagne, Jean IV s'y fit construire une magnifique résidence, le château de l'Hermine, qui fut en même temps une nouvelle défense pour la ville. Ses murs se rattachaient à ceux de Vannes.

Au xv° siècle, comme la plupart des villes bretonnes, elle obtint des ducs d'importants privilèges. Le dernier des ducs de Bretagne, François II, y établit la résidence de son parlement.

Vannes était à l'apogée de sa prospérité, quand, à la mort de François II, Charles VIII y envoya ses troupes. Elle tomba alors, avec toute la province, sous l'autorité des rois de France, qui la traitèrent du reste avec beaucoup d'égards.

C'est à Vannes que se tinrent, en 1532, les états provinciaux qui déclarèrent la Bretagne définitivement réunie à la France.

Suivant la route qui part de la gare, nous arrivâmes à la rue du Mené, la plus belle rue de Vannes; puis, tournant à gauche, nous passâmes devant la préfecture, édifice moderne construit dans le style Louis XIII, et nous nous dirigeâmes vers le port en suivant les anciens remparts. Nous aperçûmes, en passant de l'autre côté du port, la tour du Connétable, seule partie subsistante du fameux château de l'Hermine construit par Jean IV au xiv° siècle, et détruit au xvii° par ordre de Louis XIII, tour où fut enfermé Clisson, perfidement attiré dans le château, alors en construction, par le duc de Bretagne, jaloux de sa gloire et de sa puissance, et la promenade de la Garenne, plantée sur l'emplacement même où furent fusillés les émigrés de Quiberon.

Le port de Vannes, peu profond, n'est pas accessible aux navires de plus de cent cinquante tonneaux. Les plus gros bateaux, en destination de Vannes, doivent jeter l'ancre à quatre kilomètres de là, au port de Couleau. Cependant le commerce maritime de Vannes n'est pas sans une certaine importance. Les caboteurs y apportent principalement des vins de Bordeaux, des eaux-de-vie et des matières résineuses, et en emportent des fers, du sel, du chanvre, des grains, du miel et du beurre.

Une charmante promenade, la Rabine, embellit un des côtés du port, qu'une jolie jetée, bordée de peupliers, met en communication avec le faubourg Saint-Patern.

CHAPITRE LI

Nous ne fîmes que jeter un coup d'œil sur le port, et, entrant aussitôt dans l'intérieur de la ville, nous nous rendîmes à la cathédrale.

Vannes, chef-lieu du Morbihan, située à l'embouchure du Couleau, dans le golfe qui a donné son nom au département, comprend deux villes : la ville haute, composée de quartiers neufs, s'étalant en amphithéâtre sur une colline exposée au sud et se prolongeant vers l'est; les constructions modernes y cachent presque partout l'enceinte des anciens murs; la ville basse, la vieille ville des ducs de Bretagne, aux rues sombres, étroites, tortueuses, bordées de maisons gothiques, en bois pour la plupart, aux étages surplombant les uns sur les autres, aux pignons en zigzag dont les siècles n'ont guère changé l'aspect.

C'est dans la ville basse, dont les monuments sont presque tous anciens, que se trouve la cathédrale.

La cathédrale de Vannes, placée sous l'invocation de saint Pierre, fut détruite par les Normands au xe siècle, reconstruite au xiiie et achevée du xve au xviie. Elle se compose d'une seule nef avec chapelle latérale, d'un transept et d'un chœur.

A l'intérieur, la voûte, primitivement très élevée, est aujourd'hui masquée par une voûte moderne, de 1768, qui fait assez mauvais effet. En 1768, on a également masqué par un autel la partie la plus remarquable de l'édifice, un beau portail nord, de 1514, auquel aboutissait le cloître des chanoines, joli cloître Renaissance dont une petite partie seulement existe aujourd'hui. La tour, construite en remplacement de celle du xiiie siècle, détruite par la foudre en 1824, est assez laide.

Le portail ouest a été reconstruit en 1875 dans le style du xiiie siècle.

Ce qu'il y a de plus remarquable dans la cathédrale de Vannes, ce sont les bons tableaux, tant anciens que modernes, les pierres tombales et les sculptures qu'elle renferme.

A Vannes, presque tous les monuments de la ville basse, nous l'avons dit, sont anciens; la plupart pourtant ne remontent pas au delà du xviie siècle. Plusieurs ont changé de destination. Nous les vîmes presque tous en passant, mais nous n'eûmes pas le temps de les visiter.

Nous remarquâmes aussi plusieurs maisons fort curieuses, entre autres celle de saint François Ferrier, dans laquelle nous entrâmes et où se trouve une chapelle qui passe pour avoir été la chambre du saint; et le château Gaillard ou maison du Parlement, qui date du XVIe siècle, et où nous vîmes de curieuses cheminées, des peintures et des sculptures remarquables.

Quand nous rentrâmes à l'hôtel, vers six heures, nous avions vu ce que Vannes contient de plus curieux. Nous n'avions qu'un regret, c'était d'être arrivés trop tard pour visiter le beau musée archéologique installé dans la tour du Connétable, l'un des plus riches de France en antiquités celtiques et contenant aussi d'autres curiosités provenant de fouilles faites dans la contrée.

Le lendemain, à sept heures, nous montions dans la voiture de Sarzeau. Sarzeau est un chef-lieu de canton situé dans la presqu'île de Rhuis, à six kilomètres de Saint-Gildas, d'où nous comptions gagner à pied cette dernière localité. Il était près de midi quand nous y arrivâmes; nous commençâmes donc par déjeuner, après quoi nous nous mîmes immédiatement en route.

Avant de nous diriger vers Saint-Gildas, nous voulûmes visiter les belles ruines du château de Succinio, qui se trouvent à trois kilomètres de Sarzeau, sur le bord de la mer. Nous nous informâmes du chemin que nous devions prendre, et nous nous y rendîmes.

Le château de Succinio (*Souci-n'y-at*), fondé sous Jean Ier en 1350, servit souvent de résidence aux ducs de Bretagne; il fut remanié en 1420. Il est couronné de mâchicoulis et flanqué de six tours, dont un beau donjon du XVe siècle. Le nom ambitieux que lui avaient donné ses seigneurs ne l'empêcha pas d'être pris par du Guesclin en 1373. Anne de Bretagne le céda à perpétuité au duc d'Orange. François Ier le confisqua en 1520. Sous la Ligue, il fut pris par Mercœur, puis rendu à Henri IV.

Quand nous eûmes suffisamment admiré ce qui reste de ce superbe château, nous nous dirigeâmes directement vers Saint-Gildas. Nous avions six lieues à faire pour nous y rendre; heureusement, le temps était beau, et une légère brise modérait la chaleur encore très grande, quoique la saison fût avancée. Nous fîmes la route agréablement et sans trop de fatigue. Le pays que nous parcourions est admirable; on se croirait au delà des Alpes à voir les pins d'Italie et les chênes verts aussi beaux que dans leur pays natal; et nous, qui n'avions jamais voyagé que dans le Nord, c'était avec autant de plaisir que de surprise que nous regardions des lauriers et des grenadiers poussés en pleine terre, et si différents, par leur dimension et leur vigueur, des arbustes rachitiques élevés dans nos orangeries à grands frais d'argent et de peine.

Nous traversâmes quelques villages populeux et bien bâtis, et pûmes constater les progrès accomplis par la civilisation dans un pays qu'Abeilard traitait de barbare.

Enfin nous arrivâmes à Saint-Gildas. Il était près de six heures.

Comme nous passions devant l'église, un homme en sortait que nous n'eûmes pas de peine à reconnaître pour le sacristain, car il ferma la porte derrière lui.

Nous lui demandâmes à quelle heure l'église serait ouverte le lendemain; car, forcés de coucher à Saint-Gildas, nous voulions y rester le moins longtemps possible.

— A six heures, nous répondit-il.

— Maintenant, lui dis-je, pourriez-vous nous indiquer un hôtel, ou du moins une auberge où nous pourrions coucher?

— Il n'y en a pas. Les étrangers logent chez les religieuses.

En ce moment, un prêtre, un vénérable vieillard que nous n'avions pas vu venir, s'interposa entre le sacristain et nous.

— Vous êtes étrangers, Messieurs? nous dit-il.

— Oui, monsieur le curé, répondis-je, pensant bien que le vieillard n'était autre que le curé de Saint-Gildas.

— Aux quelques mots que je viens d'entendre, j'ai compris que vous étiez embarrassés de savoir où passer la nuit dans notre pauvre localité.

— En effet, reprit Charles, M. de Lussac, mon ami, et moi sommes venus de Vannes pour visiter Saint-Gildas, et nous cherchons un gîte pour la nuit.

— Monsieur de Lussac? vous vous appelez monsieur de Lussac? reprit le bon curé se tournant vers moi.

— Oui, monsieur le curé.

— J'ai connu à Tours un M. de Lussac.

— Mon père ?

— Il avait un fils, un enfant, lorsque j'ai quitté le pays. Cet enfant, je crois, s'appelait Maurice.

— Je suis Maurice de Lussac.

Le bon curé s'informa de mon père, de ma mère, de mes sœurs. Quand j'eus répondu à toutes ses questions,

— Maintenant, dit-il, il est l'heure de dîner ; si vous êtes venus à pied de Sarzeau, vous devez être exténués de fatigue et mourir de faim. Venez avec moi, Messieurs ; j'espère que vous voudrez bien partager mon modeste dîner et accepter la chambre que je suis heureux de vous offrir au presbytère. Demain matin, je vous ferai les honneurs de mon église et vous conduirai visiter l'établissement de nos chères religieuses.

Il n'y avait pas moyen de refuser une si cordiale invitation, nous n'en eûmes pas la pensée. Quelques instants plus tard, assis à la table du curé de Saint-Gildas, nous faisions le meilleur accueil à son dîner vraiment excellent.

On causa beaucoup pendant le repas, et la conversation se prolongea bien longtemps après que nous eûmes fini de dîner.

— Notre village, nous dit le bon curé, doit son origine au saint dont il porte le nom. Au VIe siècle, saint Gildas, émigrant de la Grande-Bretagne, s'établit dans l'île d'Houat, où il vécut dans toutes les austérités de la pénitence. Mais bientôt ses disciples devinrent si nombreux que l'île ne pouvait plus les contenir ; le duc de Vannes lui fit don d'un château qu'il possédait dans la presqu'île de Rhuis. Saint Gildas y fonda un monastère, et autour du monastère s'éleva bientôt un village. Ce monastère fut détruit par les Normands au Xe siècle ; mais il fut relevé au XIe par saint Félix, qui en fut abbé et mourut en 1308. Au XIIe siècle, Abeilard gouverna la maison de saint Gildas.

Aujourd'hui les religieuses du Père-Éternel, excellentes Sœurs qui se sont donné pour tâche d'instruire les jeunes filles pauvres, ont pris la place des moines, et l'église abbatiale est devenue église paroissiale.

A neuf heures, nous nous retirâmes dans la chambre qui nous avait été préparée.

Le lendemain, le bon curé nous proposa de nous faire visiter son église avant l'heure de sa messe ; nous acceptâmes avec plaisir.

L'ancienne église conventuelle n'a conservé du XIIe siècle que le chœur, le transept nord et quelques parties de la nef. La tour est du XVIIe siècle, le reste est moderne. Le chœur, dont les arcades à plein-cintre sont supportées par des colonnes aux chapiteaux bizarrement sculptés, est entouré d'un collatéral et de trois chapelles rondes ; dans le mur oriental des transepts, s'ouvre, de chaque côté, une chapelle absidiale, dans le mur extérieur d'une desquelles le curé de Saint-Gildas nous fit remarquer une pierre sculptée représentant deux guerriers prêts au combat. Nous admirâmes le beau maître-autel, un retable de la Renaissance surmonté d'une statue de saint Gildas, dont le tombeau se trouve derrière le chœur. Nous vîmes également dans le chœur les tombeaux de cinq princes de la maison de Bretagne, qui datent des XIIIe et XIVe siècles. Des pierres tombales couvrent une partie du sol de l'église.

Après nous avoir fait visiter en détail tout ce qu'il y a de curieux dans l'église, le bon curé nous emmena dans la sacristie pour nous faire voir le trésor. Là se trouvent des reliques de saint Gildas (entre autres son chef et son bras) et celles d'un autre thaumaturge, renfermées dans un précieux reliquaire du XVe siècle ; la châsse du saint patron, recouverte d'argent, datant seulement de 1731 ; une ancienne mitre en soie brodée d'or, un calice de la Renaissance, etc., etc.

Quand nous eûmes achevé de visiter le trésor, il était presque huit heures ; nous rentrâmes dans l'église, Charles et moi, pendant que M. le curé allait se disposer à offrir le saint sacrifice. Nous assistâmes à sa messe, puis nous rentrâmes au presbytère, où il nous rejoignit bientôt.

Quand nous eûmes déjeuné, nous nous rendîmes au couvent, dont, sur la recommandation de M. le curé, nous pûmes visiter le parc, fermé aux hommes non munis de permission spéciale. Ce parc contient un petit bois et une terrasse d'où l'on jouit d'une vue magnifique.

Pendant la saison des bains de mer, les Sœurs, qui ont créé, sur la plage la plus rapprochée du couvent, un petit établissement de bains, reçoivent chez elles des dames pensionnaires. Quant aux familles, elles les logent au dehors, dans les bâtiments abbatiaux, mais se chargent de leur procurer tout ce qui leur est nécessaire.

En sortant du couvent, le curé nous conduisit sur la plage de Port-Maria. Cette plage, située à cinq cents mètres du bourg, est entourée de rochers; elle sert d'échouage aux bateaux pêcheurs.

— Nous avons, à une demi-lieue d'ici, une plage beaucoup plus belle, nous dit M. le curé; c'est celle du Télégraphe.

— Si nous restions plus longtemps, nous ne manquerions pas de l'aller voir, lui répondis-je; mais la voiture de Vannes part de Sarzeau à une heure, et nous devons nous disposer à quitter Saint-Gildas, si nous ne voulons pas la manquer.

— C'est dommage.

— Oui, mais ma mère m'a fait promettre d'être à Tours le 22 pour le baptême de ma petite nièce. Vous ne voudriez pas, monsieur le curé, me faire manquer à ma promesse.

— Assurément non.

— Eh bien, nous sommes aujourd'hui le 20, et il faut encore que nous allions à Saint-Nazaire, où j'ai rendez-vous avec un de mes amis, prêt à partir pour l'Amérique.

— Je n'insiste pas, dit le bon curé.

Nous rentrâmes, bouclâmes nos valises, et prîmes congé de l'aimable vieillard, dont nous n'oublierons jamais la bienveillante hospitalité.

Nous arrivâmes à Sarzeau un quart d'heure à peine avant le départ de la voiture. Nous bûmes un bouillon à la hâte, et nous munîmes de provisions pour la route; nous ne devions arriver à Vannes qu'à cinq heures de l'après-midi.

Le même soir, nous partîmes pour Saint-Nazaire, où nous arrivâmes à onze heures.

CHAPITRE LII

SAINT-NAZAIRE

Un ami. — Position de Saint-Nazaire. — Son port. — Son commerce. — L'église de Saint-Nazaire. — La ville basse. — La nouvelle ville. — Départ de M. Letellier. — M. de Lussac et son ami se dirigent vers Tours.

Quand, le lendemain matin, j'ouvris la fenêtre de ma chambre, j'aperçus une immense forêt de mâts, s'élevant fièrement dans les airs; l'hôtel où nous étions descendus, la veille au soir, donne sur le port, en face des paquebots transatlantiques du Mexique et des Antilles. C'était dans cet hôtel que devait demeurer l'ami auquel je venais dire adieu.

Albert Letellier est un de mes meilleurs amis de collège. Son père, qui, à la suite de revers éprouvés en France, était allé tenter fortune au Mexique, avait voulu que son fils fût élevé dans son pays natal. Ses études terminées, Albert avait été placé à Paris dans une importante maison de commerce; mais, depuis quelque temps, M. Letellier, âgé déjà et mal portant, pressait vivement Albert de l'aller rejoindre à Mexico. Mon ami s'y était enfin décidé; il partait par le prochain paquebot. Sachant que le voyage que je faisais en ce moment devait me conduire à Saint-Nazaire, Albert m'y avait donné rendez-vous.

Je m'habillai, et fis demander si M. Letellier demeurait dans l'hôtel.

Le garçon que j'avais chargé de cette commission revint bientôt me dire que M. Letellier habitait depuis trois jours le numéro 6, et qu'il était chez lui.

Albert fut enchanté de me voir. J'étais en retard de trois ou quatre jours; il s'embarquait le lendemain, et commençait à croire qu'il quitterait la France sans m'avoir embrassé.

Il connaissait Charles pour l'avoir quelquefois rencontré chez moi; je n'eus pas besoin de le lui présenter. Nous déjeunâmes ensemble, puis Albert nous proposa d'aller voir le port et visiter le paquebot sur lequel il devait s'embarquer, *la Cornouaille,* un des plus beaux bâtiments de la Compagnie transatlantique.

Saint-Nazaire, ancien port gaulois de Corbilo, est situé à l'embouchure de la Loire, à l'extrémité d'un promontoire qui s'avance entre la Loire et l'Océan.

Il n'y a pas cinquante ans, Saint-Nazaire n'était qu'un simple bourg maritime, dont les marins, habitués aux sables et aux récifs de l'embouchure du fleuve, servaient de pilotes aux navires marchands qui remontaient à Paimbœuf. L'ensablement de la Loire allant toujours croissant, on reprit le projet, qu'on avait eu déjà, de bâtir un bassin à flot à l'entrée du fleuve. On hésita, pour y placer le nouveau port, entre Saint-Nazaire et Paimbœuf. Saint-Nazaire fut préféré.

Le port de Saint-Nazaire se composa d'abord d'un petit port d'échouage avec môle en maçonnerie, et d'un bassin à flot qui s'ouvre dans l'anse de Penhouët, au nord de l'ancienne ville, bassin dont la surface est de dix hectares cinquante-quatre ares, et la profondeur, dans sa partie nord, de sept mètres cinquante. Ce bassin communique avec la mer par deux écluses parallèles; l'une à sas, large de treize mètres; l'autre simple, ayant vingt-cinq mètres de haut, et ne s'ouvrant que pour laisser passer les plus gros navires. Ce bassin a mille six cent quatre mètres de quais. Un môle d'abri, de mille deux cents mètres de développement, et s'avançant à deux cents mètres dans la mer, protège son entrée et forme port d'échouage.

Un second bassin, situé au nord du bassin à flot, et appelé bassin de Penhouët, fut créé de 1864 à 1881. Il a vingt-deux hectares quarante-cinq ares de surface, et deux mille quatre cent quatre-vingt-quinze mètres de quais, dont trois cent cinquante avec cale de débarquement pour le bois. Une grande écluse à sas, large de vingt-cinq mètres et longue de deux cent dix-huit mètres vingt-cinq, ayant quatre paires de portes, met en communication les deux bassins.

Les travaux nécessités par la création du port de Saint-Nazaire ont coûté vingt-trois millions.

Cinq feux indiquent l'entrée de la Loire et du chenal : le feu fixe rouge de la pointe de l'Ève, le feu fixe de l'Aiguillon, le phare à éclats du Commerce, le feu tournant de la Villez-Martin. A l'extrémité du môle de Saint-Nazaire, est un phare lenticulaire à feu fixe. Deux feux fixes, l'un rouge, l'autre vert, signalent l'entrée du bassin.

Le commerce qui se fait aujourd'hui à Saint-Nazaire est immense; il s'élève, paraît-il, à une moyenne annuelle de un million six cent mille tonnes, dont la valeur atteint 600,000,000 de francs. On exporte principalement de Saint-Nazaire les conserves alimentaires, le sel, les mules du Poitou pour les îles de la Réunion et Maurice. Les matières principales de son commerce d'importation sont les charbons anglais, les blés d'Amérique, les sucres, les cafés, le riz, les bois du nord, les phosphates et le guano.

Quand il nous eut bien promenés dans le port et à bord de la *Cornouaille,* dont le capitaine, homme des plus aimables, nous fit lui-même les honneurs,

— Combien de temps, nous dit Albert, comptez-vous rester ici?

— Nous partons demain à midi, lui répondis-je.

— Sans avoir fait aucune excursion dans les environs ?

— L'heure du retour a sonné, nous ne pouvons plus penser à aucune excursion pour cette année; mais nous comptons bien continuer, l'année prochaine, nos intéressantes pérégrinations sur les côtes de France. Nous nous donnerons rendez-vous ici, et, avant d'aller plus loin, nous rayonnerons dans les pays que, faute de temps, nous n'avons pu visiter, Guérande, le Croisic, Bourg-de-Baz, le Pouliguen.

— Alors tout est pour le mieux.

— Avant d'aller dîner, demandai-je, n'avons-nous rien de curieux à voir en ville?

— Rien que je sache, dit Albert. Si vous voulez, cependant,

nous pouvons aller du côté de l'église ; elle est au centre de la vieille ville, dont vous pourrez ainsi vous faire une idée.

L'église de Saint-Nazaire n'a rien de remarquable. Un vieux pan de mur, sur lequel elle est appuyée, est tout ce qui reste d'un ancien château-fort, appartenant aux comtes de Vannes.

Ayant encore un peu de temps devant nous, nous parcourûmes une partie de la nouvelle ville. Elle est composée de larges rues, bordées de belles maisons, mais ne possède aucun monument remarquable.

Quand nous rentrâmes à l'hôtel, nous n'avions plus rien à voir à Saint-Nazaire.

Le lendemain à neuf heures, *la Cornouaille* sortait du port. Albert, debout sur le pont, agitant son mouchoir, nous adressait de loin ses derniers adieux. Nous suivîmes, aussi longtemps que possible, le navire des yeux ; puis enfin nous rentrâmes faire nous-mêmes nos préparatifs de départ.

A midi, nous quittions Saint-Nazaire. Le soir, nous étions à Tours.

Ma famille, avertie de l'heure de notre arrivée, nous avait attendus ; Hélène elle-même n'avait pas voulu se coucher sans m'avoir embrassé. Ma chère nièce seule dormait. Sa mère entr'ouvrit bien, pour me la montrer, le rideau de son berceau ; mais je pus à peine apercevoir un petit bout de son visage, collé contre l'oreiller, et dus remettre au lendemain le plaisir de faire sa connaissance.

TABLE DES MATIÈRES

CHAPITRE I. De Cherbourg a Jobourg. — Départ de Cherbourg. — Le phare et l'église de Querqueville. — Le château de Nacqueville. — Urville-Hague. — Gréville. — La roche du Castel. — Omonville-la-Rogue. — Le cap de la Hague. — Le raz Blanchard. — Le Gros-du-Raz. — Excursion au phare. — Arrivée à Jobourg. — Visite aux falaises. 5

CHAPITRE II. De Jobourg a Flamanville. — Beaumont-Hague. — Le retranchement de Hague-Dick. — L'anse de Vauville. — Diélette. — Le château et l'église de Flamanville. — Le dolmen de la Pierre-au-Roi. . . . 10

CHAPITRE III. Flamanville. — Les falaises. — Le Trou-Baligan. — Le passage de la Déroute. 14

CHAPITRE IV. De Flamanville a Carteret. — Le Rozel. — Surtainville. — La Haye d'Ectot. — Le cap et le village de Carteret. . . . 18

CHAPITRE V. De Carteret a Granville. — Portbail. — La Haye-du-Puits. — Coutances. — Arrivée à Granville. 22

CHAPITRE VI. Granville. — Sa situation, son port. . . . 26

CHAPITRE VII. Granville (suite). — Origine de Granville. — Son industrie. — Fondation de son église. — Légende. — Notions historiques sur Granville. . 28

CHAPITRE VIII. Granville (suite). — La ville haute. — L'église. — Les autres monuments. — Promenade de Vaufleury. — Panorama. — Une grand'messe. — La tranchée des Anglais. — La plage. 37

CHAPITRE IX. Granville (suite). — Les îles Chausey. — Climat de Granville. . 41

CHAPITRE X. Saint-Pair. — Situation du village. — Le monastère de Scissy. — L'église paroissiale. — Ruines de l'ancien manoir féodal. — La chapelle Sainte-Anne. — La fontaine. — La plage de Saint-Pair. . . 46

CHAPITRE XI. De Saint-Pair a Avranches. — La mare de Bouillon. — La pierre de Vaumoisson. — La pointe de Carolles. — La falaise de Champeaux. — Saint-Jean-de-Thomas. — Dragey, Baully, Marny. — Le pont Gilbert. — Arrivée à Avranches. 52

CHAPITRE XII. Avranches. — Sa position. — Notions historiques. . . 55

CHAPITRE XIII. Avranches (suite). — Les remparts. — Les ruines de la cathédrale. — L'ancien palais épiscopal. — L'église Saint-Saturnin. . . 58

CHAPITRE XIV. Le mont Saint-Michel. — Position du mont Saint-Michel. — Voyage d'Avranches au mont Saint-Michel, par Courtils. — Arrivée au mont Saint-Michel. — Le saumon, les coquecigrues et les salicoques. . . 64

TABLE DES MATIÈRES

CHAPITRE XV. Le Mont Saint-Michel (*suite*). — Notions historiques. . . 68

CHAPITRE XVI. Le Mont Saint-Michel (*suite*). — L'abbaye-château. — L'église. — La Merveille. — La terrasse de Saint-Gaultier. — Les bâtiments abbatiaux. — Les souterrains. . . . 74

CHAPITRE XVII. Le Mont Saint-Michel (*suite*). — Promenade autour des fortifications. — Les portes. — Les tours. — Le châtelet de la Fontaine. — La fontaine Saint-Aubert. — La Barbacane. — Une pêcheuse montoise. . . 81

CHAPITRE XVIII. Le Mont Tombelaine. — Sa position. — Son histoire. . 86

CHAPITRE XIX. Pontorson. — Origine. — Histoire. — L'église. . 88

CHAPITRE XX. Dol. — Son origine. — Son histoire. — Les vieilles maisons. — La cathédrale. — L'église Notre-Dame. — Le mont Dol. — Une chapelle gothique. — La digue. — Les marais. . . 91

CHAPITRE XXI. Dinard. — Arrivée chez M. de Lussac. — L'ancien et le nouveau Dinard. — La côte d'Afrique. — La plage de l'Écluse. — L'église. — La grève du Prieuré. — Le bec de la Vallée. . . 100

CHAPITRE XXII. Saint-Malo. — Notions historiques. . 107

CHAPITRE XXIII. Saint-Malo (*suite*). — Aspect de Saint-Malo. — Le château. — Les remparts. — La chambre de Chateaubriand. — Le port. — La cathédrale. — Le Grand-Bey et la tombe de Chateaubriand. — Le Petit-Bey. — La plage et le Casino. . . 117

CHAPITRE XXIV. Saint-Servan. — Les ports de Saint-Servan. — La tour Solidor. — La cité d'Aleth. — Ruines de l'ancienne cathédrale. — Le puits des Sarrasins. — L'église de Saint-Servan. — La plage des Sablons. — Les établissements de bains de mer. — Le pont roulant. — Les chiens de Saint-Malo. . 131

CHAPITRE XXV. Cancale et Paramé. — Cancale. — La Houle. — La pêche aux huîtres. — Les parcs. — La ville. — Panorama. — Paramé. — Son origine. — Son histoire. — Son importance actuelle. — La terrasse. — Le Casino, le Grand-Hôtel. . . 139

CHAPITRE XXVI. Dinan. — Son histoire. — Ses établissements. — Son port. . 148

CHAPITRE XXVII. Dinan (*suite*). — Les bords de la Rance. — Position de Dinan. — Du Guesclin. — La place Du Guesclin. — Le château. — L'église Saint-Sauveur. — La tour de l'Horloge. . . 152

CHAPITRE XXVIII. Environs de Dinard. — Important entretien. — Egonat. — Saint-Lunaire. — Saint-Briac. — Fiancés. . . 160

CHAPITRE XXIX. De Dinard a Pléneuf. — Ploubalay. — La coiffure des femmes de Saint-Jacut. — Le château de Guildo. — Matignon. — Saint-Cast. — Le combat de 1758. — Le cap Fréhel. — Le fort de la Latte. — Le château de la Roche-Goyon. — Erquy. — Le Val-André. — Pléneuf. . . 165

CHAPITRE XXX. De Lamballe a Saint-Brieuc. — Lamballe. — Arrivée à Saint-Brieuc. — Origine et histoire de la ville. — Son aspect. — La cathédrale. — Les vieilles maisons de bois. — Les quartiers neufs. — Les promenades. . 170

CHAPITRE XXXI. Saint-Brieuc (*suite*). — Le Léguer. — La plage Saint-Laurent. — La tour de Cesson. — Départ de Saint-Brieuc. . . 176

TABLE DES MATIÈRES

CHAPITRE XXXII. De Saint-Brieuc a Paimpol. — Portrieux. — Le départ annuel pour la pêche de Terre-Neuve. — Les grèves de Saint-Quay. — Les falaises de Plouha. — La chapelle de Kermaria. — Plouézec. — Kéritry. — Les ruines de l'abbaye de Beauport. — Paimpol. — L'île Bréhat. 179

CHAPITRE XXXIII. De Paimpol a Lannion. — Lézardrieux. — Tréguier. — Lannion. — L'église de Brélevenez. 187

CHAPITRE XXXIV. De Lannion a Morlaix. — Saint-Michel-en-Grève. — Lanmeur. — Les ruines de Kerfeunteun et de Saint-Mélar. — La fontaine de Saint-Mélar. — Saint-Jean-du-Doigt. 192

CHAPITRE XXXV. Morlaix et Saint-Pol-de-Léon. — Position de Morlaix. — Quelques notions historiques sur cette ville. — Commerce de Morlaix. — Intérieur de la ville. — Ses monuments. — Saint-Pol-de-Léon. — Son origine. — Quelques mots sur son histoire. — La cathédrale. — La chapelle du Creizker. — Le Léonais. — Penpoul. — Roscoff. — L'île de Batz. 198

CHAPITRE XXXVI. Brest. — Notions historiques. 216

CHAPITRE XXXVII. Brest (suite). — Le cours d'Ajot. — Le nouveau port de commerce. — Le pont tournant. — Le château de Brest. — Le quartier de la Marine. — L'établissement des Pupilles. — L'église Saint-Louis. — Recouvrance. 220

CHAPITRE XXXVIII. Brest (suite). — Visite au port militaire. — Le bassin de Brest. — L'esplanade et le magasin général. — Les corderies, les scieries, les poulieries, etc. — Les cales de la boucherie. — L'arrière-port. — Bassins. — Les cales de Bordenave. — Ateliers de machines à vapeur. — Magasins de la mâture. — Ateliers des cabestans. — Ateliers de peinture et de sculpture — L'ancienne menuiserie. — Les cales de Recouvrance. — L'anse de Pontaniou. — Ateliers de l'artillerie. — Parc des subsistances. — Observatoire de l'École navale. 229

CHAPITRE XXXIX. Le Conquet. — La presqu'île de Kermorvan. — Le cap Saint-Matthieu. — L'église abbatiale. 235

CHAPITRE XL. L'Île d'Ouessant. — De Brest à l'île d'Ouessant en bateau à vapeur. — Origines de l'île. — Les phares. — Population d'Ouessant, ses usages, ses mœurs, ses ressources. — Retour à Brest. — Visite à l'École navale. . 238

CHAPITRE XLI. De Brest a Camaret. — Départ de Brest par le bateau à vapeur. — Le Frêt. — Crozon. — Les grottes de Morgat. — Camaret. — La presqu'île de Roscanvel. — Le château de Dinan. 243

CHAPITRE XLII. De Crozon a Plogoff. — De Crozon à Douarnenez par la baie. — Douarnenez. — Audierne. — Plogoff. 249

CHAPITRE XLIII. De Plogoff a Pont-l'Abbé. — La baie des Trépassés. — La pointe du Raz. — Les rochers de Penmarc'h. — Le désert de Plogoff. — L'étang de Laoual. — L'île de Sein. — Pont-Croix. — Départ pour Pont-l'Abbé. — Hommes et femmes de Pont-l'Abbé. — L'église. — Notions historiques. — Voyage à Penmarc'h et Kiritry. 255

CHAPITRE XLIV. De Pont-l'Abbé a Concarneau. — De Pont-l'Abbé à Quimper en bateau à vapeur. — Loctudy. — Bénodet. — La villa romaine de Pérennou. — Quimper. — La cathédrale. — L'église de Locmaria. — Le mont Frugy. — Départ pour Concarneau. — Concarneau. — Ses fortifications. — Son aquarium. 264

CHAPITRE XLV. Quimperlé. — Costume des habitants. — L'église Sainte-Croix. — L'église Saint-Michel. — Le port. — Départ pour Lorient. 270

CHAPITRE XLVI. Lorient. — Lorient il y a deux cents ans. — La Compagnie des Indes s'y établit. — Prospérité de la ville. — Les Anglais dans la baie de Poulduc; ils en sont chassés par les Lorientais. — Suppression de la Compagnie des Indes. 275

CHAPITRE XLVII. Lorient (suite). — Aspect général de la ville. — Son port, sa rade. — Le port de commerce. — Le port militaire. — La tour de la Découverte. 278

CHAPITRE XLVIII. De Lorient a Auray. — Port-Louis. — La presqu'île de Gavre. — Départ de Lorient. — Auray. — Quelques mots de son histoire, sa position, ses églises. — Plouharnel. — La presqu'île de Quiberon. — Souvenirs historiques. — Port-Haliguen. — Quiberon. — Port-Maria. . . 283

CHAPITRE XLIX. Belle-Isle. — Origine et histoire. — Le Palais. — La Mer sauvage et la pointe des Poulains. — Végétation de l'île. — Son industrie. — Retour à Plouharnel. 290

CHAPITRE L. De Carnac a Vannes. — Église de Carnac. — Le tumulus du mont Saint-Michel. — Les alignements de Carnac. — Locmariaquer. — Le dolmen de Doler-Hroeck. — La table de César. — Le grand menhir. — Le dolmen de Mener-Hroeck. — Retour à Plouharnel. — La station de Sainte-Anne-d'Auray. — Arrivée à Vannes. 294

CHAPITRE LI. Vannes. — Notions historiques. — La préfecture. — Les remparts. — La tour du Connétable. — La Garenne. — Le port. — La Rabine. — La ville haute et la ville basse. — La cathédrale. — Les vieilles maisons. — Le château de Succinio. — Climat de la presqu'île de Rhuis. — Le curé de Saint-Gildas. — L'église. — Le couvent. — Les plages de Port-Maria et du Télégraphe. 302

CHAPITRE LII. Saint-Nazaire. — Un ami. — Position de Saint-Nazaire. — Son port. — Son commerce. — L'église de Saint-Nazaire. — La ville basse. — La nouvelle ville. — Départ de M. Letellier. — M. de Lussac et son ami se dirigent vers Tours. 311

TABLE DES VIGNETTES

Auray (Chartreuse Notre-Dame d').	285
— (Calvaire d').	287
— (Dolmen près).	293
— (Sainte-Anne d').	301
Barques de pêche.	169
Beauport (Ruines de l'abbaye de).	183
Belle-Isle.	291
Bréhat (Ile).	185
Brest (Vue générale du port de).	II
— (École des pupilles).	225
— en 1789.	223
Camaret (Pierres celtiques près de).	245
Cancale (Huîtrières de)	141
Cancalaises au retour des bateaux.	147
Carnac (Pierres de).	297
Chateaubriand.	130
— (Chambre où est né Chateaubriand, à Saint-Malo).	127
Chausey (Iles).	43
Combat naval.	36
Coutances (Église de).	23
Dinan.	149
— (Château de).	157
— (Porte de Jezrual).	153
Dol (Cathédrale de).	93
— (Menhir du champ Dolent près).	99
Douarnenez.	251
— (Baie de)	253
Duguay-Trouin.	115
— (Maison de Duguay-Trouin, à Saint-Malo).	111
Granville.	31
Grotte et falaises.	17
Hoche.	289
Intérieur de paysans morbihannais.	274
Lannion.	189
— (Femme de Plouharet, près)	195
— (Homme de Plouharet, près).	193

Lorient.	279
Mont Saint-Michel (Vue générale du).	69
— (Grande entrée de l'abbaye).	75
— (Maison de Du Guesclin).	77
— (La Merveille).	79
— (Porte de la Herse et tour du Guet).	83
— (Porte du Lion).	90
— (Salle des Chevaliers)	85
Morgat (Grottes de). — Grotte de l'*Autel*.	245
Morlaix.	199
— (Église Saint-Mélaine de).	207
Morue.	282
Pêche aux crevettes.	67
Phare.	13
Pluméliau (Chapelle de Saint-Nicodème, près).	271
Pont-l'Abbé (Église de).	261
Quiberon (Bataille de).	295
Quimper.	265
Raz (Pointe du).	257
Richelieu.	217
Roscoff (Église Notre-Dame).	213
Saint-Brieuc (Monument de Lanleff, près).	173
Saint-Malo (Porte Saint-Vincent et place Saint-Thomas).	123
— (La tour Solidor).	135
— (Le port et le sillon).	119
— (Pont roulant à marée haute).	138
Saint-Matthieu (Phare).	237
Saint-Michel.	73
Saint-Pol-de-Léon (Cathédrale de).	211
Saint-Servan.	133
Sein (Phare et chaussée de).	259
Taureau (Château du).	203
Trinité-en-Plouha (Chapelle de la).	181
Vannes.	303
Vœu (le).	51

— Lille. Typ. J. Lefort. 1888 —

www.ingramcontent.com/pod-product-compliance
Lightning Source LLC
Chambersburg PA
CBHW071247160426
43196CB00009B/1200